正說

明朝十六帝

王天有◎審訂

陳時龍・許文繼◎著

聯経

太祖朱元璋

洪武元年（1368）一三十一年（1398）

　　提到明朝，人們首先想到的常常是明太祖朱元璋。古往今來，在戲曲傳奇、評書小說、影視劇以及歷史研究中，朱元璋始終是一個引人關注的焦點。現代著名明史學家吳晗為其作傳，甚至毛澤東也親自對這部傳記提出自己的修改意見（這種情況在毛澤東的一生中是不多見的）。那麼，是什麼引起了人們對朱元璋的興趣？清代史學家趙翼曾說：「蓋明祖一人，聖賢、豪傑、盜賊之性，實兼而有之者也。」朱元璋的一生充滿了傳奇性和多樣性，其所作所為歷來毀譽參半，極具爭議。但不論如何，誰也無法忽視他的存在，誰也無法否認他是個有「色彩」的人。他奇特的個性、傳奇的身世、跌宕起伏的創業史以及獨樹一幟的治國馭人之術，都令人好奇，引人深思。

成功之路：草莽中走出的「真龍天子」

貧苦身世

　　中國歷史上的開國皇帝中似乎沒有誰比朱元璋出身更加低微、身世更

1

明祖陵

加淒慘了。元朝文宗天曆元年（1328）九月十八日，朱元璋出生在濠州鍾離東鄉（今安徽嘉山縣治明光鎮北趙府村）一座破舊的二郎廟中。他的父母沒有土地，是靠租種別人田地為生的佃農。他是家裡的第六個孩子，上面有三個哥哥、兩個姐姐，取名重八，後來改名元璋，字國瑞。朱元璋小時候曾讀過幾個月的私塾，後因沒錢交學費，只好退學給人家放牛。元順帝至正四年（1344），淮河流域災害頻發，旱災、蝗災、瘟疫接踵而至。朱元璋的家裡也遭受了滅頂之災，他的父親、母親、大哥、大哥的兒子在這場災難中相繼去世，大嫂帶着孩子回了娘家，家裡只剩下他和二哥。性命雖然保住了，但是日子卻實在沒辦法過下去，二哥只好出外逃荒。朱元璋因為年紀小，到村子附近的皇覺寺出家做了和尚。因為寺中也沒有餘糧，朱元璋只做了幾十天的和尚，便被打發出門，雲遊四方。直到至正八年，朱元璋才又回到皇覺寺。雲遊的幾年間，他居無定所，風餐露宿，靠化緣度日，其實和討飯差不多。經過這幾年雲遊的磨礪，朱元璋的視野大為開闊，人生閱歷大為豐富。

走向顛峰

朱元璋的悲苦經歷在當時社會中有相當的典型性,元朝殘暴的統治和地主的無情壓榨,使得農民生活十分艱辛。官逼民反,各地農民起事此起彼伏,形成了歷史上著名的元末紅巾軍起事。之所以稱為「紅巾軍」,是因為起事者頭裏紅巾。當時紅巾軍主要有劉福通、芝麻李、徐壽輝等數支隊伍,各自為戰。

朱元璋雖然身在寺廟,但他顯然六根未淨,不久就投身到蓬勃興起的農民起事浪潮中。至正十二年(1352)閏三月,由於皇覺寺被毀,又有友人相邀,朱元璋來到濠州城下,投奔了紅巾軍郭子興部,成了郭子興的親兵。他膽大機敏,作戰勇敢,在紅巾軍中很快嶄露頭角。郭子興將養女馬氏嫁給了他,使他在軍中的地位不斷提升。後來,朱元璋自己拉起人馬,成為割據一方的梟雄,加入了羣雄爭霸的戰團。元至正十六年,朱元璋聽從謀士的意見,攻下金陵(元代稱集慶),作為穩固的根據地。他躊躇滿志地對徐達等人說:「金陵險固,古所謂長江天塹,真形勝地也。倉廩實,人民足,吾今有之;諸公又能同心協力以相左右,何功不成?」當天就改集慶為應天府。

太祖稱帝前的吳王府(今南京瞻園)

當時的形勢依然嚴峻。農民軍各自為政,

爭鬥不休：張士誠以平江（今江蘇蘇州）為中心，發展勢力；在人稱「布袋和尚」的彭瑩玉戰死後，農民軍推舉徐壽輝為首領。徐壽輝沒有什麼才幹，不久陳友諒控制了這支隊伍；劉福通於前一年迎韓林兒在安徽亳州建立龍鳳政權，尊韓林兒為小明王，朱元璋接受他的冊封，任江南等處行中書省平章政事；方國珍割據溫州、台州等處。而元朝的勢力仍然強大，在農民軍的四周都佈有重兵。

　　朱元璋將陳友諒視為最大的威脅，制定了先擊陳友諒的作戰方針。陳友諒本是個漁家子弟，身高體壯，練就一身好武藝，又略通文墨，曾在縣衙做貼書。農民大起事爆發後，他投奔到徐壽輝的天完政權下，後來取代徐壽輝，自稱皇帝，國號大漢。陳友諒自恃兵多將廣，直撲金陵而來。大敵當前，有人建議出降，有人提議奔據鍾山，朱元璋怒斥「主降及奔者可斬也」，軍心始安。他派胡大海騷擾陳友諒的後方，利用康茂才與陳友諒是舊識的關係詐降，誘敵深入。陳友諒果然上當，中了朱元璋的埋伏，大敗而歸，朱元璋乘勢奪得了江西的一些地方。至正二十三年（1363），雙方於鄱陽湖展開生死大戰。戰鬥十分激烈，長達三十六天，陳友諒中流矢而亡。朱元璋雖然損失慘重，卻取得了最後的勝利。至正二十四年正月，朱元璋自稱吳王，設百官司署，李善長、徐達為左右相國。

徐達像

　　朱元璋消滅陳友諒之後，下一個目標就是張士誠。張士誠控制着南達紹興、北抵徐州、西距濠州、潁州等地的地區，這也是中國最為富庶的地區，只是他庸碌無為，安逸自居，沒有更大的野心。當朱元璋與陳友諒激戰鄱陽湖時，他竟然無動於衷，坐視朱元璋不斷

壯大。至正二十五年十月，朱元璋命徐達為將，攻取淮河流域。次年八月，朱元璋再命徐達為大將軍，統兵二十萬，直搗張士誠老巢，朱文忠攻杭州以為策應。至正二十七年六月，朱元璋攻破平江，張士誠束手被擒，後於金陵自縊身亡。

至正二十七年九月，朱元璋部將朱亮祖攻取台州、溫州。十一月，部將湯和下慶元（今浙江寧波），方國珍逃入海中，不久為廖永忠所敗。方國珍走投無路，投降朱元璋。次年正月，湯和與廖永忠擒獲陳友定，平定福建。同年，廖永忠、朱亮祖、楊璟等人攻取廣東、廣西。在平定東南的同時，至正二十七年十月，朱元璋命將北征蒙古，山東、河南隨即而下，馮勝也攻克了潼關。

在轟轟烈烈的北伐中，朱元璋於1368年正月在金陵稱帝，國號「大明」，年號「洪武」，當初的放牛娃、小沙彌躍上了權力的顛峰。

這裡順帶提一下，朱元璋為何選定國號為大明呢？熟讀金庸小說的人都知道《倚天屠龍記》，在這部武俠小說中，明教與元朝勢不兩立。而且，小說中有幾位人物也與歷史人物重合，比如頗有心計的朱元璋、勇猛忠信的常遇春、還有布袋和尚彭瑩玉等人。那麼朱元璋定國號是否真與明教有關呢？

常遇春像

按照吳晗的觀點，「大明」的意義的確出於明教。明教，原稱摩尼教，是波斯人摩尼所創，唐延載元年(694)傳入中國，因其崇拜光明，所以又稱明教。明教的教義是「二宗三際」，即他們認為統治世界的明暗兩種力量，為明暗二宗；明暗兩種力量相互鬥爭，經過初際、中際、後際三

個階段，為三際。明是光明，代表善和理；暗是黑暗，代表惡和欲。在初際階段，還沒有天地，明暗相互對立；中際階段，暗占據優勢地位，這時明王出世，經過鬥爭將黑暗趕走；後際階段，明暗各歸本位。

明教主張迎接明王出世，改變現狀，相信不久以後人們會過上好日子，對於那些受到壓迫和剝削的人具有很大的號召力。元朝末年，明教正是利用這一點在廣大窮困農民間進行傳教，準備武裝起事。當時明教的彭瑩玉，在淮西傳教，宣揚明王就要降世了，要信徒做好準備。至元四年（1338），彭瑩玉和他的徒弟周子旺在袁州（今江西宜春縣）率眾五千餘人起事，雖遭鎮壓失敗，但此後各地起事不斷，彭瑩玉也堅持鬥爭。河北韓山童也是重要的秘密宗教領袖，廣招信徒，醞釀起事。至正十一年，元朝徵發農民十五萬修黃河。韓山童派人預先在河道中埋下一個一隻眼的石人，上刻「石人一隻眼，挑動黃河天下反」字樣。石人挖出後，人心不穩。韓山童認為時機成熟，聯繫劉福通等人準備起事，推舉韓山童為明王。事情泄露，韓山童被殺，其妻楊氏帶着兒子韓林兒逃脫。劉福通力戰突圍，後攻取潁州等地。各地聞風而動，接連起事，掀起了元末農民起事的高潮。劉福通擁立韓林兒為小明王，建立龍鳳政權。朱元璋所在的郭子興部，在郭子興死後其子郭天敍受劉福通節制，所以朱元璋其實是小明王的部將。後來朱元璋勢力強大，命廖永忠迎小明王到自己的軍中，途中小明王在坐船時落水，不明不白地死掉了。有史家認為，這可能是朱元璋安排的。

朱元璋定國號為「大明」，是承繼小明王而來，「國號大明，承林兒小明號也」。據說這是劉基的主意。朱元璋手下的將領，不是出於淮西彭瑩玉的教化，就是小明王的屬下，大都是明教的教徒，因此朱元璋定國號為大明自然順理成章，而且這樣還意味着朱元璋就是明王降世，其他人都不具有合法性，社會上再也不應出現其他的明王了，這也有助於穩定人

心。另外，明字代表着光明，分開是日、月二字，是十分吉祥的辭彙，代表了大明王朝的神聖。值得注意的是，在朱元璋登基之後不久，為防止秘密教會危害自己的統治，就下旨禁止一切「邪教」，包括白蓮教、彌勒教、明教等。

確立國號後，朱元璋加速了統一的進程。洪武元年五月，他視察開封，部署北伐的進一步軍事行動。七月，元順帝北遁。徐達勢如

《明太祖實錄》所載北伐滅元戰略

破竹，八月占領元朝國都大都（今北京），元朝的統治結束，大明時代來臨。隨即徐達平定山西，次年收復陝西。洪武四年（1371），朱元璋命湯和、傅友德南北夾擊四川的夏政權明玉珍，於七月平定四川。之後，朱元璋幾次招降雲南未得，於洪武十四年（1381）派傅友德、藍玉、沐英征討，並親自制定進軍路線。平定雲南後，留沐英世守雲南。洪武二十年（1387），又派傅友德、藍玉擊敗納哈出，逐步統一東北。至此，朱元璋基本上完成了統一中國的大業。

成功秘訣

從朱元璋參加農民軍，到他在金陵稱帝，用了十七年的時間。在他所處的時代，羣雄競起，逐鹿中原，先後出現了天完、龍鳳、大周、大漢、夏、吳等諸多政權，朱元璋憑什麼能一飛衝天，掃滅羣雄，鑄就霸業呢？

7

明太祖像

首先，這要歸功於朱元璋卓越的個人能力和堅毅果決的性格魅力。幼年艱辛的生活造就了他堅強剛毅的性格，雲遊僧的經歷開拓了他的眼界，加深了他對現實社會的了解。他投奔郭子興沒有多久，因為英勇機敏，就被提升為九夫長，並被郭子興賞識，將養女馬氏嫁給他，由此在義軍中的地位不斷提升。當彭大、趙君用失利逃到濠州，鳩占鵲巢，矛盾加劇，郭子興被趙君用囚禁時，郭子興的部將，甚至他的兒子都躲匿起來，沒有人敢站出來救郭子興。正是朱元璋從前線趕回來，利用彭大和趙君用之間的矛盾，夜訪彭大，陳說利害關係，勸說彭大出兵，將郭子興解救出來，當時他參軍剛剛六個月。這種臨危不亂、果敢機智的素質，是他超出常人的地方，也是他終成大業的重要原因。後來，不斷壯大的朱元璋引起了郭子興的猜忌，逐漸被排擠，有時連一日三餐都無法保證。不過，這對於在貧困中成長起來的朱元璋不算什麼，他在忍耐中等待機會。不久，在強大敵人的壓迫下，郭子興不得不請朱元璋幫助他謀劃統籌。在郭子興病逝後，朱元璋掌握了這支隊伍。短短三年間，朱元璋就從普通一兵搖身而變為擁兵十萬的大元帥。

朱元璋沒有讀過多少書，但他虛心好學，喜歡結納儒士。他先後網羅了馮勝、陶安、劉基、朱昇等一大批儒雅之士，給予他們很高的待遇。他還經常與這些人一起談古論今，分析時勢，請他們幫助出謀劃策。通過與儒士交往討論，朱元璋的個人素質得到了提升，眼界更加開闊，對他最終奪得江山有很大的幫助。朱元璋勤奮好學，在打仗的間隙也不忘讀書。這

個習慣在立國後也沒有改變，他特意命人在奉天門建文淵閣，收藏經史子集，設置若干名大學士，自己經常抽空去那裡，「命諸儒進經史，躬自批閱，終日忘倦」。他特別喜歡讀史書，尤其留意歷代興亡的經驗教訓，時常引以為戒。經過多年自學，朱元璋的文化水平有很大的提高。「太祖高皇帝在軍中喜閱經史，操筆成文，雄渾如玄化自然」。朱元璋對此也頗為自詡，「我起草野，未嘗師授，然讀書成文，渙然理順，豈非天生耶？」天生恐怕未必，不過與他的後天努力是分不開的。在讀《尚書》時，他發現各家注釋不同，特意命宿儒訂正，著有《御注洪範》。

其次，朱元璋善於網羅人才，在身邊聚集了大批文臣武將，為他奪得江山立下赫赫功勳。李善長、徐達、湯和、耿君用、耿炳文、郭興、郭英、周德興等人都是朱元璋的同鄉，對他忠心耿耿，出生入死。朱元璋注重「文武相資」，認為開創帝業好似構築大廈，武臣似「斧斤」，剪伐砍削；文臣如「黝堊」，藻繪粉飾，二者偏廢則難以有成。因此，他很重視招攬儒士，聽取他們的建議。正是在陶安、馮勝的建議下，朱元璋攻取金陵，東征西討，成就帝王之業。攻取徽州後，他親自上門拜訪朱昇，得到「高築牆，廣積糧，緩稱王」的建議，並堅決加以執行，因此能夠在羣雄先後稱帝時韜光養晦，保全實力，逐步發展壯大。

另外，朱元璋的夫人馬氏，即歷史上有名的大腳馬皇后，也是他完成帝業的堅強後盾和賢內助。馬皇后是安徽宿縣人，其父和郭子興友善，臨死前將她託付給郭子興，收為義女，郭子興將她

明太祖馬皇后像

9

許配給朱元璋。後來郭子興聽信讒言，猜忌朱元璋，將他關押起來，恰巧當年收成不好，朱元璋時常捱餓。馬氏曾偷偷將滾熱的燒餅藏在衣服內給他送去，以致燙傷皮肉。馬氏在中間大力調和，終使郭朱二人嫌隙得釋。連年激戰之時，馬氏帶領將士的妻子製軍鞋戰袍，鼓舞士氣。當陳友諒率軍猛撲而來時，她又將後宮的財物捐獻出來，獎賞前方作戰的將士。後來朱元璋殺戮漸重，無人敢勸，馬皇后時進諫言，使很多人得以保全。有人傳言參軍郭景祥的兒子想要殺父，朱元璋要殺掉他。馬皇后勸說道：「景祥止一子，人言或不實，殺之恐絕其後。」這樣朱元璋才沒有下旨，後來經過調查，果然是被冤枉的。洪武十五年（1382）八月，馬皇后病重，自知難以治癒，對朱元璋說：「死生，命也，禱祀何益！且醫何能活人？使服藥不效，得毋以妾故而罪諸醫乎？」她擔心朱元璋遷怒於醫生，竟然執意不許太醫治療。當月，馬皇后去世，年五十一歲。朱元璋對於馬皇后的去世，非常悲痛，久久不能釋懷，從此再也沒有立后。朱元璋的晚年生活十分孤寂，脾氣很大，盛怒之下再也無人敢勸。

大權獨攬：歷史上少有的強勢皇帝

朱元璋起自布衣，也許正因如此，使他比較了解社會的真實情況。朱元璋認為元朝滅亡是由於權威下移，君主為臣下所蒙蔽，不了解民情，政策也得不到堅決貫徹。為此，他常常思考如何建立一種政治體制，確保不會出現主荒臣專的局面。

改革政治體制

在明代以前，歷朝大體上沿用秦始皇所創立的君主之下設宰相輔政的政治體制框架，只是相權的形式和職權的大小略有不同。明朝初年，也基本沿用漢唐舊制，直接承襲元朝舊制，在中央設三大府：中書省，下統六

部，職掌行政事務；大都督府，統管軍事；御史台，職掌監察事務。地方設行中書省，置平章政事，總管地方事務。但朱元璋對此很不滿意，他親自設計、制定了幾項重要的政治制度，對以往的政治制度進行了大膽的變革和創新。

他首先從地方機構改革着手。洪武九年（1376），朱元璋下令撤銷行中書省，設立承宣布政使司、提刑按察使司和都指揮使司，分掌行政、司法、軍事權力，三者地位平等，互不統攝，向中央負責。全國分為浙江、江西、福建、北平、廣西、四川、山東、廣東、河南、陝西、湖廣、山西十二個布政使司，洪武十五年增設雲南布政使司。

而朱元璋更為關心的是中央機構的改革。洪武十三年（1380），他藉口胡惟庸謀反，趁機宣布撤銷中書省，不設丞相，提高六部職權，分掌天下事務，直接向皇帝彙報。「罷宰相不設，析中書省之政歸六部，以尚書任天下事，侍郎貳之」。朱元璋惟恐後世子孫不理解自己的苦心，特意在《祖訓》中明文規定不許變亂舊章：「以後子孫做皇帝時，並不許立丞相。臣下敢有奏請設立者，文武羣臣即時劾奏，將犯人凌遲，全家處死。」同時將掌管全國軍事的大都督府一分為五，改為前、後、左、右、中五軍都督府，分領所屬都司衞所部隊，但無權調兵。

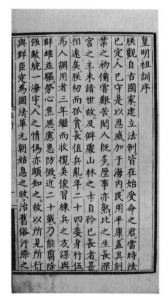

朱元璋進行上述變革和調整的根本目的是進一步強化君權，主要手法是分化、弱化大臣之權，他對地方行省、中書省和大都督所做的一系列變革莫不如是。朱元璋罷丞相，是對一千多年中央政治制度的一次重大

洪武刻本《皇明祖訓》

變革。不設丞相，六部直接將全國政務奏請皇帝裁決，實際上是皇帝兼行相權。皇帝不得不處理更多的政務，據說朱元璋每天要看兩百多份奏章，處理四百多件政事，相當辛苦。由此，專制主義皇權到了朱元璋手中得到了空前加強，他也成為歷史上最有權勢的皇帝之一。不過，如此高度集中的皇權也會產生負面影響，因為沒有相應的約束機制，明代中後期皇帝為所欲為，極度腐朽，甚至數十年不上朝。

設立特務組織

朱元璋生性猜忌，加強了對大臣的監視。開始時，他派遣一些檢校、僉事等暗中偵查大臣的舉動，也沒有逮捕和審訊的權力。當時最著名的特

明太祖像

務是高見賢、夏煜、楊憲和凌說，專門刺探別人的陰事，「以伺察搏擊為事」，「專主察聽在京大小衙門官吏，不公不法及風聞之事，無不奏聞」。「惟此數人，譬如惡犬，則人怕」。朱元璋的目的很明確，就是要讓大臣對自己和大明江山忠心無二，要他們知道恐懼，防止他們營私舞弊、結黨亂政。事無巨細，家長里短，都被朱元璋探知。有一個非常有名的例子，可以看出當時的恐怖情景。錢宰被徵編《孟子節文》，罷朝回家作了一首詩：「四鼓冬冬起著衣，午門朝見尚嫌遲。何時得遂田園樂，睡到人間飯熟時。」第二天上朝時，朱元璋告訴他昨天詩作得不錯，只是並沒有「嫌」他遲，不如改成「憂」字更好些。錢宰聽後大驚失色，嚇得磕頭謝罪不止。類似的事例還有很多，所以大臣們都提心吊膽，就連李善長、徐達這樣的功臣也人人自危。

　　洪武十五年（1382），為了加強監視，朱元璋特別設立了特務機構錦衣衛，成為他實行特務政治的重要手段，也形成了歷史上有名的明代特務政治。錦衣衛隸屬於皇帝的親軍體系，長官為指揮使，下領官校。官為千戶、百戶，校為校尉力士，因穿橘紅色服裝，騎馬，故又稱「緹騎」。明初「緹騎」只有數百人，明中後期達到十幾萬人之眾。錦衣衛下設鎮撫司，有監獄和法庭，成為「詔獄」，直屬於皇帝，權力很大。錦衣衛職掌「侍衛、緝捕、刑獄之事」。太祖時，「天下重罪逮至京者，收繫獄中，數更大獄，多所斷治，所誅殺為多」。

　　朱元璋設立錦衣衛為明代後來的皇帝做了一個惡劣的榜樣。永樂十八年（1420），成祖朱棣在錦衣衛外，另設東廠，因設於東安門北而得名。成化十三年（1477），憲宗設西廠，由汪直統領。正德初年，權閹劉瑾奏設內行廠，自領之，職權更廣，雖錦衣衛、東廠、西廠亦在偵緝範圍之內。正德五年（1510），隨劉瑾被誅而內行廠廢止。終明一朝，西廠、內行廠存在時間不長，而錦衣衛、

錦衣衛木印

東廠則存至明亡。這些特務機構，成為維護皇權的重要手段，但更多的時候是被專權的太監如劉瑾、魏忠賢等人所利用，成為打擊報復大臣的有力武器，不知多少忠臣慘死其中。

　　朱元璋所進行的這些制度更張，儘管後世或臧或否，評價不一，但基本實現了他的初衷，也算稱心如意。只是有一件事，卻困擾了他近三十年，遲遲無法解決。

定都困擾

朱元璋登基稱帝前後，對於國都的確定幾經周折。

最初朱元璋參加農民軍後，一直活躍在江淮之間。然而這裡土地貧瘠，民生艱苦，且接近元朝的軍事力量，不利於自己的發展壯大。為了謀求更大的發展空間，成就不世偉業，必須另擇一個既有經濟保障又地形險要的根據地，這樣金陵就進入了朱元璋的視野。金陵，北有長江天塹，為形勝之地，三國吳，東晉，南朝宋、齊、梁、陳，五代十國的南唐都曾以此為都城。馮國用首先向朱元璋建議攻取金陵，「金陵龍蟠虎踞，帝王之都，先拔之以為根本，然後四出征伐，倡仁義，收人心，勿貪子女玉帛，天下不足定也」。陶安也建議先取金陵，據形勢以臨四方。葉兌也上書請求定都金陵，然後就可以拓地江廣，進軍兩淮，北征蒙古，退軍又可以據

明南京城牆

長江以自守。元至正十六年（1356），朱元璋聽取謀士的意見，攻取金陵，改稱應天府，修建宮殿，以此為爭奪霸業的基礎。此後十餘年間，朱元璋南征北戰、四出征討，將江南羣雄依次消滅。洪武元年（1368）正月，朱元璋在應天稱帝，在即位詔書中稱應天為京師。

然而，朱元璋只是暫時肯定了應天作為京師的地位，並沒有正式確立國都。作為自己成就霸業的地方，朱元璋為何不肯確立應天為國都呢？首先，朱元璋覺

明南京聚寶門藏兵洞

得以應天為國都的歷朝都是氣數不久，似乎不太吉利。其次，有些大臣認為「有天下者，非都中原，不能控制奸頑」，而應天偏處江左，作為國都在位置上不是十分理想。三月，朱元璋派兵攻取汴梁。許多人建言定都汴梁。朱元璋很重視，於四月親自前去實地考察。他認為汴梁雖然位置適中，但是無險可守，四面受敵，論形勢不如應天。八月，朱元璋正式下詔，以應天為南京，汴梁為北京。朱元璋既然對汴梁不甚滿意，為何又定其為北京呢？原來他考慮到汴梁是宋朝的舊都，北上征討元朝時可以喚起北方民眾的民族情感，有很大的號召力；而且當時西北未定，需要將汴梁作為運送糧草和補充兵力的基地。

　　雖然確定了應天、汴梁的兩京制度，但是朱元璋並沒有修建汴梁的打算，他還在尋找更加合適的地方。洪武二年（1369）八月，平定陝西。在這種情況下，定都之議再起。九月，朱元璋召集大臣商議國都之地。大臣

各抒己見，主要集中在長安、洛陽、應天、汴梁、北平等地，「或言關中險固，金城天府之國；或言洛陽天地之中，四方朝貢，道里適均，汴梁亦宋之舊都；又或言北平元之宮室完備，就之可省民力」。朱元璋在分析各地利弊之後，提出了以臨濠為中都的想法，「所言皆善，惟時有不同耳。長安、洛陽、汴京，實周、秦、漢、魏、唐、宋所建國，但平定之初，民力未蘇息，朕若建都於彼，供給力役悉資江南，重勞其民。若就北平，要之宮室不能無更，亦未易也。今建業長江天塹，龍蟠虎踞，江南形勝之地，真足以立國。臨濠則前江後淮，以險可恃，以水可漕，朕欲以為建中都，何如？」臨濠在元朝時稱為濠州，洪武七年改稱鳳陽，是朱元璋的家鄉，羣臣豈敢有異議？這樣，明初就形成了南北兩京、中都並存的情況。

南京莫愁湖勝旗樓。傳說明太祖朱元璋曾與大將徐達在此下棋，徐達贏了，朱元璋便把莫愁湖賞給了他

從九月開始，朱元璋下令仿照南京規制在臨濠營建中都。他之所以決定以臨濠為中都，甚至一度想遷都臨濠，除了這裡是他的家鄉，還與優待淮西功臣集團有關。眾所周知，朱元璋在起兵反元建立明王朝的過程中，淮人多隨同他東征西討，立下功勞，成為開國功臣，包括丞相李善長、徐達和功臣湯和、耿君用、耿炳文、郭興、郭英、周德興、常遇春、陸仲亨、曹震、張翼、陳桓、謝成、李新、何福、張龍、張赫、胡泉、陳德、王志、唐勝宗等人，其中湯和與周德興還是朱元璋同村伙伴。能夠光宗耀祖、榮歸故里，當然是他們所願意的。洪武八年（1375）四月，朱元璋在巡視中都修建情況後，又突然下令停止修建。此時中都修建達六年之久，已頗具規模。停建的理由是勞民傷財，其實更深層次的原因是朱元璋與淮西功臣集團矛盾日益加劇。淮西功臣恃功自傲，多有違法亂紀之事，而且在朝廷中結黨謀取私利，與朱元璋加強皇權背道而馳。他擔心在淮西功臣集團的老家建都，會更加助長他們勢力的膨脹。洪武十一年（1378）正月，朱元璋下詔改南京為京師，定都問題才算告一段落。

其實，朱元璋對南京一直不是很滿意，遷都的想法從來沒有打消過。洪武二十四年（1391），朱元璋派太子朱標巡視關中，頗有遷都關中的打算。當時，明朝的主要威脅是蒙古草原上的北元殘餘力量。遷都西北，可以加強北方邊防，安定邊界。朱標考察了西安和洛陽，比較兩地地形，回來後向朱元璋獻陝西地圖。不料世事無常，太子朱標於第二年病逝，使朱元璋受到沉重的打擊，再也沒有精力和心情考慮遷都的問題了。他在當年年底親自撰寫的一篇祭灶文中，表達了萬般無奈的心情：「朕經營天下數十年，事事按古就緒。維宮城前昂後窪，形勢不稱。本欲遷都，今朕年老，精力已倦，又天下初定，不欲勞民。且興廢有數，只得聽天。惟願鑑朕此心，福其子孫。」聽起來真是異常凄涼，也能感覺到國都問題一直令朱元璋不能釋懷。

朱元璋這樣費盡苦心地更張制度，反覆斟酌定都問題，無非是因為天下得之不易，希望能世代固守，傳之久遠。因此，他不會允許任何人對其統治和權力構成威脅，一切被他認為會對他及其子孫的統治構成威脅的人，他都毫不手軟，必欲除之而後快。

屢興大獄：濫殺功臣和剛猛治國

清代史學家趙翼說過這樣的話：「獨至明祖，藉諸功臣以取天下，及天下既定，即盡取天下之人而殺之，其殘忍實千古所未有。蓋雄猜好殺，本其天性。」趙翼的這種評價雖有過激之處，卻指出了朱元璋濫殺的事實。朱元璋做了皇帝後，興起了幾個大案，殺了許多人。

洪武十三年（1380）正月，御史中丞涂節、商嵩告發胡惟庸南通倭寇北接舊元，意欲謀反。朱元璋命羽林軍將胡抓捕，審問得實，磔於市，牽連被殺達三萬人。洪武二十三年，有人告發李善長交通胡惟庸情狀，朱元璋又將當時已經七十七歲的李善長賜死，並誅殺其家。吉安侯陸仲亨、延安侯唐勝宗、靖寧侯葉昇因牽連於此案亦被殺。

洪武二十六年（1393）正月，又興藍玉案。藍玉以謀逆罪被殺，連坐被誅殺者達一萬五千人。有人認為藍玉案與燕王朱棣有關聯。藍玉是太子妃舅父，因極力維護太子朱標的儲君地位，與早已覬覦皇位的燕王交惡。燕王為竊取儲君之位，伺機在太祖面

南京徐達墓

南京李文忠墓

前挑唆，致使朱元璋在猜疑的心態下製造了藍玉黨案。

胡藍案使得大明的開國功臣被屠戮殆盡。

朱元璋和功臣的關係有一個逐漸變化的過程。洪武三年（1370），朱元璋封李善長、徐達、常茂、李文忠、馮勝、鄧愈等六人為公爵，另外二十八人為侯爵，並賜給大量土地，同時頒發鐵券，如果本人或子孫犯罪，可以免死數次。朱元璋還使皇室與功臣聯姻，如郭英之妹為朱元璋寧妃，馮勝、藍玉、徐達之女皆為王妃。李善長、傅友德、胡海、張龍等勳貴之子皆尚公主，與他結成了兒女親家。朱元璋是希望通過這些方式確保功臣忠心，鞏固自己的皇位，使大明江山傳祚無窮。

然而沒過幾年，這些短暫而甜美的政治婚姻就宣告結束。洪武五年，朱元璋頒布《鐵榜文》，對文武功臣嚴加戒飭，嚴厲指責他們違法亂紀的行徑。這可以看作是朱元璋對驕傲放縱的功臣的一種警告，也是他們關係

孝陵神功聖德碑

緊張的一個信號。洪武八年，朱元璋制作《資世通訓》，洪武十三年制作《臣戒錄》，警告大臣們如果對天子不忠、逾越禮制，將受到嚴懲。這些功臣們也許沒有意識到，朱元璋已經將屠刀舉起。

廖永忠是最早被殺的功臣。廖永忠在很多戰鬥中立有功勳，特別是在鄱陽湖之戰中殊死戰鬥，建國後被封為德慶侯。洪武八年，朱元璋以其私自穿着繡有龍鳳圖案的衣服逾制為由將其殺死。其實這只是藉口，真正導致廖永忠丟失性命的原因在於一個政治隱秘，當年正是他執行了朱元璋謀殺小明王韓林兒的任務。在他之後，朱亮祖、李文忠、徐達也先後死於非命。

在明之前，開國皇帝與功臣之間產生矛盾的不乏先例，關鍵是皇帝如何化解這種矛盾。漢代的劉邦心存猜忌，大殺功臣；唐太宗李世民氣量宏大，處理較為妥當；宋太祖趙匡胤則採取了另外一種模式，即「杯酒釋兵權」，和平解除功臣的兵權。朱元璋的情況與劉邦有些相似，卻又不同。幫助朱元璋打天下的功臣，多是他的同鄉，甚至湯和與周德興還是他幼時遊戲的玩伴。正是這些人在戰鬥中出生入死，東征西討，為朱元璋奪得天下。待到朱元璋登基成為皇帝後，他們之間卻有了君臣的名分，凡事不可逾制。這些功臣也許難以及時適應這種改變，而朱元璋卻是一個多有顧忌

的君主，矛盾於是不可化解。朱元璋之所以大開殺戒，史家通常認為是他為繼位者掃清障礙，以永保大明江山。據史書記載，太子朱標對朱元璋大開殺戒不以為然，曾數次勸諫。一次，朱元璋命人找來一根長滿尖刺的荊棘放到朱標面前，讓朱標去拿，朱標畏懼不敢伸手。於是朱元璋就對自己大殺文武功臣進行辯解：「汝弗能執與，使我潤琢以遺汝，豈不美哉？今所誅者皆天下之險人也，除以燕汝，福莫大焉！」意思就是說，我殺人就是像去掉荊棘上的尖刺一樣，使你將來可以安坐天下。可是，他在為子孫掃除障礙的同時，也埋下了禍根。後來，他的孫子建文帝銳意削藩，燕王朱棣起兵「靖難」，奪取天下。假使當時藍玉等能征慣戰的開國功臣還在，朱棣未必敢興兵，建文帝也不用「遜國」了。

　　朱元璋不僅屠戮功臣，也注意嚴肅整頓吏治。這與他來自底層，看到元朝因吏治腐敗導致滅亡的教訓有關。他在明初實行以猛治國的政策，認為亂世須用重典，法外用刑的情況很嚴重，遭到懲處的官吏很多。

　　空印案。按照規定，每年各布政使司和各府、州、縣都要派遣官吏到

洪武刻本《御制大誥》

戶部報告地方財務情況，戶部審核清楚才算了結。戶部的審核很嚴格，錢穀數字稍有不合就得重新造冊填報。重新造冊不難，主要是賬冊上要有地方衙門的印信才行，而從中央到地方重新蓋印往返要很長時間，因此地方官員習慣帶些備用的空白文冊，一旦遇到駁回的情況，只須重新填寫而不必往返了。這種做法已經成為一種慣例，戶部也很清楚，照例默認。再說，這種文冊蓋的是騎縫印，也不能用做他圖，沒有什麼危害。洪武十五年（1382），朱元璋發現這種情況，非常震怒，認為是故意欺騙他，下令將各地衙門長官主印的一律處死，佐貳官杖一百充軍邊地。很多人蒙冤而死，其中就包括方孝孺的父親方克勤，他是當時公認的好官。

郭桓案。洪武十八年（1385），御史余敏等人告發戶部侍郎郭桓等人串通舞弊，吞盜官糧。朱元璋十分重視，將他們全部逮捕。禮部尚書趙瑁、刑部尚書王惠迪、兵部侍郎王志等人亦牽連在內。最後追贓糧七百萬石，郭桓等數百人被處死，各地布政使官員入獄被殺者數萬人。追贓牽連到全國各地的地主，因此破產者不計其數。

朱元璋所處置的大多數都是官吏，而對小民則很信任，甚至親自接見糧長，被賞識的馬上授予官職。這又體現出了朱元璋自身的小農情結。

明太祖諡冊

從洪武十八年開始，朱元璋親自制定、頒布《大誥》、《大誥續編》、《大誥三編》和《大誥武臣》，其內容主要是懲治貪官污吏、地方豪強以及侵擾百姓等問題。四編大誥共 236 條，其中懲治貪官污吏的竟達 150 條之多，而且極其嚴厲，共羅列有凌遲、梟首、夷族等懲罰，其嚴酷程度超過了歷史上任何一個封建王朝。由於朱元璋採取了一系列懲貪倡廉的有力措施，明初的吏治改變了元末「賂遺權要」、「蠹政厲民」的腐敗風氣，日趨清明。他實行「以猛治國」的政策，雖然殺戮過重，但確實整飭了吏治，同時強化了中央集權，從而為明朝前期的繁榮鋪平了道路。

朱元璋個人小檔案

姓名：朱元璋	**出生**：元文宗天曆元年(1328)九月十八日
屬相：龍	**卒年**：洪武三十一年（1398）
享年：七十一歲	**諡號**：高皇帝
廟號：太祖	**陵寢**：孝陵
父親：朱世珍（又名朱五四）	**母親**：陳氏
初婚：二十五歲	**配偶**：馬皇后
子女：二十六子，十六女	**繼承人**：朱允炆
最得意：開創大明基業	**最失意**：太子朱標早逝
最不幸：幼年經歷悲慘	**最痛心**：馬皇后病逝
最擅長：剛猛治國	

相關閱讀書目推薦

（1）吳晗：《朱元璋傳》，人民出版社，1985 年

（2）陳梧桐：《洪武皇帝大傳》，河南人民出版社，1993 年

（3）王天有主編：《明朝十六帝‧太祖高皇帝朱元璋》，紫禁城出版社，1999 年

（4）修曉波、田澍：《明太祖——朱元璋》，學苑出版社，1997 年

（5）孫正容：《朱元璋繫年要錄》，浙江人民出版社，1983 年

建文帝朱允炆

建文元年（1399）─四年（1402）

　　明太祖朱元璋是歷史上了不起的皇帝，他由一個放牛娃、寺廟裡的小沙彌，經過十幾年的戎馬生涯，一舉掃蕩群雄、推翻元朝，開創了大明基業。他深知，創業難，守業亦難，因此，十分重視對接班人的培養。他登上皇位的同時，就冊立長子朱標為皇太子，並延請名儒宋濂等人為太子之師，希望能將朱標培養成一代明主。然而天有不測風雲，洪武二十五年（1392）四月，年僅三十八歲的皇太子朱標英年早逝，史稱「懿文太子」，這令朱元璋異常傷心。朱元璋制定的嫡長子繼承制受到了考驗，朱元璋不得不重新選擇繼承

建文帝之父朱標的明東陵

明東陵享殿遺址

人。按照嫡長子繼承制，朱標的長子朱雄英是不二人選，可惜他在十年前就死了，這樣朱標的次子朱允炆就成為首選。

然而朱元璋擔心朱允炆儒雅仁柔，難以擔負起治理國家的重任。此外，朱元璋也曾考慮過從幾個兒子中選擇。二子秦王朱樉此時最長，但他實在是不成器，荒唐成性。四子燕王朱棣文韜武略，是個不錯的人選。一次，朱元璋對幾個心腹大臣流露出立燕王的可能性時，翰林學士劉三吾認為不可，「立燕王，置秦、晉王於何地？且皇長孫四海歸心，皇上無憂矣。」朱元璋於是下定決心，九月，立朱允炆為皇太孫。

洪武三十一年（1398），開國皇帝朱元璋病逝，遺詔命皇太孫朱允炆繼位。朱元璋在遺詔中説朱允炆「仁明孝友」，這是為史家所認同的。朱允炆十四歲時，他的父親太子朱標患有重病，身上有個大肉瘤，苦不堪言。朱允炆盡心伺候，日夜守在身邊。朱標去世後，朱允炆將三個年幼的弟弟接到一起，對他們的飲食起居照顧得十分周到。朱元璋病逝前，脾氣異常暴躁，許多人擔心因此遭到禍患，朱允炆親自服侍，常常整夜無法入睡，也沒有一句怨言。

生性「仁明孝友」的朱允炆，二十一歲的時候被推上了權力的顛峰，承繼了朱元璋開創的一統天下，改年號為建文。然而，細心的大臣會發現，新君的臉上並沒有君臨天下的驚喜，更多的則是愁容。是啊，年輕的

皇帝面前有兩道難解的題：一是如何改變太祖建國以來形成的動輒殺戮的嚴峻政治氛圍；二是如何解決太祖分封宗藩形成的尾大不掉的局面。也許朱元璋生前並沒有想到，外表仁弱的皇太孫登基伊始就會開始着手變革他所開創的大明王朝。

建文新政

洪武年間，經過太祖朱元璋的整治，當時國家統一，社會安定，經濟得到了恢復和發展，吏治較以前大為清明。然而他生性「雄猜好殺」，屢興大獄，動輒殺戮，政治氣氛非常凝重，文武大臣人人自危。

建文帝對局勢有着深刻的認識，因此繼位伊始就着手改革，改變了太祖朱元璋的一些弊政，史稱「建文新政」。

「秀才朝廷」

太祖朱元璋用武力奪得天下，自然而然地形成了右武的局面。洪武時，南京貢院軍事衙門大都督府的左右都督都是正一品，都督同知也是從一品，而六部尚書卻只有正二品。《大明律》明文規定文官不許封公侯，因此朱元璋的主要謀士劉基僅得封「誠意伯」，而武將得封公侯者甚多，稱王者也不

南京明故宮午門

南京貢院

少。這種局面下，文官在議論朝政中的地位可想而知。

建文帝有意結束其祖尚武的政風，大力加強文官在國家政事中的作用。初登大寶之時，他確定新年號為「建文」，與乃祖「洪武」形成鮮明的對照，從中可見建文帝治國方略的改變。他還立即將六部尚書升為正一品，大開科舉考試，並下詔要求薦舉優通文學之士，授之官職。

建文帝身邊幾個被委以重任的大臣也是飽讀詩書的才子。兵部尚書齊泰，洪武十七年（1384）應天府鄉試第一，次年進士。太常寺卿兼翰林學士黃子澄，洪武十八年會試第一，與齊泰同榜。翰林侍講方孝孺是建文帝的主要謀士，幼時就以聰敏機警著稱，後師從名儒宋濂，詩文為時人所推崇。據說後來成祖入南京繼帝位時，怪僧姚廣孝怕成祖殺他，為之求情，稱殺了方孝孺天下讀書的種子就絕了。正是因為建文帝所依賴的大臣多為這樣的文人，所以人稱新朝廷為「秀才朝廷」。

這種情況下，文人獲得了比以前更高的政治地位，再也不用擔心像洪武朝那樣動輒因一言獲罪的情況，因此他們膽量也大了，對朝政敢於表達自己的意見，對建文帝忠心耿耿，這也是後來大批文臣甘願為建文帝殉難的原因。

寬刑省獄

建國之初，太祖朱元璋以剛猛治國，亂世用重典，法外用刑情況嚴重。他認為：「法嚴則人知懼，懼則犯者少，故能保全民命。法寬則人慢，慢則犯者眾，民命反不能保。」因而，屢興大獄，殺的人很多；還使用了許多恐怖的刑罰，如抽筋、剝皮、閹割、凌遲等，因此有獲罪的大臣跪求「臣罪當誅，謝主隆恩」，比較起來，能被砍頭也成了幸運的事。

建文帝在當皇太孫時就已經意識到太祖用刑過猛，因此登基後力圖改變這種情況。他在做皇太孫時就向祖父請求更定《大明律》。他以《大明律》與歷朝法律比較，認為《大明律》用刑過重，改正了其中量刑較重的部分律法。其父朱標生前曾練習處理國事，以寬大為懷。朱標死，太祖也叫朱允炆斷刑獄之事，朱允炆一如其父風格。那時，他就獲得了廣泛的稱譽。即位後，他欲全面改正洪武吏治，力圖創造出和諧的寬政。

建文帝即位僅一個多月，下詔全國行寬政、平反冤獄。洪武時期的一些冤假錯案得到了糾正，一批無辜的官吏得以恢復自由，被發配遠方的人也得以回到家鄉。據記載，建文朝監獄裡的罪犯比洪武朝減少了三分之二。建文帝的這些措施實際上是對太祖朱元璋嚴刑峻法的一種調整，也反映了建文帝與太祖執政風格的迥異。

減輕賦稅

建文元年（1399）正月，建文帝令減輕江浙地區的田賦。明初以來，江浙地區的田賦明顯重於其他地方，這是因為朱元璋憎恨江浙地區的縉紳當年依附張士誠而採取的懲治措施。另外，朱元璋特意規定江浙人不許擔任戶部的職位，目的在於防止江浙人偏袒家鄉。建文帝則認為江浙重賦只是用懲一時，不應該形成定制，既然田賦減輕了，浙東人自然也可以擔任戶部的官職。他還針對寺廟侵占民田的情況，下令僧道每人占田不得超過

方孝孺像

五畝，多餘的要退官分給農民。

然而，建文帝在安定的生活中成長，接受的是儒家學說的薰陶，缺少對現實的了解，而且他所重用的大臣也多是讀書人，因此改革中難免有理想主義色彩。他接受方孝孺的建議，甚至準備恢復西周時期的井田制度。他還使用一些《周禮》中的官名，依古制改革某些官職。中國後世的知識分子有着強烈的崇古情結，言必稱三代，似乎那時的制度是完美的，那時的社會是理想的，今不如昔。其實，且不說井田制是否真正執行過還有爭論，即使有過井田制，但在後世不同的情況下，復古這些制度是沒有任何意義的。從這一點我們不難發現，建文集團過重的文人氣息，是他最後失國的一個主要原因。

銳意削藩

太祖朱元璋建立明朝以後，為保證大明國祚綿長，親自設計、制定了多項重要政策，並以寶訓的形式固定下來，要求後代子孫嚴格遵守，大臣有敢輕議者嚴懲不貸。分封宗藩就是其中一項。朱元璋先後於洪武三年（1370）、洪武十一年（1378）、洪武二十四年（1391）三次共封二十五人（二十四子和一個從孫）為藩王，分鎮全國各地。朱元璋認為，「天下之大，必建藩屏，上衛國家，下安生民。今諸子既長，宜各有爵封，分鎮諸國」。藩王的權勢很重，擁有自己的軍隊，少則三千，多則數萬。特別是北方邊防線的幾名「塞王」，擁有指揮軍隊的權力，如寧王朱權「帶甲八萬，革車六千」，連朵顏三衛都要聽他調遣。

太祖朱元璋本意是要以藩王來確保朱家江山，卻沒有想到雖為繼任

者去掉了驕兵悍將這根尖刺，卻留下了擁兵自重、尾大不掉的宗藩這另一根尖刺。當時的有識之士已經清醒地認識到宗藩為「三憂」之一（另兩憂為邊防和河患），多次上疏太祖。但朱元璋不允許有人企圖改變這項政策，甚至加以殺戮。他料想不到的是，在他剛剛辭世不久，他親立的皇太孫就因此而丟掉了皇位，真是莫大的諷刺。

藩王擁兵自重、分踞一方的形勢成為建文帝的心腹大患，使他寢食難安。建文帝知道，自己雖然貴為天子，但是以朱棣為首的藩王多是自己的叔叔，正挾重兵虎視眈眈，未必會把自己放在眼中。他還清晰地記得，一次只有燕王和他在的場合，燕王以手拍他的後背，用開玩笑的口吻對他說：「不意兒乃有今日！」這情景恰巧被太祖朱元璋看見了，責問朱棣怎敢如此無禮。建文帝急忙為朱棣開脫，但心裡卻久久不能平靜，從那時就開始考慮如何處理宗藩問題了。

即位後，建文帝依賴齊泰、黃子澄等人，將削藩付諸實際行動。建文帝削藩的第一個目標是周王朱橚。建文帝密令李景隆以北上備邊的名義兵臨開封，趁周王毫無準備之際突然將其抓捕，送至京師。建文帝將周王謫遣到「煙瘴之地」的雲南蒙化，後又把他召回京師禁錮起來。為什麼首先對付周王呢？周王朱橚，是朱元璋的第五子，洪武十一年（1378）封周王，十四年就藩開封。這次削周王名義上是因為周王次子告發他「異謀」，其實還有另外一層原因。藩王中以燕王朱棣實力最強、野心最大，建文帝一直以朱棣為最大的對手，而周王是燕王的同母弟，關係最為密切，因此建文帝先廢周王，以去燕王羽翼。隨後，建文帝又廢湘王、齊王、代王、岷王等四王，目標直指燕王朱棣。

在削藩問題上，朝臣本來有著不同的意見。以前軍都督府左斷事高巍和戶部侍郎卓敬為代表的一些大臣主張採用漢代「推恩」的辦法曲線削藩。他們建議建文帝把藩王的權力分封給藩王所有子孫而不僅僅是嫡長子

一人，而且要異地分封，這樣藩王的權力就會逐漸削弱，不再威脅朝廷。卓敬更是建議建文帝將燕王遷封到南昌，既維護了親情，又削弱了他的力量。建文帝認為很好，卻沒有實行。以齊泰、黃子澄為首的大臣堅決主張削藩，但在具體策略上有所不同。黃子澄認為燕王實力強大，應該先削弱小的周、齊、代諸王，去燕王的羽翼，待時機成熟再削燕王。齊泰則主張擒賊先擒王，只要先剷除燕王，其他諸王自然無力反抗。可惜的是，建文帝聽取了書生黃子澄的意見。建文帝並未意識到他的行動實際上已經打草驚蛇，燕王朱棣正暗中發展勢力，蓄勢待發，一場大戰迫在眉睫。

叔姪大戰

建文元年七月，燕王朱棣在姚廣孝等人遊說下以「清君側」為名舉兵起事，從而拉開了長達四年的叔姪戰爭，史稱「靖難之役」。「靖難」，就是削平禍亂的意思。這是燕王方面的用詞。對於建文帝來說，這個詞是很可笑的。燕王打着為朝廷「靖難」的幌子，卻是來跟自己作戰，這不是造反又是什麼？（須知，這時的朝廷不是他燕王的，而是建文帝的。）有

南京明故宮石螭首

一部佚名史書，叫《奉天靖難記》，寫的就是這四年戰爭的歷史。這部書是燕王方面的人寫的，後來的《太宗實錄》卷一至卷九燕王即位前的內容就是以此書為藍本增改而成。《太宗實錄》上接《太祖實錄》，中間抹

去了建文帝的實錄，建文朝在明代官方歷史中成了一個不存在的朝代——燕王即位以後，宣布革除建文年號，建文元年稱作洪武三十二年，建文朝只稱作「革除年間」。這顯然是成者王侯敗者寇的演繹邏輯了。於是，「靖難」就成了正經的官方歷史名詞。

建文帝原本以為自己已經準備好了天羅地網，擒拿朱棣只是早晚的事，但他明顯低估了燕王的能力。戰爭開始之前，建文帝以防邊為名，調走了燕王的護衛士兵，又派張昺、謝貴到北平監視燕王的一舉一動，宋忠統兵三萬駐軍開

明刻本《國朝典故》

平，另在山海關、臨清皆有軍隊協防，將燕王緊緊包圍起來。然而，朱棣頗具雄才大略，且有多年統兵作戰的經驗，他臨危不亂，先後蕩平了周圍的軍隊。

八月，建文帝命耿炳文將兵十三萬伐燕，兵敗退守真定。九月，命李景隆將兵五十萬出征。李景隆只會紙上談兵，沒有實際作戰經驗，失敗在所難免。建文帝又啟用保衛濟南的功臣盛庸為將，取得了東昌之役的勝利，但這也無法改變燕王勢力逐漸增強的事實。建文三年十二月，朱棣反守為攻，率軍直趨南京。六月十三日，李景隆和谷王打開金川門迎降，朱棣取得了「靖難之役」的最終勝利。

應該說，建文帝在位的四年，所推行的政策基本上是正確的，也是深得民心的，那又為何以失敗而告終呢？這與他削藩策略失誤有直接關係。他一直視燕王朱棣為最大的威脅，卻沒有果斷地直指燕王而是先削了其他

南京朝天宮

五藩，給了朱棣充分的準備時間。當初戶部侍郎郭任認為先削五王在戰略上犯了錯誤，主張盡快用兵燕王：「天下事，先本後末則易成。今南京朝天宮日儲糧粟、備軍實，果為何者？而北討周，南討湘，削燕之舉則經年無期，實為捨本而圖其末。用兵貴乎神速，銳氣既竭，姑息隨之，正所謂強弩之末不能穿魯縞，臣恐朝廷將坐而自困耳。」郭任這段話在今天看來無疑是正確的，可惜建文帝當時並沒有意識到。

燕王朱棣攻下南京，建文帝的下場成為人們關注的焦點。雖說燕王是以「清君側」為名起兵的，可誰都看得出他是來奪江山的，那麼會出現什麼樣的結果呢？人們都在心中暗自猜測。不料李景隆和谷王打開金川門，朱棣卻發現找不到建文帝的影子。

難覓遺蹤

建文帝的結局到底怎樣，一直以來眾說紛紜，莫衷一是，成為明史第一謎案。

自焚說。《太宗實錄》記載，燕王進入金川門後，建文帝也想出去迎接燕王，然而又自歎道：「我何面目相見耶！」於是與皇后一起閉宮自

焚。朱棣看到宮中火起，急忙命人前來搶救，卻沒有來得及。從灰燼中找到建文帝燒焦的屍體，朱棣不勝悲戚，撫屍痛哭，說他只是前來幫助皇帝學善，你又何必自尋死路呢？事後，朱棣備禮以葬建文帝，遣官致祭，輟朝三日。近人孟森等學者持此說。

出亡說。《太宗實錄》的可靠性為人們所質疑，因為朱棣就曾經三次修改《太祖實錄》，以美化自己，為自己奪取皇位尋找冠冕堂皇的理由。

《太宗實錄》所記的建文帝自焚事，就有很多人持懷疑的態度。由於永樂朝的政治高壓、文網嚴密，對建文帝出亡之事沒有留下記載。天順、正德朝之後，政治環境有所好轉，關於建文帝出亡說的史料開始多起來，而且，越是早的史料越是含糊，越是晚的史料越是具體。萬曆二年十月，十二歲的神宗向張居正問及建文帝下落，張居正回答：「國史不載此事，但先朝故者相傳，言建文皇帝當靖難師入城，即削髮披緇，從間道走出，後雲遊四方，人無知者。」可見首輔張居正也傾向於建文帝出亡之說。值得注意的是，民間傳聞已入天子耳中，而且這時談論建文帝出亡已經不再是禁忌話題。關於建文

白石「天子」璽

帝出亡一事，谷應泰《明史紀事本末》中的記載最具代表性。他認為建文帝並未自焚，而是在大臣的保護下由密道逃出南京。

建文四年夏六月乙丑，帝知金川門失守，長吁，東西走，欲自殺。翰林院編修程濟曰：「不如出亡。」少監王鉞跪進曰：「昔高帝升遐時，有遺篋，曰：『臨大難，當發。』」謹收藏奉先

殿之左。」羣臣齊言：「急出之！」俄而舁一紅篋至，四圍俱固以鐵，二鎖亦灌鐵。帝見而大慟，急命舉火焚大內，皇后馬氏赴火死。程濟碎篋，得度牒三張，一名應文，一名應能，一名應賢。袈裟、帽、鞋、剃刀俱備，白金十錠。朱書篋內：「應文從鬼門出，餘從水關御溝而行，薄暮，會於神樂觀之西房。」帝曰：「數也！」程濟為帝祝髮。吳王教授楊應能願祝髮隨亡，監察御史葉希賢毅然曰：「臣名賢，應賢無疑。」亦祝髮。各易衣披牒。在殿凡五六十人，痛哭仆地，俱矢隨亡，帝曰：「多人不能無生得失，有等任事著名，勢必窮詰；有等妻子在任，心必縈繫，宜各從便。」御史曾鳳韶曰：「願即以死報陛下！」帝麾諸臣，大慟，引去若干人。九人從帝至鬼門，而一舟艤岸，為神樂觀道士王昇，見帝，叩頭稱萬歲，曰：「臣固知陛下之來也。疇昔高皇帝見夢，令臣至此耳！」乃乘舟至太平門，昇導至觀，已薄暮矣。俄而楊應能、葉希賢等十三人同至。

上面這段文字的真實性的確讓人有所懷疑，可谷應泰偏偏講得栩栩如生，真是令人真假難辨。建文帝到底是自焚而死了呢，還是由密道逃離南京？史學家對此尚無定論。當年清朝編修《明史》時，明史館中諸史臣即對此意見不一。撰寫《明史·恭閔帝本紀》的徐嘉炎認為建文帝未死於火，而是遜國外逃。而同在明史館的著名學者朱彝尊則相信《明實錄》的記載，認為建文帝已死於火。於是，正如我們所見，《明史·恭閔帝本紀》便有如下的表述：「宮中火起，帝不知所終。」看來當時誰也拿不出證據證明自己的觀點是正確的，只好選擇這種折中的意見。

現在，隨着對建文帝出亡問題研究的不斷深入，對史料掌握的不斷增多，相信建文帝未自焚而是出亡的人漸多。那麼，明成祖朱棣禮葬的是建文帝嗎？有人認為當時下葬的並不是建文帝而很可能是馬皇后。朱棣在廢

墟中找到的屍身面目全非，難以分辨真偽。而且，史料沒有發現安葬馬皇后的記載。還有一點值得注意的是，在明朝中後期竟然沒有人知道建文帝葬於何處，可見當時的人也都不認為真的安葬過建文帝，因此不用祭奠掃墓，時間久遠就變得無人知曉了。其實，朱棣本人也可能知道禮葬的並非建文帝本人，只是以假為真，遮蔽天下人耳目，然後名正言順地坐上皇帝的寶座。

　　另外的一個疑點就是城破時沒有發現建文帝的長子。當時建文帝有兩個皇子：長子朱文奎，七歲，次子朱文圭，兩歲。朱文圭，史稱建庶人，被成祖幽禁在廣安宮，直到英宗天順年間才放出，當時已經五十七歲。由於一直被關在宮內，他出來時連牛馬都分辨不清。至於建文帝的長子朱文奎卻一直下落不明，《明史》

南京明故宮玉帶橋

說「燕師入，七歲矣，莫知所終」。既然朱文奎可以逃脫，沒有理由建文帝不能出亡。而且，所謂的「靖難之役」長達四年，並非朝夕之間，建文帝有充分的時間準備。朱棣進入南京時，江南、西北、西南、東南等大部分地域還都不在朱棣的控制之下，建文帝有能力組織有效的反攻。

　　既然建文帝有可能遜國出亡，他又去了哪裡呢？綜合各種資料，有如下幾種說法：

遜國為僧，雲遊四方

正如《明史紀事本末》記載，建文帝從南京逃出後，帶着楊應能、葉希賢、程濟兩比丘一道，隱名易服，雲遊天下。學者根據地方誌、遺跡、遺址等資料考證，認為建文帝曾流亡於雲南、貴州、四川、湖北、江浙、廣東等地，《明史紀事本末》說他為逃脫追捕，「西遊重慶，東到天台，轉入祥符，僑居西粵，中間結庵於白龍，題詩於羅永，兩入荊楚之鄉，三幸史彬之第」。

西南數省，留有很多有關建文帝的遺址和傳説。徐霞客在《徐霞客遊記》中記載有建文帝曾在貴州白雲山修行時遺留的遺跡：

> 有巨杉二株，爽立磴旁，大合三人抱；西一株為火傷其頂，乃建文君所手植也。再折而西半里，為白雲寺，則建文君所開山也；前後架閣兩重。有泉一坎，在後閣前檻下，是為「跪勺泉」。下北通閣下石竅，不盈不涸，取者必伏而勺，故名曰「跪」，乃神龍所供建文君者。中通龍潭，時有金鯉出沒云。由閣西再北上半里，為流米洞。洞懸山頂危崖間，其門南向，深僅丈餘，後有石龕，可旁為榻。其右有小穴，為米所從出流以供帝者，而今無矣。左有峽高迸，而上透明窗，中架橫板，猶云建文帝所遺者，皆神其跡者所託也。洞前憑臨諸峰，翠浪千層，環擁迴伏，遠近皆出足下。洞左構閣，祀建文帝遺像（閣名「潛龍勝跡」，像昔在佛閣，今移置此）。乃巡方使胡平運所建，前瞰遙山，右翼米洞，而不掩洞門，其後即山之絕頂。

一些書中還記載有建文帝的詩文，雖然無法判斷是否後人假託，但還是有些符合建文帝身分的。下面這首詩據説是建文帝避難貴州金竺（今貴州廣順）時所作：

風塵一夕忽南侵，天命潛移四海心。

鳳返丹山紅日遠，龍歸滄海碧雲深。

紫微有象星還拱，玉漏無聲水自沉。

遙想禁城今夜月，六宮猶望翠華臨。

　　朱棣做了皇帝以後，對於建文帝出亡也是將信將疑，又聽說了很多傳言，於是派戶科給事中胡濙分巡全國。《明史‧胡濙傳》載「惠帝之崩於火，或言遁去，諸舊臣多從者，帝（指成祖）疑之。（永樂）五年遣頒御制諸書，並訪仙人張邋遢，遍行天下州郡鄉邑，隱察建文帝安在，以故在外最久。」朱棣是讓胡濙以頒布御制諸書和訪尋張邋遢的名義探尋建文帝的下落，前後長達十六年之久。這裡所說的張邋遢，就是小說中經常出現的張三豐。他是個奇人，不修邊幅，飄忽不定，據說能一日千里。成祖對胡濙偵緝建文帝的事情非常重視，不批准他為母「丁憂」的請求（官員父母逝世，應守孝三年，稱為丁憂）。永樂二十一年，胡濙匆忙趕回北京，恰巧成祖北征駐軍宣府。胡濙趕到宣府時成祖已經休息，聽說胡濙回來後馬上接見，二人一直談到四更。《明史》中說：「先未至，傳言建文蹈海去，帝分遣內臣鄭和數輩浮海下西洋，至是疑始釋。」看來胡濙是打聽到了建文帝的確切消息，似乎事隔多年建文帝已經沒有重奪帝位的想法了，成祖朱棣終於放心，不再究問建文帝蹤跡。

漂洋出海，不知所終

　　有傳言建文帝泛舟出海，去了南洋，並在某個小島上過着自食其力的恬然隱居生活。當時中國去往南洋的人很多，據說張士誠失敗後，他的一些部下就逃往南洋，拓荒移民。近人有人考證建文帝避難泉州開元寺，並在開元寺揚帆出海，最終隱居印尼蘇門答臘島東海岸，然而沒有更多的證據，僅僅是猜測而已。

南京雞鳴寺

成祖朱棣擔心建文帝糾集當地的中國人,或者是以宗主的身分號召南洋諸國興兵,因此很不放心,特意派遣鄭和數下西洋,一為宣揚國威,一為探尋建文帝蹤跡。《明史》載:「成祖疑惠帝亡海外,欲蹤跡之,且欲耀兵異域,示中國富強。永樂三年六月,命和及其儕王景弘等通使西洋,將士卒二萬七千八百餘人,多齎金幣。」在鄭和的船隊裡,還有一部分是錦衣衛,專門負責偵緝,至於是否探知建文帝蹤跡,就不得而知了。

北京西山說

谷應泰《明史紀事本末》和鄭曉《吾學篇》中,記載有正統七年,建文帝因年紀已老,就自至廣西思恩州官府自稱乃建文帝。當地官員急忙上報朝廷,將其送至京師。朝廷派老宦官吳亮前去辨認。建文帝一見到他就叫出了他的名字,吳亮否認。建文帝又說當年他進膳時,扔一片鵝肉到地上,吳亮像狗一樣趴下去吃掉。吳亮聽後伏地大哭,回去後就上吊死了。建文帝被迎入西內,老死於宮中,葬於西山,不封不樹。

這其實是謠言，不過還是有一定根據的。《英宗實錄》載正統五年十一月，有個僧人從雲南到廣西，自稱是建文帝，年九十餘。當地官員將其遣送到京師，大臣們懷疑他是假冒的。經過究問，他承認本名叫楊行祥，河南人，洪武十七年為僧，受到別人的蠱惑才假冒建文帝。英宗將其押入大牢，四個月後他死在獄中，同謀的十二名僧人被發配到遼東守邊。

江蘇吳縣說

《文匯報》的記者徐作生到江蘇吳縣考察，發現了建文帝出亡時遺留下的一些遺跡、遺物，並結合文獻資料，認為建文帝當年藏於吳縣普濟寺內，不多久姚廣孝歸隱禪寺，在姚廣孝的監護下，建文帝隱於穹窿山皇駕庵，直到1423年病殞於此，葬於庵後山坡上。這也自成一說。

四川望京寺說

有人認為建文帝在四川平昌佛羅寺躲藏過，並病逝於此，葬於寺後山坡上。建文帝之所以選擇佛羅寺，是喜歡這裡偏僻難尋，不容易被發現。因他常常面向京城的方向暗自哭泣，後人就把佛羅寺改稱望京寺。

另外，近幾年有人自稱建文帝後人，獻出《讓氏家譜》，稱建文帝通過地道逃離南京，假扮僧道，雲遊各地，後隱居於武昌，死後葬在武昌洪山。當然，這一說法還有待於進一步驗證。

對建文帝出亡謎案的解釋、傳說、附會決不止上面列出的幾種，有許多淒美的故事在書籍、口頭上流傳開來，而且也必將流傳下去。而建文帝的結局到底怎樣，誰也沒有確鑿的證據，成為中國歷史上一個難以解開的謎團。

朱允炆個人小檔案

姓名：朱允炆		**出生**：洪武十年（1377）十二月五日	
屬相：蛇		**卒年**：不詳	
享年：不詳		**謚號**：惠皇帝（清高宗追謚）	
廟號：無		**陵寢**：無	
父親：朱標		**母親**：呂妃	
初婚：十六歲		**配偶**：馬皇后	
子女：二子		**繼承人**：無	
最得意：行寬政，得士心		**最失意**：失帝位	
最不幸：平燕失利		**最痛心**：削藩未果	
最擅長：詩文			

相關閱讀書目推薦

（1）王天有主編：《明朝十六帝・恭閔惠皇帝朱允炆》，紫禁城出版社，1999 年

（2）商傳：《永樂皇帝》，北京出版社，1989 年

（3）晁中辰：《明成祖傳》，人民出版社，1993 年

（4）楊林：《馬上天子》，團結出版社，1998 年

成祖朱棣

永樂元年（1403）—二十二年（1424）

　　明成祖朱棣，是明朝的第三個皇帝。他是開國皇帝朱元璋的第四子，生於元末羣雄爭鋒的年代。元至正二十年（1360）出生，十一歲被封為燕王，十七歲迎娶徐達長女，二十一歲帶着金冊金寶就藩北平。四十歲以「靖難」名義興兵，四年後從他的侄兒建文帝手中奪得大明江山，在位二十二年，改年號為「永樂」，諡號「文皇帝」，故又稱「文皇」，廟號「太宗」，世宗改「太宗」為「成祖」，死後葬於長陵。

　　朱棣的性格頗肖其父朱元璋，同時也是繼朱元璋之後又一位雄才偉略的皇帝。他的一生跌宕起伏。洪武二十三年（1390），燕王朱棣率軍征討蒙古乃兒不花，大獲全勝，從此聲名大振，也為後來「靖難之役」的勝利積累了寶貴的經驗。建文帝登基後銳意削藩，藩王人人自危，而燕王更是削藩的主要目標。建文元年（1399）七月，朱棣起兵。四年後，從金川門入京師，建文帝不知所終，朱棣即皇帝位。他南征安南，五入漠北，遷都北京，編修《永樂大典》，派鄭和六下西洋，正如《明史》所說「文皇少長習兵，據幽燕形勝之地，乘建文孱弱，長驅內向，奄有四海。即位以後，躬行節儉，水旱朝告夕振，無有壅蔽。知人善任，表裡洞達，雄武之

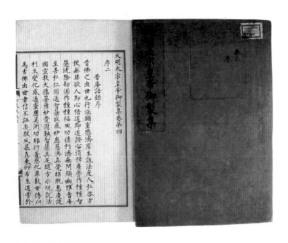

《大明太宗皇帝御製集》

略，同符高祖。六師屢出，漠北塵清。至其季年，威德遐被，四方賓服，明命而入貢者殆三十國。幅隕之廣，遠邁漢唐。成功駿烈，卓乎盛矣。」朱棣在位期間，文治武功，可比漢唐。然而他性情暴戾，製造了幾起血腥大案，如瓜蔓抄、誅十族、後宮慘案等，「革除之際，倒行逆施，慚德亦曷可掩哉」。

武功：馬上天子

朱棣是位馬上天子，因武功而立威名，因武功而奪皇位，因武功而拓疆土。他的一生起於兵，最後也死於行軍途中。

初戰告捷

洪武十三年（1380），朱棣就藩北平，此後直到南京稱帝，他在這裡度過了二十三年的時光。這段時間對朱棣非常重要，他由一個年輕的藩王逐漸成熟起來，逐漸在眾藩王中嶄露頭角，成為眾藩之首，並最終登臨大位。洪武二十三年對蒙古乃兒不花的初戰告捷，使他樹立了威名，成為通往皇權寶座的良好開端。

這一年元旦剛過，朱棣就接到太祖朱元璋的命令，讓他和晉王分別統帥兵馬合擊蒙元丞相咬住和平章乃兒不花。而立之年的朱棣異常興奮，因

為這是他第一次經歷如此規模的大仗。素有野心的朱棣知道，這是他磨練的大好時機，也是展現自己的一次難得機會，因此精心準備，志在必得。

朱棣首先派出幾股哨兵四出偵查，摸清了乃兒不花的確切位置。時值三月，沒想到天不作美，竟然下起了大雪，氣溫也隨之下降。有些人請求燕王停止行軍，暫避風雪。朱棣卻另有一番見解，認為這正是出奇制勝的大好時機，因此大軍冒雪而進。當大軍出現在乃兒不花面前時，他十分驚訝，毫無準備。朱棣沒有貿然進攻，而是派已降明的乃兒不花舊交觀童前去勸降。乃兒不花知道無法抵抗，請降。朱棣擺酒設宴，對他非常熱情，令乃兒不花很感動，遂主動要求前去勸降咬住。就這樣，朱棣第一次大規模出征兵不血刃就大獲全勝。而另一路的晉王生性怯懦，不敢深入蒙古腹地，結果一無所獲，更陪襯出燕王的智勇雙全。朱元璋非常高興，賞賜朱棣寶鈔一百萬錠，對他更加信賴。這次勝利，令朱棣聲名鵲起，也是他在政治舞台上的完美亮相。

「靖難」起兵

朱棣的侄子建文帝登基後，一反太祖朱元璋分封藩王的政策，而是雷厲風行、銳意削藩。當時的形勢對燕王十分不利。建文帝在削奪五藩後，目標直指燕王，加強了對燕王的防範。建文帝命心腹謝貴任北平都指揮使，掌握軍權；命張昺為北平布政使，掌握日常行政權；並將燕王府護衛精銳調往開平，命宋忠帥兵三萬駐守開平。

在這種嚴峻的情況下，燕王於建文元年（1399）七月五日毅然起兵，率領「靖難」之軍，歷時四年，大小百餘戰，最終兵臨南京，奪得大明江山。下面選擇幾次大的戰役加以介紹：

大破宋忠。宋忠將兵三萬，駐軍開平，是防備燕王的重要軍事力量。燕王舉事後，宋忠未敢貿然進軍，而是移軍懷來。朱棣控制了北京城，招降守備通州的通州衞指揮僉事房勝，攻取薊州。居庸關被朱棣攻破，守將

長陵神功聖德碑

率敗軍歸附宋忠。宋忠為調動士氣，謊稱原來燕王府守衛的家屬被燕王殺害了。燕王知道這一情況後，特意讓那些士兵的親屬打前鋒。原燕王府守衛看到家人沒有死，惱怒宋忠欺騙他們，臨陣倒戈。宋忠部陣腳大亂，燕王趁機麾軍過河，直撲過來。宋忠大敗，逃回城內，城破被捉於廁內。

擊敗宋忠，是朱棣起兵後第一次大規模的戰鬥。這次戰鬥，斬首數千人，繳獲戰馬八千餘匹和大量軍械。更為重要的是，懷來之戰解除了北平周圍的軍事威脅，提高了軍威。

不久開平、龍門、上谷、雲中、永平等處守軍紛紛投降，壯大了朱棣的力量。

真定大戰。八月，建文帝命老將耿炳文率兵十三萬征討燕王。由於朱元璋幾次藉故大殺功臣，朝廷中已經沒有幾個能征慣戰的武將了，所以儘管耿炳文當時已經六十五歲了，也只能披掛出征。耿炳文和朱元璋一樣，都是濠州人。當年他駐守長興十年，抵禦張士誠的進攻，「大小數十戰，戰無不勝」。朱元璋十分滿意，建國後封他為長興侯，為一等功臣。建文帝命其為主帥，意圖一舉殲滅燕王。

耿炳文駐軍真定，派前鋒九千人據守雄縣。朱棣探知清楚後，於八月十五日悄然來到雄縣。正值中秋之夜，守城士兵飲酒賞月，放鬆了警惕。

發現燕兵時，朱棣的軍隊已經攀上了城牆，守軍倉促應戰。這支部隊是南軍的精銳，戰鬥力很強，直到第二天破曉，朱棣才攻占縣城，南軍全部力戰而死。

離雄縣五十里的莫州，潘忠、楊松率軍駐守。朱棣料定二人會來援救，命千餘勇士埋伏在必經之路的月漾橋下水中。潘忠果然帶兵來援，見雄縣已失，想退回莫州，燕兵突然從水中冒出來，占據月漾橋。這樣前後夾擊，南軍大敗，許多人掉進河裡淹死了，潘忠被俘。朱棣乘勝追擊，招降了莫州留守的萬餘人。一天之內，南軍損失了三萬人馬。

在莫州投降的南軍中，有一個名叫張保的將領表示願意為朱棣效力，並將南軍虛實告訴了朱棣。這時南軍尚有十萬人馬，駐兵真定，分為兩營，列於河兩岸，互相聲援。朱棣遂命張保回到耿炳文營中，渲染燕軍馬上就要進攻了。很多燕軍將領不明所以，認為南軍勢大，不如突然襲擊。現在將張保放回，想要攻其不備也不可能了。朱棣自有一番道理：耿炳文知道燕軍來攻，擔心燕軍勢盛，必然會移營合兵一處，這正是攻擊的好時機。事情正如朱棣所料，耿炳文令移營合兵。朱棣趁機率軍猛攻，南軍倉促應戰。戰鬥十分慘烈，最終南軍不敵燕軍鐵騎，退守真定城，不再出戰。

永樂清花梅瓶

耿炳文長於固守，而所率軍兵多步兵；燕軍多騎兵，擅長野戰。朱棣認為耿炳文是富有作戰經驗的老將，不好對付，擔心時間一長士氣低落，遂圍城三日後退回北平。

真定一戰，南軍損失數萬人馬，但主力尚存。如果堅持固守策略，朱

棣還真沒有什麼好辦法。然而建文帝對戰事極不滿意，命李景隆接替耿炳文，意圖從速殲滅燕王。臨陣換將，本是兵法大忌，何況是以弱換強。當年秦趙長平之戰，趙王不理解老將廉頗的固守戰略，中了反間計，派飽讀兵書而一無用處的趙括頂替，結果四十萬趙卒埋身長平，也為後世留下了紙上談兵的笑柄。建文帝此次換掉耿炳文，實為一大失策，給燕王提供了戰機。

鄭村壩之戰。李景隆接替耿炳文，合兵五十萬。他是朱元璋外甥李文忠的長子，長得高大威猛、儀表堂堂，喜讀兵書，然而缺乏作戰經驗，是一個紙上談兵的紈袴子弟。建文帝將希望寄託在他的身上，恩寵有加；而對於朱棣來說，他只是趙括式人物。當朱棣得知李景隆帶兵時，喜不自禁。朱棣認為李景隆「為將政令不修，紀律不整，上下異心，死生離志，敗一也；今北地早寒，南卒衣褐者少，披觸霜雪，手足皸瘃，甚有墮指之患，況馬無宿稿，士無贏糧，敗二也；不量險易，深入趨利，敗三也；貪而不止，智信不足，氣盈而愎，仁勇俱無，威令不行，三軍易撓，敗四

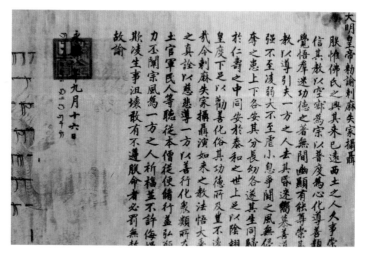

永樂八年（1410年）明成祖敕諭

也；部曲喧嘩，金鼓無節，好諛喜佞，專任小人，敗五也」。這個分析雖然有燕王鼓舞士氣的因素，但也看到了李景隆的致命弱點。

李景隆放棄耿炳文的穩健策略，率軍直撲北平，分兵三處：一軍攻打北平九門；一軍攻打通州；自己駐紮鄭村壩（北平東二十里）。當時朱棣赴大寧尋求救兵，北平守備空虛。攻打北平的戰鬥十分激烈，正陽門情勢岌岌可危。燕王妃徐氏親率婦女登城，投擲石塊，幫助守衛城門。主攻彰義門的瞿能父子驍勇善戰，率領精騎一度攻入城內，然而李景隆卻命令等待大隊人馬，結果貽誤戰機，守軍以水潑城，一夜成冰，第二天已經難以攀爬了。且守軍並未一味死守，而是在夜裡不斷派遣小股部隊騷擾南軍，弄得南軍精疲力竭，人心不寧。

十一月，朱棣已經收編了寧王的部隊歸來，包括能征慣戰的朵顏三衛騎兵，實力大為增加。李景隆派陳暉率一萬騎兵東行，尋找機會迎擊燕軍，不料兩隊人馬沒有走到一條路上，未曾相遇。後陳暉發現燕軍，尾隨而來，準備前後夾擊。朱棣察覺後，命精騎回頭迎擊，將其一舉擊潰，陳暉隻身逃回軍中。燕軍士氣大振，燕王乘勢派朵顏三衛猛衝南軍。朵顏騎兵銳不可當，疾風暴雨般連破南軍七營。李景隆整頓軍馬，在鄭村壩與燕軍決一死戰。這場戰鬥，數十萬軍馬從中午一直打到晚上，屍橫遍野，十分慘烈。朱棣趁着天黑，派奇兵左右衝殺，攪亂了南軍的陣營，然後燕軍正面猛攻，占據上風。當日未分勝負，雙方各自收兵回寨。李景隆沒有經歷過這樣慘烈的戰鬥，初戰不利，感到難以取勝，連夜拔營南遁，匆忙之中竟然沒有通知圍攻北平九門的將士。攻打九門的將士失去主力的掩護，僅兩天就被朱棣擊敗，北平之圍始解。

這一戰中，守城的燕王世子朱高熾作用不可低估。他領城中老弱殘兵堅守北平城，面對李景隆數十萬大軍的攻擊而巋然不動，有力地牽制住了南軍，保住了燕王朱棣的根據地。假設北平被攻占，朱棣將面對另一番景

象，勝負的天平尚不知會傾向哪邊。

白溝河之戰。鄭村壩大戰之後，原本銳意削藩的建文帝卻變得軟弱起來，罷齊泰、黃子澄職，希望以此使燕王息兵。這種做法無異於向朱棣示弱，是不會起到任何積極作用的。建文二年（1400）二月，李景隆致信朱棣，請求息兵。這一舉動，估計是朝廷的意圖。但朱棣現在兵強馬壯，自然不會講和。雙方厲兵秣馬，積蓄力量，準備在春天再戰。其間，朱棣使了一個小花招，將李景隆戲弄於股掌之間。二月，朱棣佯攻大同，李景隆率軍救援。朱棣卻不與之戰，由居庸關退回北平，李景隆奔波一場，勞而無功。當時天氣尚寒，南軍衣衫單薄，不少士兵被凍傷，部隊也沒有得到很好的休整。

四月一日，李景隆於德州誓師，號稱百萬（實則六十萬），大舉北伐。雙方在白溝河擺開陣勢，大戰一觸即發。這場戰鬥驚心動魄，扣人心弦。南軍中的平安、瞿能父子驍勇異常，率軍猛衝燕軍，所向披靡。朱棣的坐騎接連被射殺，他的寶劍竟也砍折了。瞿能父子奮勇廝殺，已經和燕王近在咫尺。朱棣見大勢不妙，撥馬跑到河堤上，南軍在後面緊追不放。朱棣立馬站在堤上，假意用馬鞭招呼後面的部屬，使南軍相信燕軍就在堤下。南軍果然上當，沒敢繼續追擊，朱棣才逃過被生擒活捉的命運。雙方殺得難解難分，互有勝負。忽然一陣風將南軍大旗颳倒，南軍陣營產生了混亂。朱棣抓住這難得的時機，指揮部隊猛衝，一舉擊潰南軍。

白溝河之戰是決定性的戰役。此後，建文帝再也組織不起來大規模的軍事征討。朱棣由此轉守為攻，取得戰事上的主動權。

靈壁之戰。朱棣準備取道山東，直撲南京。然而在濟南卻遭到了鐵鉉的堅決阻擊，又在東昌為盛庸所敗。建文三年（1401），朱棣選擇進軍防守較為薄弱的河北，轉戰河北各地。十二月，朱棣得知南京守備空虛，於是決定繞過山東，率軍直取南京。

白石「制誥之寶」

燕軍孤軍南下，期間多有敗績。北方士兵不適應南方氣候，很多人病倒，許多將領也請求撤軍。朱棣很猶豫，一連數日鐶甲不離身，最後在大將朱能的勸說下堅定了繼續南下的決心。他迫切需要一場勝利來鼓舞士氣。

這時南軍的主要防禦力量總兵何福駐軍靈壁，修建了大量工事，固守不出。朱棣想與之決戰而不得，就截斷了他的糧草供給，將其圍困起來。何福無奈，準備突圍，不想南軍把燕軍進攻的信炮當成是突圍的信號，紛亂湧出，結果大敗。何福僅以身免，南軍的主要將領平安被俘。平安是朱元璋的養子，原是朱棣的部下，文韜武略，是朱棣的主要對手，多次擊敗過他，還斬殺過他的幾個得力戰將。俘虜平安，令朱棣興奮異常，燕軍上下都說這回可以平安了。朱棣捨不得殺他，將其押送回北平。

靈壁之戰後，朱棣再也沒有遇到大的戰鬥，於建文四年（1402）六月十三日，兵臨南京城下。李景隆、谷王打開金川門迎降，建文帝不知所終，朱棣取得了「靖難之役」的勝利。

出兵安南

安南，又稱交阯，漢唐時為中國的屬郡，五代以後獨立，但仍與中國交往密切。在明初，安南國王為陳氏。建文朝，安南發生政治變故，丞相

鐵鞭

黎季犛自立為帝,改名胡一元,不久又傳位其子。

永樂元年(1403),安南國王派人朝賀,自稱陳氏無後,自己是陳氏外孫,為眾擁立為國王,請求得到朱棣的冊封。朱棣聽從禮部的意見,派遣官員到安南探訪實情。該官員回朝後說現在的安南國王得到了當地人的承認,國家安定。朱棣於是派禮部郎中帶着詔書前去安南,正式冊封其為國王。

然而永樂二年,原國王的臣屬裴伯耆逃到中國,將胡氏篡位的事情揭露。八月,老撾遣人送來了原國王的弟弟陳天平。朱棣無法辨別真偽,暫且將他們安置起來。年底,安南使臣來賀。朱棣讓陳天平突然出現在使臣面前,使臣們十分驚愕,紛紛下拜,朱棣由此知道了陳天平的真偽和事情的真相。朱棣遣人責備安南國王,安南國王上書表示歡迎陳天平回國繼承皇位。

令朱棣惱怒的是,安南竟然伏兵劫殺由明軍保護回國的陳天平。面對這種公開挑釁宗主國威信的行動,朱棣沒有猶豫,立即遣兵八十萬出征安南。這支大軍銳不可當,永樂五年將安南國王、太子等人活捉。朱棣遂改安南為交阯布政使司,成為中國的一個省。只是後來明朝遷都北京,安南時有反抗,成為明朝的沉重負擔,因此朱棣死後不久,明朝就放棄了對安南的治理。

十三陵石牌坊

五入漠北

對明王朝最大的威脅不是南方的安南，而是北方的蒙古。當時蒙古分裂為三部：韃靼部、瓦剌部和兀良哈部。朱棣對蒙古採用恩威並施、分化瓦解的策略。兀良哈部早已歸附，並在「靖難之役」中為朱棣立有赫赫戰功。韃靼部較強，朱棣有意聯絡瓦剌，與之抗衡。永樂七年，成祖命丘福率軍十萬征討韃靼，不意全軍覆沒。

永樂八年（1410）二月，朱棣親率五十萬人出征，太子留守南京，皇長孫留守北京。五月，發現了韃靼部本雅失里的位置。朱棣命每人自帶二十日糧食，率輕騎疾馳。在成吉思汗興起的斡難河與本雅失里遭遇，雙方大戰，最終本雅失里敗逃。回師途中又遭遇阿魯台部，激戰數日，阿魯台戰敗逃遁。朱棣估計敵人可能貪圖輜重，前來劫掠，便設下埋伏。明軍班

師時，果然有人來襲。霎時伏兵四起，敵人潰逃。朱棣第一次親征大獲全勝，韃靼部的勢力被削弱了。

隨着韃靼部的衰敗，瓦剌部強盛起來，時常騷擾邊境。永樂十二年（1414），朱棣決定第二次親征，並讓皇太孫隨行。六月七日，在忽蘭忽失溫（今蒙古烏蘭巴托東）遇到瓦剌的主力部隊。這場戰鬥十分慘烈，雙方損失相當，直到傍晚敵人才敗走。

永樂二十年、二十一年、二十二年，朱棣又三次親征蒙古。

朱棣五次對蒙古用兵，目的在保證邊境安寧、國內安定。在第五次親征的歸途中，朱棣身體不適。到了榆木川（今內蒙古多倫），朱棣突然病逝，享年六十五歲。朱棣是一位馬上天子，他的江山得於馬上，也死在了行軍途中。但是同時，他又是一位重視文化的皇帝，其功績不遜於歷代名君，因而死後被諡為「文皇帝」。

文治：名垂史冊

《永樂大典》

朱棣君臨天下之後，尊儒納士，編纂了舉世聞名的《永樂大典》，遷都北京，疏通了大運河，派遣鄭和六下西洋……這些成就，足以令成祖傲視古今。

三千文士修大典

永樂元年（1403）七月，朱棣下詔編纂一部類書。他雄心勃勃，想要將中國古代典籍收集齊全，特命大才子解縉負責，要求「毋厭浩繁」，盡量收羅。第二年十一月，解縉將編纂好的圖書進呈天子。朱棣很高興，賜名《文獻大成》，賞賜解縉等一百四十七位有功人員。

然而不久，朱棣發現這與他的要求相差很大，主要是還有許多典籍未能收錄。於是朱棣決定重新編修，並任命「靖難」功臣姚廣孝以及刑部侍郎劉季篪和解縉總

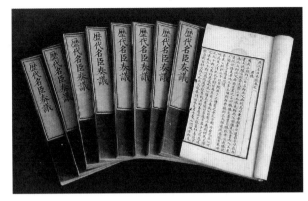

永樂刻本《歷代名臣奏議》

其事，前後參與者近三千人，可謂人才薈萃、人文盛事。朱棣對這件事非常重視，命在文淵閣開館修書，由光祿寺供給朝夕膳食。他看到文淵閣中的書籍尚不完備，又命禮部選派通曉典籍的官吏四出購求典籍，「書籍不可較價值，惟其所欲與之，庶奇書可得」。正是在朱棣的關注和支持下，三年之間，大典得以編纂完成。

永樂五年（1407）十一月，姚廣孝等人將《永樂大典》進呈朱棣。《永樂大典》有二萬二千八百七十七卷，又凡例、目錄六十卷，全書分裝為一萬一千九十五冊，引書達七八千種，字數約有三億七千多萬，是中國歷史上最大的類書，內容包羅經、史、子、集、百家、天文、地誌、陰陽、醫、卜、僧、道、戲劇、小說、技藝諸項。此前的類書，如唐代的《藝文類聚》只有一百卷，北宋的《太平御覽》和《冊府元龜》都各有一千卷。《永樂大典》的規模之大，確實是歷史上無與倫比。《永樂大典》另一個顯著的特點就是照錄原文，未作刪改。這種做法保持了書籍的原貌，具有很高的學術價值。

永樂朝《永樂大典》只有一部正本，存放在南京文淵閣，後於永樂十九年（1421）運到北京。朱棣曾經打算將《永樂大典》付印，只是在當時

的條件下，實在是艱難之至，不得已放棄。嘉靖四十一年（1562），皇宮三大殿失火，幸運的是由於搶救及時，《永樂大典》竟然奇跡般地倖免於難。有了這樣的教訓，世宗意識到光有一部正本太危險了，遂命一百零八個書生抄寫大典。這些人每日人抄 3 頁，歷時六年之久，才抄成一部副本，藏於皇史宬。只可惜正本在明末不知去向，多半是毀於兵火。副本到了乾隆時期只有九千餘冊，少了近三千冊。後來被儒臣們私自盜去了不少，剩下的在清末時不是被燒了就是被掠往國外，至今偶爾會在一些拍賣會上發現《永樂大典》的蹤影。據估計，存世的《永樂大典》約八百冊，只是原來的3%左右。建國以後，中華書局曾將《永樂大典》存世殘本予以影印出版。

三寶太監下西洋

鄭和，回族，本姓馬，小名三保（一作三寶），人稱三寶（保）太監。他在洪武年間成為明軍俘虜，入燕王藩邸為宦官，成為朱棣的親信。從永樂三年（1405）開始，到宣德六年（1431），鄭和曾經七下西洋，其中有六次是在永樂朝。鄭和因此成為中國歷史上著名的航海家，也是西方公認的「世界十大航海家」中唯一的中國人。

朱棣為何讓鄭和六下西洋呢？按照《明史》的說法是「成祖疑惠帝

南京鄭和府後花園原址

亡海外，欲蹤跡之，且欲耀兵異域，示中國富強。永樂三年六月命（鄭）和及其儕王景弘等通使西洋」。目的有二：一是尋找建文帝蹤跡；二是向海外諸國顯示大明王朝的繁榮富強。

永樂三年，鄭和由蘇州劉家港出發，浩浩蕩蕩出使南海以西諸國，最遠到達印度半島的古里國，勒石為記，於永樂五年才返回。成祖似乎對鄭和的第一次出航非常滿意，在他回朝的第三天就命工匠改造249艘海運船，以備鄭和下次使用。

鄭和造大銅鐘

隨後，鄭和分別在永樂五年、七年、十一年、十五年、十九年，以及宣德六年六次出使西洋，到達過今天的越南、柬埔寨、泰國、麻六甲、馬來西亞、印度、馬爾地夫等南亞國家和地區，最遠到過阿拉伯半島和非洲東海岸的一些國家。

鄭和下西洋，集中展示了中國人的航海水平，是航海史上的壯舉，比哥倫布、麥哲倫等人早約一個世紀；加深了與這些國家的友好往來，開拓了海上絲綢之路。2005年恰巧是鄭和首次下西洋的六百週年，他所創造的航海奇跡將永遠彪炳史冊，為世人所敬仰。

三年修得北京城

朱元璋雖然有過猶豫，但最終以南京（當時稱應天）為京師。朱棣則長期生活在北平，視北平為龍興之地。即位之初，他仍以南京為京師，但對北平感情很深，因此永樂元年（1403）正月，禮部尚書李至剛建議將北平升為陪都，朱棣非常高興，改北平為北京，稱行在。

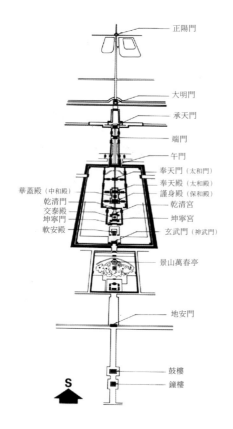

正陽門
大明門
承天門
端門
午門
奉天門（太和門）
華蓋殿（中和殿）　　奉天殿（太和殿）
乾清門　　　　　　蓮身殿（保和殿）
交泰殿　　　　　　乾清宮
坤寧門　　　　　　坤寧宮
欽安殿　　　　　　玄武門（神武門）
景山萬春亭
地安門
鼓樓
鐘樓

S

明清北京內城中軸線示意圖

朱棣剛剛用武力奪得皇位，擔心人心不穩，並沒有立即提出遷都，而是逐步逐項解決遷都的周邊問題。永樂元年，設置了北京留守行後軍都督府、北京行部、北京國子監等衙門，為向北京運糧重開海運，遷徙他處富民到北京。因為海運風險較大，朱棣又於永樂二年下令疏通運河。永樂四年，他下詔修建北京宮殿，從四川、湖廣、江西、浙江、山西等地採集木材。不過這次並沒有提出遷都，而是以準備北巡的名義。

真正表明朱棣遷都決心的是在永樂七年（1409）。這一年，朱棣巡幸北京。這次巡幸，朱棣在自己身邊設置了行在六部、都察院，與南京各自形成一套系統。另一件事更可以彰顯他的心跡，即為徐皇后在北京選建陵寢。徐皇后於永樂五年病逝。對於這位與他同甘共苦、患難與共的徐皇后，朱棣並沒有把她安葬在南京，而是在北京昌平為她建造陵寢，也就是後來他也下葬的長陵。細細品味，就會發現朱棣已經決計要回到他興起的地方。

經過十幾年的經營，北京的經濟得到了繁榮，疏通的運河保證了糧食的運輸，北京周邊的軍事防禦力量也得到了加強，這些前期措施使得遷都

北京水到渠成。永樂十四年（1416）十一月，朱棣公布了遷都的想法，自然得到了朝臣的一致擁護。永樂十五年開始大規模營建北京，至十八年基本完工，前後用了三年多的時間，永樂十九年（1421）正式遷都北京。

然而事情並非一帆風順。永樂十九年四月初八日，北京新宮中的奉天、謹身、華蓋三大殿遭雷擊起火，化為灰燼。朱棣以為是上天示警，下詔求直言反省。而許多大臣家在南方，本來就不願意遷都，也藉此事交相上疏反對遷都。朱棣很不滿，甚至殺死了言辭激烈的蕭儀。反對遷都的大臣不敢再指責皇帝，轉而攻擊那些擁護遷都的大臣。雙方爭辯激烈，朱棣命他們於午門外跪着辯論。戶部尚書夏原吉為穩定局面，主動將責任承擔下來，才逐漸緩和了矛盾，遷都之議平息下來。

智謀：計定江山

朱棣能夠最終奪取皇位，並實現很多不平凡的功業，除去一些有利的客觀因素外，更與他個人的雄才大略分不開。

成祖一生，智謀過人，歷史上流傳有很多關於他的智謀故事。

自投羅網。年輕的建文帝即位後，一口氣削奪了五個藩王。雖然燕王尚未被削，但是他的周圍已經布滿了新皇帝的眼線，北平也被重兵包圍，形勢岌岌可危。朱棣沒有坐以待斃，私下裡培養了一批死士，還在燕王府裡打造兵

營建紫禁城
所用的斗尺

十三陵大紅門

器，但這些進行得十分隱秘。他在王宮後苑修建了很大的地下室，圈以高大的圍牆，圍牆下埋着缸甕，以防止聲音傳到外面。同時養了許多鴨鵝，用鴨鵝的叫聲掩飾打造兵器和操練的聲音。

　　沒有不透風的牆，建文帝聽到一些燕王的行跡，愈發猜忌朱棣。由於準備還不充分，朱棣決定親自去南京，以緩和氣氛，爭取時間。他當然知道此行的風險，但是他相信自己會回來，會使仁弱的建文帝相信自己沒有謀反之心，還可以探聽朝廷的虛實。建文元年（1399）二月，朱棣來到了南京。

　　對於燕王自投羅網，戶部侍郎卓敬勸說建文帝將燕王徙封南昌。這的確是個不錯的辦法，然而建文帝優柔寡斷，沒有採納卓敬的建議，幾天後將燕王放歸北平。朱棣的這次自投羅網，體現了一位雄才偉略的政治家的成熟和膽色，收到了奇效。五個月後，一切準備妥當的朱棣毅然以八百騎兵舉事。

　　佯狂裝瘋。建文元年六月，燕山護衛百戶倪諒向朝廷告發朱棣的兩個部下為燕王招募死士。經過審問，二人供認了朱棣的一些陰事。建文帝沒有更多的證據，所以沒有削燕王，而是下詔訓責。朱棣害怕這是削藩的前兆，遂生一計，用以迷惑建文帝。

　　北平的人聽說燕王突然瘋了，經常可以看到他在大庭廣眾之下亂跑、

亂喊，有時躺在大街上昏睡。建文帝聽到傳言，命北平布政使張昺和都指揮使謝貴探聽真情。二人來到燕王府，看見朱棣圍坐在火爐旁邊，渾身顫抖，似乎很冷的樣子。看見張、謝二人前來，朱棣手拄拐杖，走路跟蹌。張、謝二人被朱棣精湛的演技欺騙了，上奏朝廷，建文帝信以為真。

其實朱棣並不是第一次裝病。早在周王被廢之後，他就一直稱病不出，藉以韜光養晦，麻痹對手。不過當時他確實有一塊心病，他的三個兒子在南京，可能已被扣為人質。一旦他有異謀，三個兒子性命堪憂。於是他藉口病重，請求建文帝讓三個兒子歸府照顧自己。這是一箭雙雕之策：如果朝廷放歸三個兒子，則免去了質於人的情況；如果不同意放歸，可以探知朝廷的意向，早做謀劃。建文帝拿不定主意，後來在徐增壽的蠱惑下將朱棣三個兒子送歸燕國。朱棣大喜過望，連稱「天助」，欣喜之情難以言表。幾個月後毫無顧忌的朱棣造反，建文帝後悔莫及！

智擒張謝。北平布政使張昺、都指揮使謝貴是建文帝安插在朱棣身邊的兩雙眼睛，負責監視朱棣的一舉一動。這時燕王府護衛百戶鄧庸赴南京公幹，被齊泰逮捕入獄，經審訊，供認燕王準備舉兵的各項事宜。建文帝大驚，密令張昺、謝貴捉拿燕王府官屬，伺機逮捕朱棣。朱棣得知事情緊急，立即命張玉、朱能率僅有的八百壯士入衛燕王府。

當時的情況對燕王十分不利，如果強攻，損失過大，所以只能智取。朱能獻策，擒賊先擒王，抓住張昺、謝貴，其他人就好辦了。朱棣採納了他的建議，命人埋伏在端禮門兩側，

白石「皇帝尊親之寶」

永樂七年九月造「克字二三七五號」銅銃

然後派人請張、謝前來。張、謝懷疑有詐，不肯前往燕王府。朱棣又命人拿着朝廷要抓捕官屬的名單前去，這樣二人才相信。在燕王府，張、謝的隨從被攔截在大門外。朱棣拄着拐杖坐着，設宴行酒。他拿起一塊西瓜，放在嘴邊，欲嚐又止，對二人説：「現在平民百姓，兄弟宗族之間，還知道相互體恤。我身為天子近親，卻朝不保夕。既然這樣，天下還有什麼做不得呢？」説完，憤怒地將西瓜摔到地上。埋伏的勇士聽到暗號，一擁而上，將張昺、謝貴擒獲。隨後，朱棣命朱能、張玉等人迅速擊敗城內的守軍，控制了北平。

計除卜萬。朱棣攻打懷來宋忠部之時，大寧兵馬號稱十萬，在都督劉真、都督僉事陳亨、都指揮卜萬率領下出松亭關（今河北遷安縣西北），欲攻遵化。七月二十四日，朱棣親自率兵增援。劉真等人知道宋忠兵敗懷來後，退守松亭關，拒不出戰。三員主將中，劉真年老力衰，又缺乏計謀，不足為慮；陳亨是燕王的老部下，持觀望態度；只有卜萬英勇善戰，成為燕王的眼中釘。

恰巧燕軍捉到兩個大寧士兵，朱棣遂決定使用反間計，除去卜萬。他假意寫給卜萬一封信，對他大加讚賞，極力詆毀陳亨。他命一個被俘的大寧軍卒將信藏在衣領內，然後設酒席款待他，並送給他一些銀兩，又故意讓另一個軍卒看到這一切。隨後將二人放歸。未得賞賜的士卒忿忿不平，回去後將此事上告。劉真果然在士卒身上找到了那封信，就信以為真，將

卜萬投入獄中，並籍沒其家。卜萬後來死在獄中。

暴政：悠悠眾口難杜

　　成祖朱棣是一位較有作為的皇帝，在歷史長河中占有重要的位置。他的一生，文治武功不遜於歷朝君主。然而他性格暴戾，特別是在「靖難之役」後以極其殘忍的手段大肆屠戮建文遺臣，成為他人生中無法洗滌的污點。

大戮遺臣

　　朱棣攻取南京後，對於那些不肯歸附自己的大臣嚴加懲治，無所不用其極。建文帝削藩的主要謀士黃子澄，先被砍去雙手、雙腿，然後方將其殺死，齊泰亦被「族誅」。朱棣對抵抗最為堅決的鐵鉉非常憤恨，命人割下了他的耳鼻後才將其殺死，妻女充為官妓。禮部尚書陳迪和兒子等六人同日就刑，朱棣在行刑前將陳迪兒子的耳鼻割下煮熟讓陳迪吃掉，並問味道如何。陳迪沒有懼色，回答道「忠臣孝子的肉鮮美無比」，坦然就刑。

　　這些事件中，以方孝孺的「誅十族」最為慘烈。方孝孺是當時最有名的讀書人，就連姚廣孝也為其向成祖求情。成祖召方孝孺為其寫即位詔，方孝孺堅決

方孝孺墓

不從。朱棣以死相脅，自己的性命不要了，難道還不顧及九族嗎？方孝孺大義凜然，朗聲回答「便十族奈我何」。成祖盛怒，將其滅門十族。所謂十族，就是在九族之外將朋友門生牽連在內。自古以來，最嚴厲的莫過於誅九族，從來沒有誅十族的先例。方孝孺一案，成祖可是開了先河，空前絕後。

不久之後，朱棣又興「瓜蔓抄」。景清在成祖登基後並沒有馬上殉節，而是委身於朝班很長時間。一天，他身穿緋衣，暗藏利刃，準備行刺朱棣。朱棣見其神色異常，命人搜身，得到利刃。景清當庭辱罵朱棣，不屈而死。朱棣命人將他剝皮實草，繫於長安門示眾，並令用鐵刷子將景清的肉一層層刷下，還把骨頭打碎。他還不解氣，將其滅族，街坊鄰居也受到牽連，後來乃至於和景清稍有些關係的人都被殺，猶如瓜之蔓，牽連甚廣，許多無辜的人慘遭橫禍。

成祖朱棣對建文舊臣的殺戮前後長達十餘年，在晚年時法禁猶嚴，直到仁宗朱高熾即位後這種情況才得以改變。成祖實行這種近於瘋狂的嚴法酷刑，一方面與其個性有關，但更為本質的原因則是內心的虛弱。他發動「靖難之役」，說到底是奪了侄子建文帝的皇位，在皇位繼承的合法性上是要大打折扣的。因此，他希望能夠用屠刀堵住人們的非議，並想盡辦法證明自己是皇位的合法繼承人。為此，他甚至不惜在生母的問題上做文章。

生母之謎

成祖的生母是誰，一直存在爭議。朱棣出生之時，正值天下大亂，群雄並起之際。朱元璋尚未建立明朝，而是忙於爭奪天下，當時尚無朱棣生母的爭論。等到朱棣奪位以後，關於他的生母是誰的問題突然敏感起來。自永樂時期以來，各種官方史書和野史上都對成祖生母問題有所記載和猜測。上個世紀以來，李晉華、傅斯年、朱希祖、吳晗等一批知名學者都對

這個問題進行了研究，就連陳寅恪這樣的學術大家也對這個問題懷有興趣，並給傅斯年提供相關史料。可見，成祖生母問題並不是一個無關緊要的問題。對於實行嫡長子皇位繼承制的明朝來說，這關係到嫡庶問題，並進而關係到帝位的合法性問題。對於後世的人們而言，明白這個問題，也就多少會對明初的政治情勢有所了解。

總起來看，關於成祖生母問題的說法主要有三種：

馬皇后說。明成祖朱棣自稱是孝慈高皇后（即馬皇后）所生。馬皇后，鳳陽宿縣（今安徽宿縣）人，濠州紅巾軍

「大明永樂年施」款銅鎏金佛像

郭子興養女。至正十二年（1352）郭子興將其許配給部將朱元璋。當年朱元璋受到郭子興的猜忌，馬氏多次從中調解周旋。明朝建立後，朱元璋冊封馬氏為皇后，對她十分信賴，多次聽從她的意見寬免大臣過錯，因此有人將她與歷史上的賢后唐代長孫皇后相提並論。

《太祖實錄》和《太宗實錄》都說朱棣為馬皇后所生，後來的史籍如《明史》等正史多因循這種說法。

但是除朱棣外，馬皇后親生皇子都有誰，又有着不同的解釋。一種說法認為馬皇后生懿文太子、秦王、晉王、燕王、周王。朱棣在奪取皇位後，馬上讓人編了一部《奉天靖難記》，為自己篡奪皇位辯解。該書開卷就標榜自己是馬皇后的嫡子：「今上皇帝（指成祖朱棣），太祖高皇帝第四子。母孝慈高皇后生五子：長懿文太子，次秦王，次晉王，次今上皇

北京覺生寺永樂大鐘

帝，次周王也。」還有一種說法認為馬皇后只親生燕王、周王，懿文太子、秦王、晉王都不是馬皇后親生。其實仔細推敲起來就會發現，《太祖實錄》為成祖朱棣所修（成祖為了抹殺自己即位前的真實事實，曾兩次改修《太祖實錄》，刪減篡改之處甚多），《太宗實錄》為宣宗所修，其中自然也有粉飾的成分，當然宣稱朱棣為馬皇后的嫡子。另外還有人認為馬皇后根本就沒有皇子，這幾個都不是她親生的，只不過是抱過來撫養成人而已。

碩妃說。成祖為馬皇后所生的說法到了明中後期就受到了質疑，而碩妃說浮出水面。有人認為碩妃是高麗人，也有人稱她是元順帝的妃子，抑或是高麗人而成了元順帝妃子，不得而知。

這種說法的直接證據是《太常寺誌》。太常寺是明朝管理祭祀禮樂的機構，皇家宗廟的祭祀就由其負責。《太常寺誌》對孝陵（即太祖朱元璋的陵寢）神位的記載如下：

> 左一位，淑妃李氏，生懿文太子、秦潛王、晉恭王。右一位
> 碩妃，生成祖文皇帝。

太常寺是皇家機構，這樣嚴肅的問題不應該胡亂記載，可惜這本書沒有流傳下來。明代文人對這種資料將信將疑，但還是覺得有合理的地方，

萬曆時期的文人何喬遠就持這種觀點，「臣於南京見《太常寺誌》，云帝（明成祖）為碽妃所生，而玉牒則為高后第四子。玉牒出當日史臣所纂，既無可疑。南（京）太常職掌相沿，又未知其據。臣謹備載之，以俟後人博考」。

明末清初的錢謙益和李清見到這樣的記載也無法判斷孰是孰非。錢謙益當時是南明弘光朝的禮部尚書，李清曾任大理寺左丞，二人利用職務之便，於弘光元年元旦利用祭祀孝陵的時機，悄然打開孝陵寢殿，「入視果然，乃信」。

還有一個證據。朱棣在即位之後，在南京天禧寺的舊址上翻蓋新寺，取名大報恩寺，是為了報答馬皇后的養育之恩。然而令人不解的是，寺中正殿的大門經常緊閉，外人無法看見裡面的情況，有傳聞裡面供奉的其實是成祖生母碽妃。

還有的學者考證當年建文帝之所以先削周王，是因為周王與朱棣是同母所生，故削周王而去燕王羽翼。周王與朱棣的母親不是馬皇后，而有可能就是碽妃。

元主妃洪吉喇氏說。社會上更加流行的卻是另外一種說法，即成祖生母是蒙古人洪吉喇氏。洪吉喇氏是元順帝的第三福晉，是太師洪吉喇特托克托的女兒。元順帝敗，朱元璋入大都（今北京）見洪吉喇氏貌美，就留在身邊。然而她入明宮時就已經懷孕，所生的就是明成

元順帝像

祖朱棣，所以朱棣乃元順帝的遺腹子。這其實只是民間傳說而已。徐達攻陷大都是至正二十八年（1368），而朱棣生於至正二十年（1360），兩者相差達八年之久。這種情況可能由於朱元璋刑罰過嚴、朱棣殺戮過重，從而導致民情激憤，因而編造謠言以發泄胸中的不滿情緒，以至於以訛傳訛。

還有其他一些說法，比如說成祖是達妃所生，或元主妃不是洪吉喇氏而是翁氏，等等，但都影響不大。實際上，爭論的焦點是成祖到底是嫡出還是庶出？朱棣非馬皇后親生而生母為碩妃的說法，經過明史專家李晉華、吳晗等人的精細考證，已為大多數學者所接受。在這裡，可以提供一條佐證成祖庶出說的史料。成祖即位以後，禁止一切有關其奪位的史料，但他左右不了國外的史籍，而這條史料恰恰出自鄰國朝鮮，其真實性是可以信賴的。洪武二十二年，朝鮮使臣權近一行曾在北平拜謁燕王，權氏著有《奉使錄》記其事，其中有詩題云：

> 到燕台驛，進見燕府。先詣典儀所。所官入啟，以是日先太
> 后忌日，不受禮。命奉嗣葉鴻伴接到館。七月十五日也。

此處「先太后」當是從漢制之稱諸侯王母，指燕王自己的生母。詩題中明言太后忌日在七月十五日，而高皇后馬氏的忌日在八月初十，顯然不合。洪武二十二年，還不存在嫡庶之差別問題，故燕王即使對外國人也不遮掩其真實生母身分。所以，成祖非馬氏所出無可懷疑。朱棣之所以一再強調自己是嫡出，是因為明朝的皇位繼承制為嫡長子繼承制，只有嫡子繼承皇位才是深孚人心的，否則會危及皇權的穩定。特別是朱棣乃通過「靖難之役」，將建文帝趕下台後取而代之，更恐難以服眾。他擔心後人說他篡權，故而千方百計強調自己嫡出的身分。這種此地無銀三百兩的伎倆，是不足為怪的。

朱棣個人小檔案

姓名：朱棣　　　　　　　　**出生**：元至正二十年（1360）四月十七日

屬相：鼠　　　　　　　　　**卒年**：永樂二十二年（1424）

享年：六十五歲　　　　　　**諡號**：文皇帝

廟號：太宗，嘉靖時改成祖　　**陵寢**：長陵

父親：朱元璋　　　　　　　　**母親**：馬皇后，一說碩妃

初婚：十七歲　　　　　　　　**配偶**：徐皇后

子女：三子，五女　　　　　　**繼承人**：朱高熾

最得意：奪得皇位　　　　　　**最不幸**：病死行軍途中

最失意：奪位不正，人心難服　　**最痛心**：諸子爭儲位

最擅長：計謀、武功

相關閱讀書目推薦

（1）王天有主編：《明朝十六帝‧成祖文皇帝朱棣》，紫禁城出版社，1999
年

（2）商傳：《永樂皇帝》，北京出版社，1989 年

（3）晁中辰：《明成祖傳》，人民出版社，1993 年

（4）楊林：《馬上天子》，團結出版社，1998 年

仁宗朱高熾

洪熙元年（1425）

　　明仁宗朱高熾，明朝的第四位皇帝。他是成祖朱棣的長子，母親徐皇后。洪武十一年（1378）七月二十三日，朱高熾出生於明朝的中都鳳陽。鳳陽也是朱元璋的出生地，朱氏皇室祖陵所在地，原名臨濠。洪武二年（1369），朱元璋以臨濠為中都，五年後改臨濠為鳳陽。洪武十一年，朱元璋命朱棣等人在鳳陽待命，體驗先輩的生活艱辛。兩年後朱棣攜朱高熾奔赴藩國北平。洪武二十八年（1395），朱高熾被冊立為燕世子。

　　朱棣在位二十二年，朱高熾即位時已經四十七歲。明朝諸皇帝中，多是青壯年即君臨天下，個別者是幼年即位，這是明朝皇位傳承的一個鮮明特點，朱高熾這種近天命之年才登上皇位的情況，在明代是十分罕見的。

盼皇位二十年

　　永樂二年（1404），幾經周折，朱棣冊朱高熾為太子，出征之時常令其監國。在以後的二十年間，朱高熾與朱棣在權力的分享上本來就會產生諸多矛盾，而且還有朱高熾的兩個弟弟暗中爭奪儲位，不斷伺隙讒害，所

以朱高熾的皇儲位置坐得並不很舒服，有時幾乎不保。

兄弟之爭

朱棣有三個兒子：長子朱高熾，次子朱高煦，三子朱高燧。朱棣是一位雄才偉略的馬上皇帝，而朱高熾身體肥胖，不善弓馬，沒有上過戰場，特別是上了年紀之後有些行走不便，與其父的差別較大，因此朱棣不是很喜歡他。朱高煦則能征慣戰，在「靖難之役」中數次救朱棣於危險之中，頗為成祖所倚重，成為皇位的有力爭奪者。

朱高熾的母親徐皇后是徐達的女兒，賢良淑德，喜歡讀書，人稱「女諸生」。在母親的教育下，朱高熾自幼端重沉靜，言行得體。他喜好學問，讓儒臣給他講授經史典籍，很少有缺席的時候。可能是受到儒家學說的影響，他形成了仁厚的性格。一次，朱元璋命朱高熾與秦、晉、周三王的世子分別檢閱守衛四城的士兵。其他三位世子回來很久了，他才回來。朱元璋有些不高興，問他怎麼用了這麼久的時間。朱高熾對曰：「清晨太冷了，我等到他們吃過早飯之後才檢閱，所以回來晚了。」之後，朱元璋又命他們分別批閱章奏。朱高熾只是將那些關係到軍民利病的奏章向祖父陳奏，對於文字有錯誤的沒有陳

成祖徐皇后像

奏。太祖問他是不是疏忽了，沒有看出錯誤的地方。他說沒有疏忽，只是認為這些小錯誤不重要，君主應該關心百姓的疾苦。太祖非常高興，誇他「有君人之識」。

相比之下，朱高煦則性情兇悍，為人狡詐。建文初，朱棣的三個兒子滯留京師，朱棣為解除後顧之憂，上書請求建文帝放歸三個兒子，得允。朱高煦記恨舅父徐輝祖曾經訓斥他行為不端，這次竟然偷走了舅父的一匹好馬，逃回北平。一路上惹是生非，動輒殺戮，在涿州他還擅自殺死了驛站驛丞。

「靖難」兵起，朱棣率兵四出征戰，朱高熾留守北平。朱高煦隨父出征，充任前鋒，屢立戰功。白溝河之戰中，朱棣被瞿能父子緊緊追趕，情勢危急。這時朱高煦領數千精兵趕到，奮勇廝殺，才使朱棣脫離險境。東昌大戰，燕軍被南軍擊潰，又是朱高煦率軍奮力抵抗，擊退南軍。正是由於朱高煦這幾次在關鍵時刻挽救了朱棣的性命，扭轉了不利的戰局，為朱棣奪得江山立下了赫赫戰功，而且朱棣認為三子之中只有朱高煦最像自己，因此更加鍾愛他。建文四年（1402），朱棣在渡過長江之前，向朱高煦暗示其兄體弱多病，事成之後有意立他為太子。

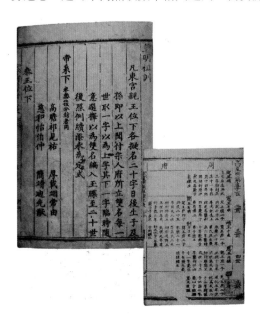

《皇明同姓諸王表》（萬曆刊本）

反觀朱高熾，在四年「靖難之役」中，沒有在前線衝鋒陷陣的經歷，一直坐鎮後方，留守北平。他在這場戰爭中最輝煌的經歷，就是建文元年主持北平保衛戰。耿炳文兵敗退守真定，對此建文帝很不滿，命李景隆代

替，合兵五十萬直撲北平。當時朱棣正率兵北上收編寧王的軍隊，北京城守備薄弱。《仁宗實錄》說：「（高熾）奉命居守，時將士精銳者皆從征，城中所餘老弱不及十一。」《明史》也說：「成祖舉兵，世子守北平，善撫士卒，以萬人拒李景隆五十萬眾，城賴以全。」面對這種危急的情況，朱高熾沒有驚慌，而是在老將顧成的輔佐下，有條不紊地安排防守力量，製造守城兵器。他自知責任重大，經常到軍民中噓寒問暖，深得民心、軍心。每天起早貪黑，睡不過四五個小時。正是在朱高熾的精心安排和鼓舞之下，全城軍民齊心，鬥志昂揚。朱棣出征前曾囑咐朱高熾只可防守，不要出戰。朱高熾沒有拘泥於成祖的囑咐，而是抓住時機，派遣勇士在半夜裡偷入南軍軍營，放火騷擾。這種做法很有效，南軍因此提心吊膽，不能安眠入睡，削弱了戰鬥力。彰義門一度被瞿能父子攻破，幸虧李景隆指揮無方，讓瞿能父子等待大軍同入，喪失了擴大戰果的時機。朱高熾馬上抓住機會，命人連夜提水澆城。時值隆冬，滴水成冰，一夜間修復了城牆，堅不可摧。就這樣，在朱高熾的組織下，北京城在數十萬大軍的猛攻下安如磐石，直到朱棣回軍擊敗李景隆，並與之裡外合擊，打敗了攻城的軍隊。

儲位之爭，波濤洶湧，在戰局緊張的情況下亦未平息。建文三年，朱棣差點中計殺掉朱高熾。原來，不但朱高煦對世子的位置虎視眈眈，朱高燧也暗中勾結太監高儉，監視朱高熾的一舉一動，多次在成祖面前陷害朱高熾。方孝孺得知這種情況，使用反間計，勸說建文帝派人送給燕世子朱高熾璽書，勸誘他依附朝廷。高儉探知此事，偷偷向朱棣密報，說世子要私通朝廷。朱棣將信將疑，徵詢朱高煦的意見。朱高煦趁機在朱棣面前詆毀其兄，說朱高熾本來就與建文帝關係很好。幸好朱高熾深知其中的利害關係，沒有開啟信封，直接命人將書信交給朱棣。朱棣看到書信，才幡然醒悟，暗歎自己幾乎誤殺世子。這件事表面上看起來是建文朝的反間計，

其實也反映了朱棣三個兒子之間的明爭暗鬥。

朱棣南京登基之後，沒有馬上冊封世子朱高熾為皇太子，因此不免引起更立太子的猜測。按照常理，朱高熾早在洪武年間就已經為世子，如今冊立為皇太子乃順理成章之事。可是，朱棣認為朱高熾儒雅有餘而英武不足，朱高煦隨自己南征北戰，屢立奇功，勇武之氣與自己相仿，所以在兩子之間動搖不定，確定不了立誰為太子。早在「靖難」之時，朱棣就曾流露過改立朱高煦為太子之意，但世子朱高熾沒有什麼過錯，找不到合適的藉口廢掉。另外，廢長立幼也不符合太祖定下的嫡長子繼承制度，而成祖即位前後處處以恢復太祖祖制相號召，如今改立太子，等於在天下人面前自己打自己嘴巴子，這也是他難以下定決心更立太子的重要因素。

成祖的做法引起了朝臣的擔心。淇國公丘福和駙馬王寧等人揣測朱棣不立太子的做法是在暗示更立人選，所以多次建議成祖立朱高煦為太子。這是因為，他們多是「靖難」功臣，與朱高煦共同征戰多年，相互熟悉。文臣則大多支持朱高熾，希望儲位早定，以有助於國家的安定。永樂元年（1403）正月，羣臣上表請求冊立太子。朱棣藉口朱高熾正是求學上進的階段，以後再議，暫時擱下。三月，羣臣再次上表，請立朱高熾，成祖仍然未允。四月，周王親自上書，請求冊立朱高熾為皇太子。周王是朱棣的同母弟，關係最為密切。然而，成祖依舊未允。由此可見，朱棣當時的確非常猶豫，還沒有決定冊立人選。

據說後來朱棣下定決心，與解縉有很大的關係。

解縉，江西吉水人，洪武二十一年中進士，年僅十九。青年解縉才華橫溢，曾上萬言書，對洪武年間的政治局勢有着深刻的批評，受到太祖讚賞。開國功臣韓國公李善長因黨獄得罪而死，解縉代人上疏申冤，太祖知道了也不怪罪。解縉才大氣傲，在官場上往往得罪同僚，太祖為了保護他，讓其父帶他回家進學，說：「大器可以晚成，十年後我再大用你，也

不算晚。」沒等到十年，在第八年頭上，太祖死去。解縉也就做了建文朝的翰林待詔。成祖即位，解縉與楊士奇、楊榮等七人組成內閣，成為成祖的核心顧問之一。

成祖曾經私下裡徵求解縉皇太子的人選。解縉是支持朱高熾的，就說：「皇長子仁孝，天下歸心。」朱棣聞言，沒有說話，也沒有什麼表情。解縉接着說道：「好聖孫。」朱棣聽此言後，連連點頭，由是主意乃定。永樂二年（1404）四月，朱棣正式冊立朱高熾為皇太子，同時冊封朱高煦為漢王、朱高燧為趙王。這裡的「好聖孫」指的是成祖孫、朱高熾長子朱瞻基。朱瞻基自幼聰穎機敏，為成祖所鍾愛，後來成祖親征蒙古時，還特意帶上他，有歷練之意，為其日後為君積累經驗。解縉沒有想到，正是這句話，給他帶來了殺身之禍。朱高煦得知此事，深恨解縉。不幸的是，朱高熾被立為太子後，卻常常不合成祖的心意。成祖對解縉的態度也慢慢發生了變化。朱高煦卻寵愛日隆，「禮秩逾嫡」，解縉勸告成祖：「您這樣做，是開啟爭端啊，不可取。」成祖大怒，認為解縉是離間他們父子，後來找了個藉口將解縉降調外職。永樂八年（1410），解縉入京奏事，

壽山石「皇帝之寶」

剛好趕上成祖北征，拜謁了監國的皇太子朱高熾，沒有等成祖返回就離京返還。久已懷恨在心的朱高煦趁機向成祖進言，說解縉伺候成祖外出，私自覲見太子而不等皇帝回來，無人臣禮。成祖震怒，將解縉逮下詔獄，拷

掠備至。十三年（1415），錦衣衛指揮紀綱進呈在獄的囚犯冊籍，成祖看到解縉姓名，很詫異，說了句：「縉猶在耶？」紀綱領會成祖的意思，回去後將解縉灌醉，埋在積雪中，不一會兒就凍死了，死時四十七歲。

解縉對明代的文化多有貢獻，主持纂修《太祖實錄》和《永樂大典》。就是這樣的一個才子，夾在朱高熾和朱高煦之間，無端地成了政治犧牲品。

朱高熾雖然已經被立為太子，但是爭奪儲位的鬥爭並沒有因此而結束。漢王朱高煦和趙王朱高燧時刻窺視皇儲寶座，暗中監視朱高熾，合謀奪取皇太子位。他們對太子身邊的近臣，極力誣陷迫害。工部左侍郎陳壽，向監國的朱高熾提出過一些很有見地的意見，朱高熾很欣賞他，曾經看着他的背影，回過頭來對左右說：「侍郎中第一人也。」永樂九年（1411），漢王朱高煦向成祖進讒言，陳壽被捕入獄。他的家境實在是太貧寒了，吃飯都成問題，但他堅決拒絕一些官員的饋贈，最後竟然死在獄中，直到仁宗登基後才給他平反。與陳壽一起下獄而死的還有刑部左侍郎兼輔導馬京和吏部侍郎兼贊善許思溫。

漢王朱高煦的封地在雲南，但他不肯就藩，以軍功向成祖表白，並說：「我何罪，斥萬里？」成祖也沒有辦法，只好讓他留在自己身邊。為了便於監視朱高熾的舉動，他向成祖請求讓他的兒子去南京，成祖也答應了。他還請求增加護衛，成祖也同意了，這樣他就有了三個護衛。永樂十三年，朱棣將他的封地改在山東青州，但他還是不願意就藩。因為他知道，離開京城，離開成祖的身邊，要謀取太子位置就會更加困難。朱棣因為他在「靖難之役」時立有諸多戰功，對他多有放任，但對他的一些違法犯紀的事情也有所耳聞。早在永樂五年（1407），朱棣就將漢王府的屬官貶到交阯，以示警告。永樂十四年，朱高煦請求留在南京。這時朱棣已經聽說朱高煦的諸多不法事，將其訓斥一通，拘禁在西華門內，打算廢為庶

人。太子朱高熾為之苦苦求情，朱棣才改變想法，只是殺掉他身邊的一些不法之徒，削去了他兩個護衛。次年，朱棣將他改封樂安（今山東惠民）。這次朱高煦不敢遲緩，馬上就藩，然而此後仍然在暗中等待時機，圖謀奪嫡。

趙王朱高燧最為朱棣所喜愛。在被封趙王後不久，朱棣就命他駐守北京，掌管北京大小事務。永樂三年（1405），朱棣命他巡視西北邊務，實際上負責西北的軍務。宦官黃儼以為有機可乘，勾結一些大臣，阿附朱高燧，參與到奪嫡的行列中。永樂七年，朱棣發現了朱高燧的一些不法之事，將趙王府的長史殺掉，此後也不再信任他，北京改由皇太孫朱瞻基留守。朱高燧經過此事後，並沒有放棄奪嫡的野心，只是更加隱蔽。永樂二十一年（1423），明成祖身體偶爾不適，多日沒有上朝。朱高燧認為時機已到，指使黃儼等人散布謠言，詆毀太子，製造輿論，說成祖有意廢掉太子，將傳位於趙王。他還勾結興州後屯衛軍高以正，製造偽詔，陰謀讓宦官楊慶在成祖藥中下毒，事成後掌管宮中符寶，發布偽詔，廢掉太子，自立為皇帝。沒想到，高以正將此事告訴了姻親王瑜，請求他參與其中。王瑜畏罪，告發此事，並向成祖獻上偽詔。成祖盛怒，將高以正等人全部處死，在右順門親自審問朱高燧。朱高燧嚇得戰戰兢兢，不敢說話。仁厚的

帶有「大明皇帝賜金」字樣的刻花銀套杯

朱高熾在旁百般勸解，推說朱高燧並不知情，都是下人幹的。在朱高燧的勸說下，成祖才沒有嚴懲朱高燧。

父子嫌猜

不但朱高熾的兩個兄弟有奪嫡之心，朱棣與皇太子也存在矛盾。為此，朱高熾不得不時時小心，事事留意，做太子的二十年間處境艱難萬狀。

成祖不在南京之時，由太子朱高熾監國。實際上太子並沒有什麼權力，大小政事仍由朱棣親自決定，他只是處理些常事，如祭祀活動等。永樂三年（1405），朱棣還對太子的權力進一步限制，明確申諭太子不能治臣下罪，不得授官。而且，朱棣還特別強調，自己不在京師之時，大小官員不許私自觀見太子，違者嚴懲不貸。這是因為朱棣擔心太子監國會損害自己手中的皇權，而且對太子不是很滿意。在冊立皇太子時，朱棣命丘福為太子太師。而丘福與朱高煦的關係非同一般，多次請立朱高煦為太子。朱棣讓他為太子太師似乎有監視朱高熾的意思。永樂十二年，朱棣北征回師，太子朱高熾遣使迎駕稍遲，朱高煦乘機進讒言。朱棣下令將東宮官屬全部下獄，只有兵部尚書兼詹事府詹事金忠因在「靖難之役」中功勳卓著被赦免，密令他監察太子。金忠沒有按照朱棣的想法去做，而是極力為太子美言，朱棣大怒。金忠摘掉烏紗，頓首流涕，以自己身家性命擔保，勸阻成祖不要廢太子。朱棣最終沒有廢立太子，但是東宮官屬黃淮等人繫獄達十年之久，直到朱高熾做了皇帝才重見天日。

永樂十五年（1417）太子監國南京，當時有個陳姓千戶，因害民取財被朱高熾調貶往交阯。後來朱高熾又意識到他曾隨成祖在「靖難之役」中立有軍功，因此寬大處理，改為輸粟贖罪。宦官黃儼受到趙王朱高燧指使，謊稱成祖判定的罪人，太子曲護。朱棣殺掉陳千戶，並將輔佐太子的

梁潛、周冕下獄致死。其實朱棣也知道事情的真相，而且像這樣的小案件如何判罰無關緊要，他只是殺雞儆猴，太子對此也是心知肚明。此事後不久，朱棣命胡濙巡視江、浙、湖、湘等地，特意囑咐他在南京多停留幾日，調查在南京監國的朱高熾的情況。

胡濙回來後，向成祖密陳太子監國七事，說他誠敬孝謹。聽到這些，成祖才稍稍放心。到了永樂二十年，朱棣雖然沒有了更立太子的想法，但是對太子仍有防範之心。這年九月，禮部尚書呂震的女婿張鶴朝參失儀，太子沒有怪罪他。成祖知道了這件事情，將禮部尚書呂震和吏部尚書蹇義以在側不言的罪名問罪，逮捕下獄。不過不久又將他們放出來，第二年官復原職。

永樂二十二年（1424）七月十八日，朱棣在第五次親征蒙古的歸途中，病逝於榆木川（今內蒙古多倫西北）。

朱棣的突然崩逝，給朱高熾即位帶來一些波折。當時外有蒙古勢力虎視眈眈，內有漢王朱高煦、趙王朱高燧對皇位窺伺已久，大軍在外，皇位未定，如果稍有不慎，消息外泄，內憂外患隨時可能發生。隨軍的大臣英國公張輔、閣臣楊榮、金幼孜和太監馬雲等人處變不亂，將軍中的錫器收集起來，鑄成一個錫棺，將朱棣的遺體裝殮在錫棺裡，放在龍輦中。他們擔心將士知道內情後會軍心不穩，特意讓人每天照常進膳，使外人不知。然後楊榮和少監海壽先行，日夜兼程趕赴京師，向太子朱高熾密報成祖的喪訊，以防不測。

八月二日，楊榮、海壽回到京師，遞上遺詔。朱高熾得知父親去世的消息，痛哭流涕。為安定局面，他不能離開京師，命朱瞻基前往開平（今內蒙古多倫）迎喪。十日，朱棣的遺體被迎入北京城，停放在皇宮仁智殿內，全國開始隆重的祭典儀式。

八月十五日，朱高熾奉遺詔在朝臣簇擁下登基，改明年為洪熙元年。

大明混一圖

朱棣的逝世使朱高熾終於走到了執政的前台，然而造化弄人，歷史沒有給他更多的展示才華的機會，在位僅一年便匆匆撒手西歸。

享大寶只一載

經歷了長達二十年的並不平靜的太子生涯，朱高熾即位後在政治上勵精圖治，想要有所作為。朱高熾即位前的近六十年，自太祖開創基業以來，雖然戰事不斷，屢興大案，但是經過幾十年的休養生息，國家版圖已定，經濟得到了初步恢復，國家逐漸走上正軌。仁宗在此前經營積累的基礎上，繼續採取重農、用賢、懲貪的一系列政策，加之仁宗本人仁厚，政

治環境寬鬆，由太祖、成祖時期的嚴急趨向於平穩，大明王朝在平穩中呈現出上升的勢頭，開創了「仁宣之治」局面，進入了明朝的鼎盛時期。朱高熾在政治上的作為主要體現在以下幾個方面。

任用賢臣

仁宗即位後，選用一批品行端正、德高望重的大臣，如楊榮、楊士奇、楊溥、金幼孜等人。成祖乾綱獨斷，難免有些武斷和粗暴，往往因為小事就將大臣逮捕下獄，甚至動輒殺戮，因此朝廷上下多不敢言。仁宗仁厚，多次頒布詔令，讓大臣們直言，輔佐朝政。他先後賜給蹇義及楊士奇、楊榮、金幼孜、夏原吉等人銀章各一枚，上面刻有「繩愆糾繆」字樣，告誡他們要齊心協力參與朝政，凡是自己錯誤的地方，他們可以用此印密封進呈。

夏原吉是仁宗重用的一位大臣。他盡職盡責，敢於直言，不怕犯上。永樂十九年（1421）冬，成祖準備征討瓦剌，向他詢問邊鎮糧草情況。夏原吉告知糧草只夠邊軍，不足以供應大軍，並藉機勸諫成祖身體欠安，不宜出征。成祖大怒，將其下獄，籍沒家產。當查抄他的家產時，除了皇帝的賜鈔之外，別無餘財，家徒四壁，只有些布衣瓦器。後來成祖在軍中病逝前，想到了夏原吉，不禁慨歎：「原吉愛我！」朱高熾得知成祖的噩耗後，立即將夏原吉從監獄中釋放出來，官復原職，共商喪禮之事。後來「罷西洋寶船，迤西市馬及雲南、交阯採辦」，

壽山石「親賢保國」璽

都是「從夏原吉之奏也」。鄭和下西洋雖然是世界航海史上的壯舉，但是如此巨大規模的遠行，所費人力、物力十分巨大，加之成祖五入漠北、出兵安南，國力漸有不支，因此停止大規模的軍事行動和再下西洋，轉而發展社會經濟、穩定社會秩序是必要的。

楊士奇也受到仁宗的倚重，擢禮部侍郎兼華蓋殿大學士。他能夠秉公辦事，敢於直言。一次，蹇義、夏原吉在便殿奏過事情後還沒有退下。仁宗看見楊士奇來了，對他們說剛任命的華蓋殿大學士前來一定有事要奏，讓他們一起聽聽。楊士奇進奏說仁宗下旨減歲供剛剛二日，惜薪司就征棗八十萬斤，因此請求減免。仁宗覺得有道理，馬上下詔減其半。

仁宗不但善於聽取大臣的意見，還時常曲護，令大臣很感動。尚書李慶曾經建議把軍伍餘馬發派給有司飼養，歲課其駒。楊士奇認為讓朝廷命官牧馬，有辱朝臣尊嚴，力請罷去。仁宗似乎不為所動。楊士奇再奏，仁宗仍不理會。不久，仁宗在思善門召見楊士奇，告訴他自己不是認為他的建議不好，只是聽說呂震、李慶等人嫉妒楊士奇，自己恐怕他受到孤立，日後為他人中傷，因此沒有採用楊士奇的奏疏而是藉陝西按察使陳智所上「養馬不便」的奏疏，下旨停止。楊士奇聽後十分感動，叩頭謝恩。

重農恤民

仁宗之前，經歷了元末戰亂、「靖難之役」和成祖出兵安南、五入漠北，戰事連連，加之修建北京，民力凋敝，百姓貧困。在他為太子的時候，就格外關心百姓的疾苦。永樂十八年（1420），北京皇宮修建完畢，成祖命他由南京前往北京。一路上，朱高熾沒有遊山玩水，而是關注百姓生活。沿途他詳細地查訪當地軍民的實際情況，了解國家政策在地方的施行情況以及效果，不時和隨行的臣屬討論政策的得失。路過鄒縣時，他發現當地人挎着籃筐在路邊撿拾草籽，就急忙停下車馬，詢問他們這是做什

麼用。原來這是當地人留作荒年當糧食充飢之用的。他聽後很久沒有説話，心中很不是滋味。有時他下車走進路邊的貧民家中，打開鍋灶，看看他們的食物，看看家中的餘糧。如果遇到一貧如洗的，朱高熾總是賞賜些寶鈔，讓他們買些糧食度日，有時甚至將自己的食物賞賜給他們。山東布政使石執中前來迎接，他詢問石執中有沒有想些辦法來周濟這些貧民。石執中説他已經奏請朝廷停止今年的秋税。朱高熾十分不悦，認為百姓都快餓死了，還談什麼收不收税的，要求馬上開倉放糧。石執中奏請每人撥三斗，朱高熾説三斗不夠要六斗，自己會和成祖解釋。到達北京後，朱高熾將此事向父親稟報，朱棣很高興。

壽山石「萬國來朝」璽

　　仁宗即位後，重視農業生產，與民休息，多次下詔寬恤百姓，減輕百姓的困苦。洪熙元年（1425）四月，他聽説山東及淮、徐地區百姓缺乏食物，可是地方官員依舊徵税，於是就在西角門命大學士楊士奇草擬詔書，減免當年夏税和科糧的一半。楊士奇進言應當讓戶、工二部事先上奏。仁宗卻説：「救民之窮當如救焚拯溺，不可遲疑。有司慮國用不足，必持不決之意。」令楊士奇當即書寫詔書，蓋上玉璽付有司遵照執行。

　　對於遭受天災的地方，仁宗要求當地官府馬上上奏，賑濟饑民。他告誡官吏，凡是地方受災而不能馬上請求賑濟災民的官員將嚴懲不貸。洪熙元年，隆平饑荒，戶部請旨用官府的麥穀貸給災民，仁宗卻説：「即振

之，何貸為？」開封黃河決口，淹了許多地方，仁宗下詔免除稅糧，派遣右都御史王彰前去撫恤。

寬刑省獄

成祖朱棣與太祖十分相像，晚年用法較重，大臣動輒下獄。仁宗受儒家學説影響較多，認為開明的君主要實行仁政，講求法律的公正，避免濫用酷刑。

洪熙元年三月，他下詔嚴禁官吏濫用刑法，處理案件要依據事實，依據法律，秉公辦案。詔書中説，刑法的作用是要禁止殘暴邪惡，引導人民向善，而不是專門用來殺人的，所以今後斷案都要依律擬罪；辦案部門不得鞭打囚犯，不得使用宮刑，有敢自宮的人以不孝論處；除非是謀反大罪，其他罪行一概不許株連親屬；對於民間議論，不許以誹謗罪加以壓制；如果皇帝因為過於嫉惡而法外用刑，那麼法司要上奏勸阻，五次上奏不得可，須同三公、大臣聯名上奏，必須等到皇帝答應停止為止。這是一道讓

獻陵方城明樓

臣下和老百姓歡欣鼓舞的詔書。

朱棣登基之初，將忠於建文帝的大臣紛紛治以重罪。許多大臣被殺，甚至遭受誅滅九族的懲罰，有些大臣的家屬被充軍、發配教坊司、浣衣局等地方，或者成為功臣的家奴，處境十分悲慘。仁宗即位後，多次下旨赦免這些人，「官吏謫隸軍籍者放還鄉」。

永樂二十二年，朱棣去世幾個月後，仁宗下詔禮部：「建文諸臣家屬在教坊司、錦衣衛、浣衣局及習匠、功臣家為奴者，悉宥為民，還其田土。言事謫戍者亦如之。」同年十二月，「寬宥建文諸臣外親全家戍邊者，留一人，餘悉放還」。

潔身自省

仁宗愛惜民力，對自己也要求嚴格。禮部奏請在冬至時接受大臣的朝賀，他沒有同意。他時常以歷史上的明君自勵，以歷史上的昏君自警，曾經諭蹇義、楊士奇、夏原吉、楊榮、金幼孜等人，說：「前世人主，或自尊大，惡聞直言，臣下相與阿附，以至於敗。朕與卿等當用為戒。」

他體恤民情，擔心自己的行為會加重百姓的負擔。一次，太常寺上奏祭祀用的純金色的羊越來越少，請求內庫撥發錢鈔到市場上購買。仁宗想起去年採購的官員用洪武朝的價格從市場上購買物品，使得百姓受到損失，因此沒有同意，並告誡以後必須按照市價從百姓手中購買物品，嚴禁低價收購，損害他們的利益。

可惜的是，他在位僅一年時間就因病去世，時年四十八歲。

後人對仁宗朱高熾的評價很高，認為「當靖難師起，仁宗以世子居守，全城濟師。其後成祖乘輿，歲出北征，東宮監國，朝無廢事」。在「靖難之役」中以弱敵強，保衛朱棣的根據地北平。永樂朝為太子期間，輔助朱棣治理國家，多有惠政。在位短短的一年間，改變了朱棣的治國方

策，結束了朱棣屢出六軍、軍民疲憊的狀況，使明朝過渡到穩定發展的環境；同時在用人行政方面也有很多可以寫入史書的地方。甚至許多人相信，如果他更長壽些，「德化之盛，豈不與文景比隆哉」。雖然他治理國家的時間只有一年，但是他的兒子宣宗朱瞻基繼承了他的傳統，沿着他的道路繼續前進，迎來大明盛世的「仁宣之治」局面。

朱高熾個人小檔案

姓名：朱高熾	**出生**：洪武十一年（1378）七月二十三日
屬相：馬	**卒年**：洪熙元年（1425）
享年：四十八歲	**謚號**：昭皇帝
廟號：仁宗	**陵寢**：獻陵
父親：朱棣	**母親**：徐皇后
初婚：十八歲	**配偶**：張皇后
子女：十子，七女	**繼承人**：朱瞻基
最得意：成功保住儲位	**最失意**：身體羸弱
最不幸：在位僅一年	**最痛心**：弟弟們圖謀奪嫡
最擅長：等待	

相關閱讀書目推薦

（1）王天有主編：《明朝十六帝・仁宗昭皇帝朱高熾》，紫禁城出版社，
1999 年

（2）李治亭、林乾主編：《明代皇帝秘史》，山西人民出版社，1998 年

宣宗朱瞻基

宣德元年（1426）—十年（1435）

　　宣宗朱瞻基，仁宗長子，明朝第五個皇帝，年號「宣德」。1426年，仁宗朱高熾病逝，朱瞻基以二十九歲的年齡即皇帝位，時值壯年，精力充沛，又有一定的治國經驗，且可以不用像他的父親那樣在太子的位置上苦苦等待，可謂恰得其時。當年成祖曾經預言他是個「太平天子」，此語果然沒錯。雖然宣宗在位僅十年，但他是個守成之君，承繼明朝開國六十年來的基業，以自己的德政和治道而載入史冊，將明朝推向了「仁宣之治」的黃金時期。

自身：聰穎與勤奮

　　洪武三十一年（1398）二月初九日，朱瞻基出生在北平。他出生的前夕，其祖父燕王朱棣做了一個夢，夢中太祖朱元璋授予他大圭，上面寫着「傳之子孫，永世其昌」字樣。圭，是古代封建帝王貴族在舉行典禮時用的一種玉器。成祖認為這個夢有特別的寓意，是個吉兆。在朱瞻基滿月的時候，朱棣看到他滿面英氣，與自己夢中見到的樣子十分相像，非常高

興，對他特別寵愛。

　　朱棣奪得天下後在南京登基，朱瞻基隨祖母也來到了南京。祖父朱棣和祖母徐氏非常鍾愛這個皇孫，對其頗為用心。朱瞻基自幼聰慧，喜好讀書。永樂五年（1407）四月，他到了出閣讀書的年紀，成祖特命「靖難之役」的第一功臣姚廣孝為他講習經書。

　　姚廣孝是個很特別的人，至今還流傳着關於他的許多傳說。他十四歲出家為僧，法名道衍，向道士席應真學習陰陽術數之學，熟讀詩書，詩文俱佳。後來雲遊嵩山時，著名相士袁珙看到他十分詫異，說他三角眼、形如病虎、嗜殺成性，將來一定是劉秉忠一樣的人物。（劉秉忠，元朝僧人，隨忽必烈征雲南，籌建開平城，主持設計元大都，建議以大元為國號。）姚廣孝聽說自己會成為劉秉忠一樣的人物，正符合自己的志向，非常高興，立志要做一番事業。因馬皇后病逝，朱元璋擇高僧入藩王府為馬皇后誦經祈福。姚廣孝因此得入燕王府，為朱棣所知。他密勸朱棣舉兵，並在「靖難之役」中屢出奇策，為朱棣奪得江山立下不世功勳。朱棣對他十分敬重，恢復他的姓，賜名廣孝，不直呼其名而尊稱為少師。朱棣讓

姚廣孝

他蓄髮還俗，他不肯；賜給他府邸和兩名宮人，他拒不接受。上朝的時候他穿上官服，下朝後就換上袈裟，居住在寺廟中。永樂十六年（1418），他病情危重時，成祖親自到他居住的慶壽寺看望他，相談甚歡。他病逝後，成祖輟朝兩日，親自為他的神道碑書寫碑文，記述他的功績。

明宣宗繪《武侯高臥圖》

　　成祖朱棣以自己最為信任的大臣來輔導朱瞻基，可見對他的殷切希望。朱瞻基也沒有辜負祖父的期望，學習刻苦，加之天資聰穎，過目不忘。他還留意古今興衰、歷朝治亂的內容，從中領會治國的道理。

　　成祖朱棣不但任命姚廣孝教授朱瞻基，而且他自己也用言傳身教來給予他良好的影響，為以後為國君做準備。永樂七年（1409），成祖巡幸北京，令朱瞻基同行。他特意帶領朱瞻基到田間觀察農作物、農具和耕種的過程，到農民家裡了解他們的衣食住行，並寫了一篇《務本訓》給他，讓他知道農業是國家根本的道理，治理國家必須體恤農民。

　　永樂八年，朱棣親征蒙古，指定尚書夏原吉輔佐朱瞻基留守北京，學習處理日常政務。當時南京是京師，北京稱行在，雖然同樣設有各種官署，但處於草創階段，還很混亂。夏原吉每天早上輔佐朱瞻基處理政事。面對各衙門的龐雜事件，夏原吉總能口答筆書，從容不迫，井井有條，處理好深入漠北的成祖朱棣和遠在南京監國的太子朱高熾交辦的各項事務。

有這樣能幹的大臣輔佐朱瞻基，相信他一定會從中積累許多處理政務的經驗。後來夏原吉又侍從朱瞻基深入鄉野村落，體察百姓疾苦。成祖對夏原吉很滿意，在朝堂上指着他和蹇義對朝臣說，這是高皇帝（太祖朱元璋）給我留下的賢臣，要想知道古代賢臣的樣子，眼前的兩個人就是。此後，朱瞻基多次在夏原吉的侍從下往返於兩京之間，其間經常談論治國方略，從夏原吉那裡獲得了許多經驗。

永樂十二年（1414），為了讓朱瞻基接受戰場的歷練，朱棣命他隨自己親征蒙古。朱棣已經讓朱瞻基體察了民間疾苦，學習處理政務，似乎只有再讓皇太孫在戰場上磨礪之後才會讓他日後成為文武兼備的一代聖君。征途中，朱棣也不讓朱瞻基荒廢學業，命隨軍大臣繼續教授他經史。皇太孫有時又跟隨成祖朱棣檢閱部隊，學習戰法。六月，明軍與蒙古鐵騎展開激戰。宦官李謙自恃勇猛，帶着朱瞻基加入戰局。朱棣得知皇太孫身涉險境，急忙派軍將朱瞻基接出戰場。李謙自知犯下大錯，自殺身亡。

正是在祖父朱棣的精心培育下，朱瞻基文韜武略、熟悉政務，為將來治理國家積累了寶貴的經驗。朱棣十分欣慰，曾對朱高熾說朱瞻基日後必然是一個太平天子。如前文所說，朱棣之所以傳位於朱高熾，或與鍾愛皇太孫朱瞻基有很大的關係。朱瞻基機敏過人，多次維

《明宣宗騎馬圖》

明宣宗繪《戲猿圖》

明宣宗繪《花下狸奴圖》

護了其父朱高熾的儲位。有一次，成祖朱棣命太子朱高熾和漢王朱高煦、趙王朱高燧拜謁太祖朱元璋的孝陵，朱瞻基隨往。太子朱高熾身體肥胖，還有腳疾，行走不便，由兩個太監攙扶仍然踉蹌。朱高煦在後面看見，故意在眾大臣面前羞辱太子，說「前人蹉跌，後人知警」。沒想到年幼的朱瞻基在後面隨即反駁，「更有後人知警也」，頃刻之間為父親解圍。朱高煦回頭看到朱瞻基，意識到在爭奪儲位的道路上朱瞻基也是不可忽視的力量。

幼年受到的良好教育，使朱瞻基能吟詩作賦，擅長書法繪畫。他登基後經常在春秋時節，與諸儒臣登臨萬壽山，泛舟太液池，良辰美景，賦詩唱和。他的詩側重於重農、求賢的內容，表達了他勵精圖治、奮發有為的

治國理念。宣德四年（1429）十月，朱瞻基來到文淵閣，與楊士奇、楊榮、金幼孜、楊溥、李時勉等儒臣談經說道。他隨手翻閱經史書籍，和儒臣們討論其中蘊意，進而探討治國的得失。君臣談古論今，相談甚歡。宣宗興致盎然，特命御膳房進好酒，設御宴款待眾臣。席間，他告誡儒臣們，自古想要治理好國家的君主都崇禮重士，你們是輔佐良臣，對於國家政事一定要知無不言。他還賦詩一首，賜給楊士奇等人，有如下詩句：「大經大法古所訓，講論啟沃良足娛。朝廷治化重文教，且暮切磋安可無？」朱瞻基認為讀書討論不但能陶冶性情，還是治理國家的良策。不久，他將自己所作的《猗蘭操》賜給朝臣，再次告誡朝臣要舉薦賢才，只有唯才是舉才能治理好國家。他涉獵較廣，繪畫則以山水、花鳥見長。他所繪《戲猿圖》、《花下狸奴圖》手法細膩，頗見功底。另繪有《壽星圖》一幅，賜給老臣夏原吉。又有《瓜鼠圖軸》等流傳於世。

家庭：母后與皇后

朱瞻基雖然生在帝王之家，貴為天子，但同樣有七情六欲，有着家庭生活的甜美和苦惱。在他的生命中，有三個女人對他有着特殊的影響，一個是他的母后，另兩個是他的皇后。三個女人一台戲，這三個女人在他的家庭生活中扮演了重要的角色。

宣宗的生母為仁宗張皇后，河南永城人，彭城伯張麟的女兒。洪武二十八年（1395）封燕世子朱高熾妃，永

張太后像

樂二年（1404）進皇太子妃，仁宗即位後冊為皇后。永樂年間，朱高熾為皇太子，漢、趙二王對他多有讒陷，成祖也有易儲之心。在這種情況下，張后多次維護丈夫的儲位，「瀕易者屢矣，卒以后故得不廢」。一次，朱棣夫婦在內苑舉行宴會，張氏親自下廚服侍。成祖很高興，對皇后說：「新婦賢，他日吾家事多賴也。」成祖說的沒錯，張氏的確很能幹，識大體，對朝廷內外發生的事情都很了解。張皇后地位尊崇，但她對自己娘家人管束非常嚴格，不允許他們憑藉自己的關係謀取高官，更不允許他們干預朝政。

宣宗即位之初，每當遇到重大的軍政要事，總不忘向母親稟報，而張太后提出的意見通常都很中肯，母子之間關係十分融洽。當時國泰民安，一派盛世景象。宣宗格外孝順母親，每天早晚都要到母后的寢宮問安，不時將四方朝貢的物品進獻母親。宣德三年（1428），張太后和宣宗的皇后、嬪妃暢遊西苑。宣宗親自扶着母親走上萬壽山，捧上美酒敬祝母親萬壽無疆。第二年，宣宗陪同母親拜謁長陵、獻陵。經過河橋時，宣宗下

明宣宗繪《瓜鼠圖》

馬，親自攙扶太后的坐輦。看到道路兩旁歡呼的人羣，張太后意味深長地告誡宣宗，百姓能如此愛戴君主，是因為君主能夠使他們過上安定的生活，所以國君一定要重視百姓的安危。返回京師的途中，張太后走訪當地的百

姓，詢問他們生活、生產情況，賜予他們錢鈔。百姓獻上食物、水酒，張太后親手遞給宣宗，讓他嚐嚐真正的農家風味。正是在張太后的影響下，宣宗對百姓的生活非常關心，對農業很重視，宣德朝物阜人豐，這也是「仁宣之治」局面形成的一個原因。

母子融洽的關係也有一點不和諧的音符。原來，宣宗不顧母親的反對，一意要更立皇后。宣宗的皇后為胡氏，可他更喜歡貴妃孫氏。孫氏十歲時，經彭城伯夫人、張太后母親向明成祖推薦，選入內宮撫養，成為以後宣宗擇配的人選。她雖出身低下，但面貌姣好，聰明伶俐。永樂十五年（1417），成祖降旨給心愛的皇孫朱瞻基選妃，結果選中了濟寧（今山東濟寧）百戶胡善祖的第三個女兒胡氏，冊封她為皇太孫妃，封孫氏為皇太孫嬪。宣宗即位後，冊立胡氏為皇后，孫氏為貴妃。胡氏貞靜端淑，但身體病弱，未能生育，為宣宗所冷落。孫貴妃雖亦無子，然而饒有美色，為宣宗所寵愛。當年冊立后妃，按祖宗制度，皇后冊立之時有寶（即金璽）有冊（即寫有皇帝封賜命令的金冊），貴妃則有冊無寶，但宣宗特命製金寶賜予孫貴妃，貴妃有寶自孫氏始，可見宣宗對她的寵愛程度。雖然宣宗賜孫貴妃寶冊徵得張太后的同意，但是張太后對胡皇后很滿意，內心裡並不真正贊同宣宗的做法。

宣宗一直不喜歡胡皇后，想更立孫貴妃為皇后，只是胡皇后賢明沒有過錯，找不到合適的藉口。宣德二年（1427）十一月，孫貴妃生朱祁鎮，使宣宗更立皇后的想法更加強烈。在

明宣宗胡皇后像

朱祁鎮出生不久，就有大臣上表請求立他為皇太子。胡皇后很賢惠通達，也主動表示早定國本。其實，立皇太子是件重要的事情。按照明朝皇位傳承制度，即嫡長子繼承制，皇后親生的兒子才是最佳人選。此時雖然胡皇后沒有子嗣，但畢竟年輕，或許日後會有皇。因此立朱祁鎮為皇子，明顯有些操之過急。孫貴妃自然明白其中的道理，因此假意推辭，說等皇后身體恢復後定會有兒子，自己的兒子不敢先於皇后之子成為太子，然而宣

明宣宗孫皇后像

宗卻不願意等。次年二月，宣宗冊立朱祁鎮為皇太子，當時他尚不滿三個月，是明代冊立太子時年齡最小的。

宣宗之所以急於冊立太子，也是為更立皇后做準備。母以子貴，朱祁鎮成為太子，他的生母孫貴妃的地位更高了。即便如此，宣宗要更立皇后也頗費了一番周折。他召見大臣張輔、蹇義、夏原吉、楊士奇、楊榮等人商議更立皇后之事，大臣們認為胡皇后沒有過錯，不應廢去。宣宗也沒有辦法。後來多次宣召大臣商議，也沒有結果。一次，宣宗單獨召見楊士奇，屏退左右，請他出主意。楊士奇問宣宗胡皇后、孫貴妃關係如何。宣宗說她們相處和睦，胡皇后生病，孫貴妃多次探望。楊士奇向宣宗建議，不如好言開導胡皇后，讓她自己上表請求辭去中宮，這樣就合乎禮儀。這一辦法果然高明，胡皇后應允辭去中宮，只是張太后不同意。宣宗保證以後對兩宮一視同仁，不分薄厚，張太后才勉強答應。宣德三年（1428）三月，宣宗發布敕書，廢胡皇后，立孫貴妃為皇后。

胡皇后被廢後，仿照宋仁宗廢郭皇后為仙妃事例，號靜慈仙師，退居

長安宮。張太后十分同情胡氏無故被廢，又欣賞她的賢惠，因此經常將她召到清寧宮中，和自己一同居住。內廷設宴，她命胡氏坐在孫皇后的上座，孫皇后經常因此快快不樂。正統七年（1442）十月，張太后病逝，胡氏非常悲傷，沒過一年也去世了。對於胡皇后無故被廢，時人聽說後都很不理解，議論紛紛，非常同情胡皇后。幾年後，宣宗也頗生悔意，曾說過「此朕少年事」，算作是自我解嘲吧。

國家：盛世與隱憂

宣宗雖然沒有太祖開創基業之偉業，沒有成祖開拓經營之功績，卻是個守成令主。宣宗承繼祖業，奮其餘烈，發奮圖強，勵精圖治，讓大明帝國在自己手中平穩向前發展，將明朝推向了天下大治的興旺局面。

在宣宗統治的十年間，他平定了漢王的叛亂，安撫趙王，穩定了國內形勢；任用了一批賢臣能士，政治清明；撤兵安南，去掉困擾多時的沉重包袱；推行重農愛民的仁政，國泰民安，國富民強。

平漢撫趙

在宣宗即位後，漢王朱高煦和趙王朱高燧仍沒有放棄爭奪皇位的念頭，時刻威脅着社會的安定。朱高煦在被成祖朱棣安排到樂安之後，並沒有改過自新，而是等待時機，準備隨時發難。當仁宗突然病逝之時，朱瞻基正在南京，得知消息後日夜兼程直趨北京。據說朱高煦在南京至北京的必經之路上埋伏人馬，準備將朱瞻基半路劫殺。事出倉促，陰謀沒有成功，朱瞻基神速趕到北京，登基為帝。

朱瞻基即位後，深知兩位皇叔久蓄異志，加強了對他們的防範，但沒有採取強硬的行動，而是重加賞賜，以禮相待。朱高煦認為少主新立，軟弱可欺，更加積極謀奪皇位。他向宣宗索要駱駝、馬匹，宣宗都給予滿

明宣宗繪《射獵圖》

足。宣德元年（1426）正月，他派人向宣宗進獻元宵燈籠，藉以刺探朝廷虛實。八月，朱高煦以為時機成熟，仿照朱棣起兵舉事，派人到京師秘密聯絡英國公張輔做內應，事發，陰謀為朝廷所知。起初，宣宗沒有派兵征討，而是修書一封派人送給朱高煦，規勸他罷兵。朱高煦不聽，派人進疏宣宗，指責他違背祖訓，又指責夏原吉等人為奸臣。宣宗看罷，才相信朱高煦果然反叛。這又是一場叔侄之間爭奪皇位的戰爭，只是這次與朱棣的「靖難之役」在過程和結果上有很大的不同。

面對如何平定朱高煦的叛亂，朝廷意見不一。有些大臣主張命將出討，而以楊榮、夏原吉為首的大臣則力主以建文帝為前車之鑑，要宣宗親征。初登大寶的宣宗顯示出了與太祖、成祖相似的英武氣概，採納楊榮、夏原吉的建議，親征朱高煦。皇帝親征的消息極大地鼓舞了六軍將士，使民心迅速安定下來，動盪的局勢有所緩和。朱高煦沒有料到年輕的皇帝竟然會親征，信心大失，失去了舉兵之初的勇氣。宣宗對戰局有着清晰的把握。在行軍途中，君臣商討朱高煦會有何種行動。有人說朱高煦會攻取樂安附近的濟南城，作為自己的老巢；有人說朱高煦曾經請居南京，這次他會率兵攻取南京。宣宗則另有一番見解：濟南城池堅固，朱高煦不會冒險攻打；叛軍的家屬都在樂安城，因此朱高煦也不會南下攻取南京，只有固

守樂安。正如宣宗所料，朱高煦知道新君親征，竟然沒有了主意，在樂安束手待斃。宣宗令平叛大軍將樂安四面包圍，但沒有發動攻勢，而是將勸降信射入城中，繼續勸諭朱高煦出降。此時的朱高煦已經徹底絕望，私下派人來請降。叛軍中的王斌等人寧願戰死，堅決阻止朱高煦投降。朱高煦嚇破了膽，從間道跑出來投降了宣宗。大臣請求將其立地正法，宣宗顧及親情，沒有同意，而是將他押送回京，廢為庶人，禁錮在西安門內。班師回朝，宣宗特意將樂安改為武定州。這時他一定會想起當年祖父朱棣為了開拓自己的眼界，熟悉軍事，帶着自己深入漠北，出征蒙古。如果祖父有知，一定會為自己兵不血刃地平叛而欣慰，況且自己還保全了叔父朱高煦的性命。

回師路經獻縣，大學士陳山勸說宣宗移師彰德（趙王封地，今河南安陽），襲執趙王朱高燧。楊榮、夏原吉、蹇義也表示贊同，只有楊士奇、楊溥反對。朱高燧早存奪位之心，這是人所共知的，雖然這次他沒有舉兵，但始終是朝廷的禍患。宣宗頗有移軍彰德的想法，但楊士奇等人苦苦勸諫，最終班師回京。回到北京後，宣宗想了很久，覺得還是不襲執趙王的做法是正確的。之後，朝臣交章上奏，請求將趙王的護衛削去，將他拘留北京。宣宗沒有同意，但他將羣臣的奏疏派人送給趙王觀看。趙王看到奏疏，非常驚恐，上表謝恩，自請削去護衛，從此收斂，終得壽終。趙王這次沒有舉兵，並不是因為他突然改過自新。據《（弘治）徽州府

明宣宗繪《竹犬一笑圖》

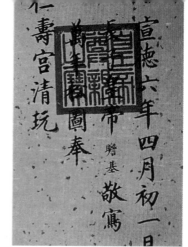

明宣宗繪《萬年松圖》，鈐「皇帝尊親之寶」印

志》記載，趙王對漢王的叛亂行為很是贊成，並且積極招呼漢王派來的聯絡使者。趙王府左長史胡永興力勸趙王不可造次，趙王根本不理睬。胡永興情急之下，派人在路上截殺漢王使者，燒掉來往信件，將趙王參與叛亂的痕跡銷毀了。這樣，趙王才能夠逃得一劫。假如趙王當時有所異動為朝廷察知的話，能否保存就是一個疑問了。不過，以宣宗對趙王的了解，他肯定知道趙王並不是那麼安分。在他自己都想移軍彰德的情況下，能夠聽從相反的意見，保全趙王，這是很難得的政治家氣度。

漢王朱高煦本來也可以保留性命的。宣宗在西安門內闢出囚室，械繫朱高煦於此。三年後，宣宗帶着內侍前去探望。不想朱高煦對自己的處境耿耿於懷，用腳將宣宗勾倒。宣宗驚魂未定，惱怒異常，命人將朱高煦罩在一個三百斤重的銅缸下，四周圍以柴炭，放火將其活活燒死。銅缸都被燒化了，朱高煦的屍骨當然無存。漢王、趙王的威脅被解除，保證了政治穩定和社會安定，為明朝平穩順利發展提供了必要的契機。

任用賢臣

漢王朱高煦的叛亂能夠很快平定，趙王朱高燧的危機得以圓滿解決，除了宣宗本身的因素外，還與他所重用的賢臣有很大的關係。在宣宗周圍

有一批著名的大臣，他們為「仁宣之治」的締造做出了重要的貢獻。

宣德刻本《歷代臣鑑》

宣德朝的著名大臣主要有五位：楊士奇、楊榮、楊溥、夏原吉、蹇義，其中前三人合稱「三楊」，尤為重要。楊士奇，江西泰和人，永樂年間入值內閣，為東宮官，多次維護太子朱高熾的皇儲地位。仁宗時升禮部左侍郎兼華蓋殿大學士，歷兵部尚書。仁、宣及英宗朝長期處於內閣首輔地位。楊榮，福建建安（今建甌）人，當年成祖入南京準備登基，楊榮迎謁馬首說：「殿下先謁陵乎，先即位乎？」朱棣恍然大悟，急忙調轉馬頭去拜謁孝陵。正因為此事，楊榮給成祖留下的印象極好，多次令其隨征，規劃邊務，參決軍事，升文淵閣大學士。楊溥，湖廣石首（今屬湖北）人，永樂時為太子洗馬，因太子遣使迎接成祖遲緩，為漢王所讒，曾被關入天牢十年。「三楊」都是活躍於永樂、洪熙、宣德、正統四朝的元老，在朝臣中德高望重、聲譽卓越，正是股肱之臣。夏原吉，是明朝著名的理財能手，永樂時為戶部尚書，長期主持政府財政，成祖五次北征、鄭和下西洋、出兵安南、修建北京等重大事件的後勤保

楊士奇像

少師楊文敏公

楊榮像

障都是由他規劃籌措。蹇義是朱高熾當年東宮的屬官，擅長謀劃，為人謹慎，辦事周詳。

宣宗所信用的大臣各有長處，互相補充，「蹇義簡重善謀，楊榮明達有為，楊士奇博古守正，而（夏）原吉含弘善斷。事涉人才，則多從（蹇）義；事涉軍旅，則多從（楊）榮；事涉禮儀制度，則多從（楊）士奇；事涉民社，則多出（夏）原吉」。楊溥是個特殊的人物，性格內向，但操守很好，為眾大臣歎服。

幾位重臣識大體，顧大局，能以國家大事為重，相互包容，不計較個人恩怨。據記載，楊榮辦事果斷，敢作敢為，對軍務很熟悉，只是不能潔身自好，多次接受邊將饋贈的良馬。宣宗聽說了，向楊士奇詢問。楊士奇力贊楊榮通曉軍務，是他和眾位朝臣所比不上的，不應該因為有這樣的小毛病就棄用。宣宗笑着告訴他，楊榮曾經在自己面前說他和夏原吉的壞話。楊士奇聽後，沒有絲毫的怒意，反而請求宣宗像包容他一樣包容楊榮。後來楊榮知道了這件事，十分慚愧，兩人盡釋前嫌，相交甚歡。

宣宗對這幾位重臣十分信任，對於他們提出的建議總是虛心接納，君臣之間的關係很融洽。「當是時，帝勵精圖治，（楊）士奇等同心輔佐，海內號為治平。帝乃仿古君臣豫遊事，每歲首，賜百官旬休。車駕亦時幸西苑萬歲山，諸學士皆從。賦詩賡和，從容問民間疾苦。有所論奏，帝皆虛懷聽納。」五位重臣在宣德朝的重大事件中，都起到了非常關鍵的「贊畫」作用，如上面提到的平定朱高煦叛亂和解除朱高燧的威脅，以及撤兵

交阯（安南）的重要決定。

撤兵安南

安南到了宣德朝成了一塊燙手的山芋。成祖曾經興兵八十萬征討交阯，將其併為明朝的一個省，設置官吏，加以統治。然而交阯並未臣服於明廷的統治，起兵反對明朝的戰爭時有發生。成祖曾多次派兵鎮壓簡定、陳季守、黎利等人的反抗。成祖死後，交阯的情勢更加不穩定。明朝連年派兵交阯，消耗了大量的人力、物力、財力，有難以承受之重。仁宗時期，改變了成祖一味剿滅鎮壓的政策，以招撫為主。宣宗則主張剿撫並用的政策，派王通為征夷將軍，征討黎利，然而他內心更想息兵交阯。宣德元年（1426）四月，宣宗就曾與蹇義、夏原吉、楊士奇和楊榮四人商議，他「反覆思之，只欲如洪武中、永樂初，使（交阯）自為一國，歲奉常貢，以全一方民命，亦以休息中土之人」。這種想法是要改變直接統治交阯的做法，恢復交阯為附屬國的地位。楊士奇和楊榮持贊同和支持的態度，而蹇義和夏原吉卻反對，擔心「若以二十年之勤力，一旦棄之，豈不上損威望，願更思之」，因此宣宗的這個想法並沒有立即實行。其實宣宗是在等待一場軍事上的勝利，然後才好招撫、談判，體面地從交阯撤兵。

宣德二年（1427），陳通率軍擊敗黎利，斬首萬

明宣宗繪《萱花雙犬圖》

餘人，但他沒有乘勝追擊，而是讓黎利率殘軍逃跑。九月，黎利上書明廷，聲稱找到陳氏後人（當年成祖起兵的名義就是為原國王陳氏報仇復國），請求明朝罷兵，冊立陳氏後人為君。宣宗有意答應，但是英國公張輔等人認為明廷如果沒有合適的藉口就答應，是向天下人顯示朝廷的軟弱。宣宗召見楊士奇和楊榮，尋求對策。他們二人贊同宣宗的想法，認為這是體恤民情，而非示弱。宣宗在楊士奇等人的支持下，派特使恢復陳氏政權，命陳通撤兵。然而黎利推說陳氏後嗣已死，請求明廷冊立自己。宣宗沒有理會，派人繼續尋找陳氏後人。宣德三年，黎利再次進獻貢物，請求冊封，宣宗仍不理會。宣德六年，黎利再次請封。宣宗考慮到陳氏後人已經無從找起，黎利署理國事已成事實，就同意了他的請求，冊封黎利為國王。這樣，安南再次獨立，脫離了明朝的直接統治，但仍然是明朝的附屬國。從此到明朝末年，明朝和安南再也沒有發生過大規模的軍事行動。放棄安南，免除了連年戰爭給人民帶來的痛苦，也為明朝節省了大量的開支，除去了一個沉重的包袱。

仁政愛民

在對內的治國之道上，宣宗能夠實行安民、愛民的仁政。他深知「民能載舟亦能覆舟」的道理，因此在他統治期間，體恤民情，實行與民休息的政策。「坐皇宮九重，思田里三農」，這的確是關心農業生產、農民生活的宣宗的真實心態。他繼續推行洪武朝以來的招人墾荒的政策，發展農業生產。宣德五年（1430）三月，宣宗路經農田時，看見路旁有耕作的農民，於是他下馬詢問農作物的生長情況。他興致盎然，取來農民耕田的農具，親自犁地。沒推幾下，他停下來，回頭對身旁的大臣說，我只是推了三下就有不勝勞累的感覺，何況農民終年勞作。說完就命人賞賜農民錢鈔。他對農民的生活和處境是了解的，因此能夠在制定政策時考慮到他們的利益。同年六月，京畿地區發生蝗災，宣宗派遣官員前去指揮消滅蝗

蟲。他仍不放心，特意諭旨
戶部，告誡他們往年負責捕
蝗的官員害民的危害一點也
不比蝗災小，因此要嚴禁杜
絕這種事情的再次發生，還
作了一首《捕蝗詩》頒給臣
子。

　　宣宗清楚，昏君濫用民
力會至亡國，隋煬帝就是個
例子。宣宗以此為鑑，非常
注意愛惜民力。在他統治的

宣宗賜臣官銀皿

十年間，多次下旨為民解困。宣德元年（1426）七月，罷湖廣採木。宣德
五年二月，罷工部採木。宣德三年十一月，錦衣指揮鍾法保請採珠東莞，
宣宗不但沒有同意，還認為他是想用這種擾民的事情為自己謀求利益，將
他逮捕入獄。他還多次蠲免稅額、積欠柴炭草，免除在京工匠中年老殘疾
和戶內無丁力者的匠籍。

盛世隱憂

　　在宣宗君臣的不斷努力下，宣德朝社會、經濟得到了進一步發展，進
入了歷史上有名的「仁宣之治」。谷應泰說：「明有仁、宣，猶周有成、
康，漢有文、景。」這樣的評論是有一定道理的。當時邊境安定，蒙古雖
有擾邊的行動，但沒有發生過大規模的軍事行動。宣宗實行安撫政策，力
主和議，保持了和平共處的局面。放棄安南也是個明智的選擇，使得久經
戰亂的明朝和安南都得到了穩定發展的環境。爭奪皇權的朱高煦的反叛，
很快就被平定，沒有釀成大禍，加強了皇權。宣宗愛惜民力，與民休息，
重視農業，力勸農桑，鼓勵墾荒，農民得以安居樂業，社會財富迅速積累

起來。時稱「宇內富庶，賦入盈羨」，是明王朝財力最雄厚的時期。商品生產程度提高，手工業得到發展，商路增闢，國內外貿易有所發展。農民生產生活得到保障，農民起事也很少。宣宗任人得當，吏治較為清明。

　　然而隨着社會穩定，經濟繁榮，君臣陶醉在表象的治平景象中，沒有意識到盛世下存在的隱患。「臣僚宴樂，以奢相尚，歌妓滿前」，紀綱為之不振，這種情況宣宗當然脫不了干係。這位年輕的天子有一種很特別的愛好——鬥蟋蟀（促織），因此被稱為「促織天子」。宣宗對鬥蟋蟀達到了癡迷的程度，經常派宦官選取上好的蟋蟀。因為這種緣故，鬥蟋蟀在全國風行，蟋蟀的價格扶搖直上。後來宣宗覺得北京的蟋蟀不好，派太監四出採辦。其中，蘇州的蟋蟀特別好，宣宗為此還特意敕令蘇州知府況鍾協助太監採辦一千隻蟋蟀。上命下達，攤派給了當地的百姓，弄得雞犬不寧。據說當地一個糧長用一匹馬換取了一隻好蟋蟀，準備獻給宣宗，不料妻妾觀看時跑掉了。妻妾自知闖禍自殺，糧長見家破人亡也上吊了。蒲松

《明宣宗行樂圖》

齡根據這個故事情節，稍加改變，寫成了《聊齋志異》中著名的《促織》一文。

　　土地兼併問題也在當時逐步凸顯出來，大量土地流向皇室勳貴官僚地主手中。農民沒有必需的土地，流民問題逐漸形成。宣德三年（1428），「山西飢民流往至南陽諸郡不下十萬餘口，有司軍衛及巡檢司各遣人捕逐，民愈窮困，死亡者多」。宣德五年，北直隸易州有逃民1229戶，山東濰縣有逃民3407戶。

明宣宗景陵

　　另外，自成祖朱棣以來，朱元璋制定的祖制受到破壞，宦官逐漸受到重用。宣德元年七月，在內府設置教習內官監的內書堂，大學士陳山負責教授。宣宗時期，宦官尚未形成專權的局面，到了他兒子英宗朱祁鎮時，王振專權，以致朱祁鎮被蒙古俘虜，差點斷送了大明江山。

朱瞻基個人小檔案

姓名：朱瞻基		**出生**：洪武三十一年（1398）二月初九日	
屬相：虎		**卒年**：宣德十年（1435）	
享年：三十八歲		**謚號**：章皇帝	
廟號：宣宗		**陵寢**：景陵	
父親：朱高熾		**母親**：張皇后	
初婚：二十歲		**配偶**：胡皇后、孫皇后	
子女：二子，二女		**繼承人**：朱祁鎮	
最得意：仁宣之治		**最失意**：英年早逝	
最不幸：明代第一個廢后的皇帝		**最痛心**：被稱為「促織天子」	
最擅長：鬥蟋蟀、詩畫			

相關閱讀書目推薦

（1）王天有主編：《明朝十六帝·宣宗章皇帝朱瞻基》，紫禁城出版社，1999 年

（2）趙中男：《宣德皇帝大傳》，遼寧教育出版社，1994 年 8 月

（3）李治亭、林乾主編：《明代皇帝秘史》，山西人民出版社，1998 年

英宗朱祁鎮

正統元年（1436）—十四年（1449）

天順元年（1457）—八年（1464）

　　英宗朱祁鎮，是明朝開國以來的第六位皇帝，生於宣德二年（1427）十一月十一日，屬羊。他九歲登極，年號「正統」，十四年後在土木堡被蒙古瓦剌部所俘，失去帝位。八年之後，通過「奪門之變」重登寶座，年號「天順」，在位八年，兩階段共在位二十二年，三十八歲時駕崩，廟號「英宗」。英宗雖然壽命跟他父親宣宗一樣，但他的一生卻比其父要曲折得多。

　　英宗很早就得到命運的垂青，出生兩個多月便被冊立為皇太子，成為有明一代年紀最小的皇儲。父親宣宗結婚十年沒有子嗣，對這個姍姍來遲的太子自然十分疼愛，並寄予厚望。宣宗駕崩後，在祖母張太后的主持下，年僅九歲（實際年齡只有七歲）的朱祁鎮順利登上皇位，君臨天下。這是他一生中的幸運之處。但從另一個角度說，幼年喪父，不能不說是人生一大不幸。而更可悲的是，在他生命的最後一刻，竟然連自己的生母是誰都產生了疑問。

誰是生母

誰是英宗的生母？在這關係到皇家龍脈的大事上本不應成為問題，但英宗的生母的確存在着不同的説法。

孫貴妃説。《明書》、《明實錄》等書持此説。《明書》記載孫貴妃於「宣德二年十一月，生英宗皇帝」。孫貴妃，永城縣（今河南永城）人，主簿孫忠女。十歲時，經彭城伯夫人、張太后母親向成祖推薦，選入內宮撫養。永樂十五年（1417），冊封為皇太孫嬪。宣宗即位後，冊立孫氏為貴妃。朱祁鎮的出生並被立為太子，成為孫氏爭奪皇后之位的最重要的砝碼。後來太后和諸大臣同意宣宗廢掉胡皇后，冊立孫貴妃為皇后，應是母以子貴。

宮人説。還有些人認為英宗為宮女所生，孫氏為了鞏固自己的地位偷偷抱養宮人之子為己子，而那個宮女則銷聲匿跡了。《明史稿》記載孫氏「子宮人子，於是眷寵日重」。查繼佐《罪惟錄》也説孫貴妃「寵冠後宮，宮人有子，貴妃子之」。《明史》也認同這種説法。

當時人王錡的著作《寓圃雜記》裡有更加詳細的記載：

> 宣宗胡皇后無子，宮中（一云紀氏）有子，孫貴妃攘為己子，遂得冊為皇后，而廢胡為仙姑。……英宗立，尊張太后為太皇太后、孫為太后。胡每事謙讓，不敢居孫之右。正統七年，太皇太后崩，凡六宮有位號者皆得祭奠，胡不敢與太后之列，惟與諸嬪妃同事。孫太后知而有見譴之意，胡因痛哭而殂。太后命閣下諸臣議治喪之儀，時楊士奇臥病於家，諸臣往問，士奇曰：「當以后禮殮，葬景陵。」問者曰：「此非內中所欲。」士奇遂面壁不答，惟曰：「後世罵名。」諸臣因議以嬪御禮葬。天順六年，孫太后崩，英宗尚不知己非孫所出，惟皇后錢氏知其詳，亦

不言。八年，英宗大漸，后泣訴曰：「皇上非孫太后所生，實宮人之子，死於非命，久無稱號。胡皇后賢而無罪，廢為仙姑。其死也，人畏孫太后，殮葬皆不如禮。胡后位未復，惟皇上念之。」英宗始悟，卒如其言，遺命大行尊崇之典。

據王錡的記載，英宗是在他在位的最後一年才從皇后錢氏口中知道自己本是宮人之子，但年長日久，他已無法知道生母的身世和下落（按錢后的說法，英宗生母「死於非命」，從孫貴妃跟胡皇后爭寵得逞並進而逼死胡氏的情況來看，這是很有可能的），只好把一腔同情寄予被廢的胡皇后身上，為她重修陵寢，一切按照皇后的規制辦理。錢皇后為什麼要替與自己毫不相干的廢后胡氏說話？原來，作為英宗的皇后，錢氏並沒有生過皇子，而當時周貴妃卻有一子，即後來的憲宗。這種情形跟當年胡皇后無子、孫貴妃有子的情形極其相似。也許正是由於這一情形，使得錢氏深為同情胡皇后吧。

錢皇后出身低微，英宗很想給她的家人加官晉爵，但錢氏卻推辭了。皇后的家族沒有封爵，這在有明一代是很少見的，這使英宗很敬重她。最動人的故事發生在土木堡事變之後。當時，錢皇后把宮裡的家底都拿出來交給瓦剌的使者去營救英宗。她日夜哭泣，困了就臥在地上，結果弄瞎了一隻眼睛，弄壞了一條腿。英宗回國後被關在南宮做太上皇，很鬱悶，錢皇后都委婉勸解，讓英宗舒緩心情。所謂

白石「廣運之寶」

白石「皇帝密旨」

「患難夫妻」，也不過如此了。所以英宗對錢皇后極為維護，即使立了周貴妃的兒子為皇太子（即後來的憲宗），也不會像他父親一樣廢掉皇后。他擔心自己駕崩後錢氏受周貴妃欺負，特地在臨終之前遺命「錢皇后千秋萬歲後，與朕同葬」。明代此前的慣例是一帝一后同葬，這道遺命就等於告訴周貴妃：你的兒子做了皇帝，但錢皇后的太后地位是不能動搖的。果然，英宗死後，周貴妃就鬧了起來，要獨稱太后，排擠錢皇后。大學士李賢、彭時就以英宗遺命為理由反對，最後憲宗從中妥協，兩宮並尊，周氏和錢氏同為皇太后。等到錢太后去世時，周太后又從中作梗，不讓錢氏與英宗合葬。因事關國體，大臣們又起來反對，竟至「百官伏哭文華門外」。最後，又是權宜之計，錢太后葬於英宗玄堂左邊，右邊空着留給周太后。這時，周太后居然派人暗中做手腳，讓錢太后壙位距離英宗玄堂數丈之遙，而且將中間堵塞起來，其意就是不讓錢太后在另一個世界跟英宗見面。周太后的做法如今看起來是有點可笑，但在當時卻是非常現實的考慮和思路，反映了宮廷鬥爭的複雜性。從這個方面來說，錢皇后為宣宗廢后胡氏說話，實際上折射出她對自身命運的某種憂慮。

不管英宗是宮人所生還是孫氏所生，總之都是龍脈。英宗的生母為誰，宣宗自然心知肚明。如果確為孫氏奪宮人之子為己子，對宣宗來說，總是自己的骨肉，無傷大局，同時還可以幫助自己寵愛的孫貴妃登上皇后

寶座，或許是心照不宣地默認了這件事情。

英宗的身世方面有很大的悲劇性，而作為一位政治人物，他的一生極富大起大落的戲劇性，也不乏某種悲劇因素。

誰是對手

英宗登極時，距朱元璋開基建國已有近七十年的時間了。經過前面五位皇帝的經營，國家已經恢復穩定，經濟得以復蘇，呈現出繁榮強盛的態勢。特別是英宗的祖父、父親仁、宣二宗繼承洪武、永樂基業，又能勤政愛民，當時宇內承平，史稱「仁宣之治」。英宗是明朝建國以來第一位幼年天子。即位之初，軍政大事操持在太皇太后張氏和內閣「三楊」手中。太皇太后張氏，是仁宗的皇后、宣宗的母親、英宗的祖母，很有才智，在正統朝前期政治活動中起了非常重要的作用，國家大事多稟裁決。「三楊」，即楊士奇、楊榮、楊溥，是明朝歷史上少有的名相。他們歷永樂、洪熙、宣德三朝，有着豐富的治國經驗。因此在英宗親政之前，明朝仍然延續着仁宣時期的發展軌跡前進。正統七年（1442），太皇太后張氏去世，「三楊」也先後淡出政治舞台，幼沖天子已經逐漸長大成人。如果按照歷史發展的正常邏輯，英宗最起碼應當是個守成之君、太平天子，但在他親政之後幾年內，卻發生了一件對明朝歷史影響極大、對英宗本人命運也影響極大的事件——土木堡之變，給他的命運帶來了巨大的落差。

英宗自小心目中就存在一個強大的對手，那就是北方的蒙古人。他要時刻提防蒙古鐵騎入侵北邊，騷擾百姓。

明朝的江山是推翻元朝統治，從蒙古人手中奪過來的。明朝建立後，蒙古人雖然失去了對中原的統治，但在北方草原地區仍然有很大的勢力。洪武元年（1368），明太祖朱元璋在南京即皇帝位不久，就命徐達領兵出

征北元。元順帝見大勢已去，逃離大都（今北京市），返回漠北。雖然蒙古無力與明朝一爭中原，但雄踞北方，時刻都是明朝的重大威脅。明朝歷代統治者都把北元作為心腹大患看待。太祖分封秦、燕、晉、寧、遼、岷等邊塞諸王，分鎮要害邊地，屯駐重兵，形成了一道抵禦蒙古的防線。洪武年間，太祖還多次出兵打擊蒙古勢力。永樂年間，成祖朱棣遷都北京，實際上是把抗蒙總部搬到了前線，他先後五次親征，使得北部邊境稍得安寧。

自仁、宣時期起，明朝對蒙古政策發生了很大變化。太祖朱元璋、成祖朱棣對蒙古主要採取以攻代守、主動出擊的策略，長驅直入，極大地削弱了蒙古各部的勢力。此時則轉變為鎮守九邊、互市往來的以守為攻的方針。蒙古遊牧經濟有其內在的不足，生產分工不發達，手工業製造水平低下，因此日用品、手工業品缺乏，必須依靠其他途徑獲得。獲得的手段不外乎兩種：掠奪和貿易。貿易又分為朝貢貿易和馬市貿易。馬市貿易，設於邊境，蒙古以駝馬皮毛換取日用品，但明朝政府明令禁止買賣銅、鐵、兵器。朝貢貿易，始於永樂朝，蒙古入貢駝馬獸皮，明朝則估價給值，另有大量賞

明長城寧武關

賜。但是這種朝
貢體系隱藏有很
大問題，蒙古派
遣的使團人數越
來越多，沿途州
府供應吃力，而
且其間夾雜不法
之徒，頻頻生
事。如果得不到
滿足，蒙古就會
侵犯邊境。正統

明金山嶺長城屏蔽敵台障牆

初期，英宗忙於用兵麓川，無暇北顧，使得也先(蒙古首領，自稱太師淮王)利用機會擴大勢力範圍。也先先是向西發展，將依附明朝、屏衛明朝西翼的各蒙古部落收服，然後揮兵東下攻取兀良哈三衛。此時，也先的勢力範圍西起今新疆、甘肅、青海，東至遼東地區。

正統十四年 (1449)，也先遣使兩千餘人進馬，詐稱三千人。明朝大宦官王振怒其詐，削減馬價，也先遂以此為藉口領兵大舉進犯。英宗在王振的唆使下，草率決定親征。這次親征，英宗的本意是想效仿其曾祖父成祖五次親征蒙古的壯舉。七月十五日，英宗命御弟朱祁鈺留守北京，自己率大批官員，挑選精兵五十萬出師迎敵。八月十三日，大隊人馬駐紮土木堡，旋被也先部隊包圍。土木堡地勢雖高卻沒有水源，掘地兩尺仍不見水，士兵飢渴兩日，戰鬥力大為下降。十五日，明軍被蒙古軍擊敗，五十萬大軍傷亡過半，公侯大臣死難者甚眾，英宗也被也先擄去，轉瞬間就由貴不可言的皇帝變為階下囚。

土木堡之敗，是明朝由盛而衰的分水嶺，也是英宗人生經歷的第一個

谷底。幸好在英宗被俘的一年時間裡，也先對這位對手頗為尊重。據說也先命每二日進羊一隻，七日進牛一隻，逢五逢七逢十作筵席，逐日進牛奶馬奶。北方天氣寒冷，他還曾令妻子出獻「鐵腳皮」，給英宗禦寒暖腳。也先曾經對明朝使臣說過這樣的話：「大明皇帝與我是大仇，自領軍馬與我廝殺。天的氣候（意志），落在我手裡。眾人勸我殺他，我再三不肯。他是一朝人主，我特著知院伯顏帖木兒，使早晚恭敬，不敢怠慢。你每（們）捉住我時，留得到今日麼？」

也先俘獲英宗，視為奇貨可居，想以此要挾明廷。而明朝這邊，在英宗被俘後，于謙等人擁立英宗的弟弟朱祁鈺為帝，史稱景帝或代宗。原本被視為奇貨的英宗變成了空質，於是也先有送英宗南歸之意。然而景帝對於英宗南歸並不積極。後右都御史楊善等人請命出使，景帝所給敕書只是有關議和內容，不提迎回英宗之事，也不給金帛等賞賜禮物。楊善只好變賣家產，自己購買了些禮物。在他的積極斡旋下，英宗得以平安南歸。

但是在迎接朝見英宗的禮儀上，景帝與大臣又產生了矛盾。景帝認為儀禮過重，應該從簡。大臣提出異議。最終還是英宗在幾封書信中稱自願從簡才緩解了局面。見面之時，仿唐朝天寶之亂後玄宗、肅宗禪讓之禮，英宗、景帝之間禪讓。隨後，英宗被送入南宮，開始了七年的幽禁生活。七年間，英宗未能踏出南宮半步，名為太上皇，實為囚徒。期間，景帝為了確保自己的地位，做了兩件事。

一是對英宗嚴加看管。南宮大門常年緊閉，日常的飲食衣物都是從一個小窗戶遞送進去。為防止南宮與外面聯絡，極少供應紙筆。英宗的伙食不是很好，錢皇后不得不做些針線活出售來換取必要的食物，有時還要靠娘家貼補一些。有個太監說南宮的樹木多，恐怕會有人越過高牆與英宗聯繫，景帝遂命將大樹砍伐。當然，雖然景帝時時刻刻防備英宗復辟，但他並沒有對皇兄做得太過分。有個叫徐正的刑科給事中建議英宗不宜居住南

宮，應遷置所封之地以絕人望。景帝聽後愕然，沒有聽從他的建議，反而將其治罪。

二是謀易太子。景泰帝登基之時，曾許諾將來傳帝位於英宗的長子朱見濬（土木堡之變時三歲），並立其為太子。但是景帝即位沒幾年，就想換自己的長子為太子，只是苦於一時沒有什麼好辦法。從景泰三年(1452)開始，他不斷給內閣學士和七卿中的一些人加官晉爵，時常加以賞賜。四月，千戶袁洪知道皇帝想換太子的心思，上「永固國本事」疏，請易太子。景帝十分高興，下旨臣議。大臣們知事已至此，紛紛表示贊同，稱「父有天下必傳於子，此三代所以享國長久也」。景帝給大臣們加官加俸，並於五月初二日，冊立朱見濟為太子，廢英宗長子朱見濬為沂王。

被軟禁在南宮的英宗聽到這個消息，真不知作何感想！一直被視為心腹之敵的也先在得勝後還能夠禮遇自己，並護送南歸，雖然有他的政治企圖，但也算仁至義盡。而自己的同胞兄弟不僅占據了皇位，還對自己處處提防、嚴密監視，並且廢了自己的太子，絕了自己的後望。誰才是自己真正的對手？是外敵，還是兄弟？

誰是忠臣

英宗不僅很難弄清誰是對手的問題，在誰是朋友，或者說誰是可仰仗的忠臣的問題上，也時時陷入迷茫。

英宗在位二十二年，被俘北居一年，南宮幽居七年，又於景泰八年(1457)乘景帝病重，在武清侯石清、左都御史楊善以及副都御史徐有貞、太監曹吉祥等人的擁戴下復登皇位，可謂經歷了天上人間的劇烈變化。在這期間他寵信過一些人，重用過一些人，懲處過一些人。他寵信的人，有的斷送了他，比如王振；他重用的人，有的對他產生威脅，比如石亨和曹

吉祥；他懲處的人，有的明知其對社稷有功，卻不得不如此，比如于謙。總之，任用非人，是他作為一個皇帝的最大失敗之處，同時也在某種程度上決定了其跌宕起伏的悲劇命運。

王振。他是英宗正統朝舉足輕重的政治人物，蔚州（今河北蔚縣）人，一說北直隸宣府（今河北宣化）人。據查繼佐《罪惟錄》說，王振「始由儒士為教官，九年無功，當謫戍。詔有子者許淨身入內，振遂自宮以

王振紀念碑

進，授宮人書，宮人呼王先生」。可知王振永樂時入宮，因有文化逐漸嶄露頭角。在英宗做太子時，王振就在身邊。王振善權術，能察顏觀色，深受英宗寵信，稱其為「王先生」。英宗即位後，命王振掌司禮監。在明代，司禮監太監有「內相」之稱，掌批紅，權力很大，可與內閣分庭抗禮。

有人認為王振是明代第一個權閹，是明代宦官專權始作俑者。朱元璋建國伊始，規定內官不許習字，只供灑掃驅使。又令宦官不許干政，違者斬，並鑄鐵牌立於宮門之側。終洪武一朝，無宦官干政的現象。永樂朝情勢為之一變。「靖難之役」時，大批宦官投奔朱棣，報告朝中虛實，為朱棣奪取江山立有功績。朱棣因此信任宦官，允許他們讀書習字，逐漸委以重任，但仍未有專權現象。王振之得寵，與其是東宮舊人的身分很有關係，因為「出入起居之際，音聲笑貌，日接於耳目，其小善小信，皆足以固結君心」。王振之後的劉瑾、魏忠賢都是這種情況。

正統初年，外廷有「三楊」，內宮有太皇太后張氏，王振尚處處小心，不敢囂張。張太后是位很有能力的女人，當年宣宗病逝前擔心英宗年紀幼小無法理政，特在遺詔中寫下「大事白皇太后行」，這在明代遺詔中是少有的。但是，張太后在正統七年（1442）去世，「三楊」也先後去世，使得王振可以肆無忌憚地弄權，大興土木，廣收賄賂，使用重刑，威勢傾朝廷。

英宗對王振信任有加，禮遇甚隆。他在給王振的敕書中說：「朕自在春宮，至登大位，幾二十年。爾夙夜在側，寢食弗違，保護贊輔，克盡乃心，正言忠告，裨益實多。」這封敕書的感情是真摯的，英宗從小和王振在一起，王振又能替他處理冗雜的政務，使英宗對王振不僅信任，而且依賴。正統六年末，英宗大宴文武百官，按照慣例，宦官不能參加。英宗時刻不忘王振，宴會中間專門派人探視。使臣到時，王振怒氣正盛，說：「周公輔成王，我獨不可一坐乎？」使臣回報，英宗不僅不以為忤，反而不惜違背祖制，召王振入席。王振到時，百官望風而拜。還有一次，王振見工部侍郎王佑貌美而無鬚，便說：「王侍郎何以無鬚？」王佑竟然回答：「老爺所無，兒安敢有？」從中可見王振權勢之盛，以及百官的奴媚

正統九年銅銃

之相。

正統十四年（1449），也先率兵犯邊。王振認為這是揚威遠方的機會，也是進一步提高自己在朝廷中威信的機會，於是慫恿英宗貿然親征。英宗自己也想仿效曾祖父成祖掃蕩漠北，因此不顧大臣勸諫，草率親征。結果，英宗不但被俘北去，而且失去了皇帝的寶座。王振也在這次戰役中喪生。關於王振的死因，說法略有不同。有人說是亂兵所殺，有人說是明將樊忠所殺，但英宗復辟後仍對王振念念不忘，說他英勇殺敵力戰而死，並用太監劉恒言賜祭招魂以葬，祀之智化寺，賜祠曰精忠。

明軍鐵頭盔

石亨。石亨，渭南（今屬陝西）人，襲父職為寬河衛指揮僉事，後累官至都督同知，守大同。也先犯大同時，石亨大敗，單騎奔還，受到處分，後來還是于謙推薦他掌管五軍大營。也先圍困北京時，他立有軍功。景帝很信任他，病重時讓他代行祭祀大禮。石亨見景帝病情沉重，便起了異心，聯合曹吉祥、徐有貞等人密謀擁立英宗復辟，立不世功勳。景泰八年（1457）正月十七日，副都御史徐有貞、武清侯石亨、太監曹吉祥等人乘景帝病重之際發動政變，擁立英宗復辟，史稱「奪門之變」或「南宮復辟」。石亨因擁立有功，受到英宗的重用和賞賜，由武清侯升為忠國公，食祿一千五百石。英宗對石亨言聽計從，讓其掌握京軍。石亨藉機大肆培植黨羽，干預朝政。他的侄子石彪英勇善戰，想要謀取大同守備的要職，這樣就可以和石亨內外結合，遙相呼應。英宗本來對石亨的專橫已經有所不滿和不

安，這次藉口石
彪私自讓屬下奏
請謀取鎮守大同
事，將石彪逮捕
下獄。後來又罷
去石亨的職權。
次年，石亨因事
被詔捕入獄，籍
沒家產。不到一
個月的時間，石
亨瘐死（瘐死即
在監獄中因疾

紫禁城東華門

病、飢餓、折磨等原因而非正常死亡）。隨後，石彪亦被誅，權臣石氏的
權勢傾刻間煙消雲散。有人認為石氏雖然作惡多端，但罪不至死。石氏之
敗，為英宗去了心頭之患。

　　曹吉祥。曹吉祥是參與「奪門之變」的另一個重要人物。他是永平灤
州（今河北灤縣）人，宦官。早年依附王振，參加過麓川之役、征兀良
哈、討鄧茂七和葉宗留等，立有軍功。石亨之敗，給曹吉祥很大的打擊。
天順三年（1459），英宗聽從內閣大學士李賢的意見，下詔禁用「奪門」
字樣。因為李賢認為，「奪門」意味着英宗得到皇位的不合法性，不過是
石亨等人張大其功罷了。曹吉祥看到「奪門之功」被否定，石亨敗亡，心
裡恐懼，漸蓄異謀。曹吉祥和他的侄子曹欽，蓄養了大批死士，決定於天
順五年七月舉事。事發前夜，馬亮畏罪告變。曹欽知事已泄，匆忙起事，
殺死錦衣衛指揮同知逯杲等人。逯杲，本來得到過曹吉祥推薦，後來揣摩
英宗的意思，刺探石亨、曹吉祥的陰事，多有訐告，曹欽恨之入骨。曹欽

屢次攻打皇城不得，便退守曹宅，最後戰敗，投井而死。三天後，曹吉祥被磔於市。

　　于謙。于謙（1398～1457），錢塘（今浙江杭州）人，字廷益，號節庵。永樂進士，曾隨宣宗平漢王朱高煦叛亂。出按江西時，卓有政績，百姓稱頌。正統十一年（1446），曾遭人陷害入獄論死，因百官百姓力請得免。土木堡之變時，為兵部右侍郎。英宗被俘、也先直逼北京的消息傳到北京，人心惶惶，于謙挺身而出，擔負起保衛北京的重任。在此期間，他主要做了以下幾件大事：第一，擁立景泰帝。明朝因無國君，人心不穩，情勢動盪。當時英宗長子才三歲，無法勝任軍國大事；監國的朱祁鈺，是英宗的異母

于謙像

弟，二十二歲，年富力強。于謙及百官與皇太后商議，擁立朱祁鈺為帝，穩定了混亂的局勢。第二，力排南遷之議，保衛北京。翰林侍講徐有貞等人想要南遷以避兵鋒，于謙堅決反對，認為一旦南遷則北京、九邊都將不保。在于謙的力爭下，景帝下定決心保衛北京，並把守城的重任交到于謙身上。土木堡之變，英宗所率五十萬京師勁旅皆沒，北京只剩下不到十萬老弱病卒。于謙招勤王兵，整飭軍務，列兵九門，親自督戰，破瓦剌軍，成功地保衛了北京城。第三，社稷為重君為輕。也先以英宗為質，逼迫明廷就範，漫天要價。于謙認為社稷為重君為輕，主戰不主和，使得也先奇貨可居的願望沒有實現，維護了明朝的利益。

　　英宗通過「奪門之變」重登寶座的當天，就傳命在朝班中逮捕于謙。

論刑當凌遲處死，籍沒家產。英宗頗為猶豫，認為「于謙實有功」，不忍心殺害功在社稷之人。此時，參與「奪門之變」的徐有貞提醒說：「不殺于謙，此舉為無名。」意思就是說，如果不殺于謙，你就是得位不正，沒有合法性。這樣英宗才下決心殺于謙。于謙被殺，可能始終是英宗心中不可解開的一個心結。于謙死了以後，蒙古又開始騷擾明朝北方邊境，英宗計無所出，憂心不已。有一天，恭順侯吳瑾趁機在旁進言：「如果于謙還活着的話，一定不會讓敵人如此猖狂。」英宗聽了，默默無語，也不怪罪吳瑾，想必其內心肯定會起波瀾的吧！英宗復位後，陳汝言繼于謙為兵部尚書，不到一年，因事獲罪，抄家時繳獲贓物巨萬。英宗召大臣去看，很傷心地說：「于謙在景泰朝深受信用，死的時候卻家貧如洗。陳汝言貪得也太多了吧！」于謙抄家之時，家無餘貲，只有正門鎖得緊緊，打開一看，卻是景帝所賜的蟒衣和寶劍。故而英宗如此感歎。于謙詩文亦佳，《石灰吟》被認為是他人生的寫照：

> 千錘萬擊出深山，
> 烈火焚燒若等閒。
> 粉骨碎身全不怕，
> 要留清白在人間。

英宗自小受到良好的宮廷教育，本性也不壞，只因貿然出征，淪為階下囚，不僅自身命運徒增波折，也使大明帝國陷入危機。不過，也許正是由於被囚、被禁的經歷，使得英宗對命運多了幾分敬畏，對人命多了幾分尊重，對世事多了幾分理解。在他復位之後，做了幾件頗有人情味的好事。其中一件就是前面所提恢復宣宗廢后胡氏名號，並使之葬禮如儀。第二件就是釋放建庶人。

建庶人是建文帝次子朱文圭。1402年，明成祖攻入南京之後，建文帝

明英宗裕陵

及其長子朱文奎不知所終，次子朱文圭則被成祖幽禁起來，稱為「建庶人」。到英宗天順年間，建庶人已經在長期的幽禁歲月中從兩歲幼童長為五十多歲的老翁了。大概由於也曾經歷過長期被囚的生活，英宗突然有一天想起了這位遠房叔叔，動了惻隱之心。他跟李賢說不忍心再囚禁建庶人。李賢對此大加讚賞，於是英宗不顧左右近侍的反對，派人給建庶人修建了房屋，任其自由出入，並供應生活。英宗身邊的人擔心放出建庶人會出變故，他倒很有氣度，說：「有天命者，任自為之。」釋放建庶人一事受到百官和百姓們的真心讚歎，也算是給五十多年前的糾紛做了一份補卷。

還有一件事，對英宗以後的帝王影響很大，那就是廢除殉葬制度。明太祖死的時候，許多宮人陪葬，成祖、仁宗、宣宗、代宗去世都以宮妃殉葬。英宗覺得這很殘酷，臨終前遺詔裕陵停止殉葬。此後明代各帝都遵從這個遺詔，不再以宮妃殉葬。

英宗所做的這幾件事，被史家贊為「盛德之事，可法後世」。《明史》稱英宗在位期間，「無甚秕政（壞政策）」。可是，英宗並不能遏制大明帝國日益走向危機的趨勢。到他兒子憲宗的時候，情況就有點惡化的兆頭了。

朱祁鎮個人小檔案

姓名：朱祁鎮	**出生**：宣德二年（1427）十一月十一日
屬相：羊	**卒年**：天順八年（1464）
享年：三十八	**謚號**：睿皇帝
廟號：英宗	**陵寢**：裕陵
父親：朱瞻基	**母親**：孫皇后，一説宮女
初婚：十七歲	**配偶**：錢皇后
子女：八子，八女	**繼承人**：朱祁鈺，朱見深
最得意：釋放建庶人	**最失意**：幽居南宮
最不幸：被也先俘獲	**最痛心**：殺功臣于謙
最擅長：偏信宦臣	

相關閱讀書目推薦

（1）王天有主編：《明朝十六帝・英宗睿皇帝朱祁鎮》，紫禁城出版社，
1999 年

（2）趙毅、羅冬陽：《正統皇帝大傳》，遼寧教育出版社，1993 年

景帝朱祁鈺

景泰元年（1450）一七年（1456）

　　明代有十六位皇帝，但明代帝王陵寢卻只有十四座，就是南京明孝陵和北京十三陵。這是怎麼回事呢？原來，還有兩位明代皇帝死後沒有葬入皇家陵園。一位是建文帝，「靖難之役」後江山被其叔父朱棣奪了去，自己也下落不明，成為千古謎案；另一位就是明朝的第七位皇帝代宗朱祁鈺。

　　代宗朱祁鈺，即景帝，宣宗朱瞻基次子，英宗朱祁鎮之弟。宣宗只有朱祁鎮和朱祁鈺兩個兒子，相差一歲。祁鈺之母是吳賢妃，鎮江府丹徒縣人，於宣德三年(1428)被封為賢妃。英宗即位後，祁鈺被封為郕王。正統十四年(1449)，二十二歲的朱祁鈺即

景泰帝陵

126

位，在位八年，年號景泰，病逝時只有三十歲。本來景帝生前已為自己在皇家陵園建好陵寢，去世後被英宗廢掉陵寢，以親王禮葬於西山。景帝雖然在當時沒有受到禮遇，但在後世卻找到了知音。明史專家吳晗稱讚景帝是一位難得的好皇帝，並曾與鄭振鐸一起在西山找到景帝墓，加以修葺，辟成公園供人紀念。景帝何以深受吳晗讚賞呢？這要從他即位的來由說起。原來，景帝是臨危受命，在國家危急關頭登上皇位的，他領導了一場抵抗蒙古入侵的北京保衛戰，保障了內地居民的安居樂業，有功於社稷。

國難之際享位

　　景帝的皇位得來頗有些意外。按照明代皇位傳承的制度，朱祁鈺本不會對皇位有太多的奢望，因為英宗只比他大一歲，年富力強，而且已有子嗣。但是，命運變幻莫測，在一種極其特殊的情況下，將他推上了皇帝的寶座。

　　正統十四年 (1449)，英宗不顧大臣的反對，聽從宦官王振的蠱惑，冒險親征進犯的瓦剌也先部，結果八月十五日在土木堡被也先俘虜。英宗被俘的消息十六日就傳到了北京城，紫禁城奉天殿局勢混亂，人心不安。十八日，為了安定局勢，皇太后孫氏宣布由郕王朱祁鈺監國，於午門南接見百

紫禁城奉天殿（太和殿）

官，同時立英宗之子朱見濟（又名朱見深）為皇太子。英宗被俘，朱祁鈺是監國的不二人選，因為英宗只有他一個弟弟，而且朱見濟年紀太小，難以在國難中承擔起拯救大明江山的重任。皇太后孫氏和皇后錢氏幻想着用金銀財寶換取英宗的放歸，將宮內金銀珠寶搜刮一空，用八匹健馬馱負，派人送到也先營中，然而也先財寶照收，人卻不放。

郕王朱祁鈺監國期間，發生了「左順門事件」，是對他政治能力的第一次考驗。八月二十三日，朱祁鈺在午門代理朝政，右都御史陳鎰上奏指出王振禍國殃民，應族誅以安民心。原來，朝臣早就對王振專權極為不滿，但在他專權擅政的時候敢怒不敢言。百官普遍認為王振是土木堡之敗的罪魁禍首，所以陳鎰此言一出，大家紛紛回應。年輕的郕王朱祁鈺沒有治國經驗，面對這種場面不知所措，猶豫不決，只是揮手讓他們先退下。王振的死黨、錦衣衛指揮馬順見郕王讓百官退下，立即上前叱罵驅逐朝臣。大家對馬順投靠王振，狐假虎威、為虎作倀早已不滿，並對他害死翰林侍講劉球一案有所耳聞，此時見他依舊氣焰囂張，再無法忍受。戶科給事中王竑怒火中燒，上前扯住馬順頭髮，用嘴撕咬，並大聲斥責他是奸佞小人其罪當誅。羣臣蜂擁而上，不顧身處堂堂朝廷，對馬順拳腳相加，頃刻將他打死在左順門。隨後羣臣又索要王振餘黨宦

紫禁城玄武門（神武門）馬道

官毛貴、王長隨。在大臣的壓力下，二人被人從宮門中推出，立刻又被大臣們打死，並將三人屍體拖出，陳列於東安門外示眾。在中國歷史上，像這樣的大臣們公然在朝廷上打死人的事情恐怕是絕無僅有的。面對混亂的局勢和過激的行為，郕王驚恐萬分，轉身就要回內宮。這時，于謙上前攔住郕王，請求他宣布馬順等人論罪當誅，參與毆殺的官員一概不究。朱祁鈺恍然大悟，照此宣告，並族誅王振，抄沒家產，懲治王振餘黨。這樣，情勢才得以安定。

雖然英宗被也先拘押，自己掌監國大權，但是朱祁鈺倒沒有坐上皇位的想法。當時明廷面臨的局勢是，英宗被俘，也先率兵虎視眈眈，國家形勢岌岌可危，有亡國的危險。大臣們認為，郕王朱祁鈺監國，終究沒有皇帝的名分，明朝仍然處於國無君主的境況。對於也先而言，手中的英宗成為威逼要挾的籌碼；對明朝而言，這種情況不利於政令、軍令的推行和人心的穩定。因此，許多大臣提出議立新君。但是選立誰為新君呢？當時能夠繼承皇位的只有兩個人，即英宗的長子朱見濬和英宗之弟郕王朱祁鈺。按血統名分和明朝的皇位繼承制度而言，朱見濬應為首選，只是他當時只有三歲，在這種特殊的情勢下，他難以擔負起重擔。而郕王朱祁鈺時年二十二歲，風華正茂。于謙等眾大臣從國家社稷的角度考慮，更加傾向於擁立郕王朱祁鈺，這種想法也得到了皇太后孫氏的支持，下懿旨令朱祁鈺繼承乃兄皇位。朱祁鈺接到懿旨後，非喜而驚，躲在府中不肯出來接受。因為他知道，眼前國家處於極度危難之中，情勢不定，而英宗雖然被俘，或許還有返回的一天，那時情景如何，委實難測。這種情況下，于謙起到了關鍵作用。他向朱祁鈺指出，「臣等誠憂國家，非為私計」。一句話點醒了年輕的郕王，讓他意識到了自己身上所負擔的責任。於是，朱祁鈺不再推辭，於九月六日即皇帝位，遙尊英宗為太上皇，以明年為景泰元年，英宗長子朱見濬仍為皇太子。應該說，擁立朱祁鈺即皇帝位，是對明朝皇位

竹節鐵火炮

繼承制度的破壞，是對被俘英宗的背棄，但是在當時特殊的背景下，這種做法有其充分的合理性。畢竟，擁立朱祁鈺客觀上使得也先手中的英宗失去了籌碼價值，又使得明朝人心穩定，上下一致，有利於抗敵大局。可以說，于謙等大臣擁立代宗，是出於公心，跟歷史上常見的擁立皇帝以邀功的情況是大不相同的。景泰八年（亦即天順元年，1457）元月，明廷發生了一起政變，石亨、徐有貞等人趁景帝病重之機，擁立英宗復辟，是為「奪門之變」。當時，有一些官員請景帝復立沂王朱見濬（即憲宗）為太子，石亨認為「請復立東宮，不如請太上皇（英宗）復位，可得功賞」，遂與徐有貞等人密謀。陰謀已定，徐有貞跟他的家人分別時說：「事情成功了，就是社稷之利；失敗了，就有滅門之禍。我如果回來，就是人；如果不能回來，那麼我就是鬼了。」這話活現出官場投機者典型的賭徒心理，所謂的「社稷之利」不過是一個幌子罷了。「奪門」之後，石亨等人居功自傲，英宗也頗為不堪。大臣李賢提醒英宗說：「石亨他們以『奪門』居功，可這『奪門』二字怎麼可以流傳後世？皇位本來就是陛下的，如果是奪，那就是不正常的了。況且，幸虧當時成功了，萬一失敗了，石亨等人死不足惜，我實在不敢猜測陛下會有什麼下場。」英宗大悟，敢情石亨是拿自己下賭注來着，遂下令今後不許提「奪門」二字，也逐漸疏遠

石亨等人。可見，石亨、徐有貞等人的境界顯然不能跟于謙同日而語。正因于謙以社稷為重的氣魄，所以明人淩煜才寫詩稱頌他說：

> 鑾輿北幸國無人，保障須憑柱石臣。
>
> 不是于公決大議，中原回首盡胡塵。

國難之時登上皇帝的寶座，景帝不得不面對嚴峻的考驗。即位後，他主要做了兩件大事。

第一，重用于謙，保衛北京城。也先俘獲英宗後，犯了戰略上的錯誤。他沒有揮師直下北京，而是挾英宗至宣府、大同等北邊重鎮，企圖以英宗為餌索要錢財，賺得城池。但是守城官軍不開城門，也先的計劃落空。隨後他又率兵回到蒙古老營黑松林，十月初才糾合各部直趨北京。這在客觀上給了明朝喘息、調整的機會。當然，也先之所以沒有在俘獲英宗後直撲北京，也有他自己的考慮：一是因為俘獲英宗實屬意外，事先並沒有想到；二是當時蒙古軍隊兵分三路，也先擔心自己孤軍深入，又有宣府、大同威脅後路，十分冒險，不如退回老營，集合隊伍後再捲土重來。

在大明社稷生死存亡的關頭，景帝對于謙給予了充分的信任和支持。

鐵佛郎機子銃

而時任兵部尚書的于謙，也深知責任重大，毅然挑起了抵禦蒙古鐵騎、保衛北京的重擔。

經過土木堡之役，「京師勁甲精騎皆陷沒，所餘疲卒不及十萬，人心震恐，上下無固志」。于謙奏請將南北兩京、河南備操軍、山東及沿海備倭軍、運糧軍以及剿捕農民軍的明軍急馳北京增援，同時為了不讓糧草落入也先手中，下令將北京城東六十里的通州倉糧移入京城。然而通州倉積糧甚多，非大量人力、物力恐難在短期內搬運完畢。應天巡撫周忱建議令人自取，于謙奏請景帝准許文武京官、軍兵預支通州倉糧，令其自取，能夠多運者還給予白銀、布匹獎勵。如此，通州倉糧很快就運入京城。有了充足的糧食儲備，人心得以安定，也為不久的戰鬥做好了物資準備。

在如何進行北京守衛戰的問題上，出現了不同的意見。成山侯王通建議在北京城外挑建城壕以拒抗也先；總兵官石亨堅持堅守城池、閉門不出、以逸待勞的辦法；而于謙認為堅守不出則示弱於人，也先會更加猖狂。于謙的意見得到了景帝的支持。于謙遂分遣諸將率兵二十二萬分列於京師九門之外，命諸將皆受總兵官石亨節制，他自己身披甲冑親赴石亨軍中督戰。隨後，他下令關閉九門，以示有進無退、背水一戰的決心。此外，他還注意提高軍兵的士氣，「泣以忠義諭三軍，人人感奮，勇氣百倍」。

在安排京城防禦的同時，于謙還加強了北方重鎮的防務。宣府、大同是明朝抵禦蒙古進攻的最為重要的軍鎮，也是北京城的屏障。于謙十分重視這兩處軍鎮的防守，奏請景帝加封鎮守宣府總兵官楊洪為昌平伯，全權負責宣府的防務，並諭獎宣府巡撫右副都御史羅亨信。

當時宣府已是一座孤城，直接暴露在也先兵鋒之下。城內人心惶惶，有議棄宣府者，官吏軍民爭先逃脫。羅亨信仗劍坐在城門下，下令敢有出城者立斬，整飭軍務，嚴陣以待。鎮守大同者為郭登，是明初開國元勳武

定侯郭英之孫。由於總兵官劉安私自逃回京師，被彈劾下獄，郭登被任命為總兵官。大同城內軍兵多戰死，郭登弔死問傷，親自為受傷的戰士裹傷換藥，深得士兵擁戴。他日夜操勞，鼓舞將士奮力抵抗，稱「吾誓與此城共存亡，不令諸君獨死也」。

十月十一日，瓦剌軍兵臨北京城下，駐紮在西直門外。也先原本以為明軍不堪一擊，見到明軍嚴陣以待，未敢貿然進攻，而是採用被俘投降的明朝宦官喜寧的建議，聲稱是送英宗回宮，藉此試探明廷虛實。景帝及于謙等眾位大臣明知其中有詐，又不能怠慢英宗，只能派人朝見英宗。也先要求明朝派遣更高級別的官員前來談判，並大肆索要錢財。當時景帝和一些大臣猶豫不決，在動武和媾和之間徘徊。于謙則識破了也先威逼利誘和訛詐的手段，堅決主戰。景帝也放棄了幻想，充分備戰。

北京德勝門箭樓

十三日，也先率兵猛攻德勝門，準備一鼓作氣衝進北京城，不想卻陷入了于謙精心準備的埋伏中。原來，于謙發現幾名瓦剌遊騎曾到德勝門外窺探軍情，估計也先會選擇這裡進攻，於是在道路兩旁空房中埋伏軍兵。戰鬥開始時，他派少量騎兵佯敗，誘敵深入。待敵軍接近時，伏兵四出，瓦剌軍大敗。第一次交鋒，瓦剌損失慘重，也先的弟弟平章孛羅卯那孩被

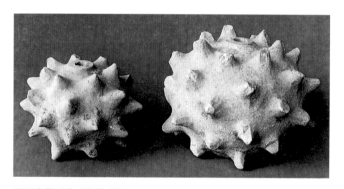

明軍作戰時使用的陶蒺藜

創身亡。隨後，也先又先後指揮瓦剌軍進攻西直門、彰義門等處，都被明軍擊敗。進攻持續了五天，瓦剌軍無一勝績，士氣大跌。也先見北京城在輪番攻擊下巋然不動，又擔心後路被斷，遂於十五日拔營北遁。楊洪、孫鏜等人又先後在霸州、固安等地乘勝追擊，奪回被掠人口一萬多人。十一月初八日，瓦剌退回塞外，北京保衛戰取得勝利。

北京保衛戰使得瓦剌受到沉重的打擊，此後也先再也沒有能力組織大規模的入侵行動。北京保衛戰形成了以北京為中心，以宣府、大同、居庸關為屏障的防禦體系，加強了北方防禦力量，有效地抵禦了蒙古軍隊的侵擾。明廷疆域內，人民獲得了安寧，生活和生產得到了切實的保障。

在北京保衛戰過程中，驟登大位的景帝在政治上也變得成熟起來。他在國家危難之際將人心惶惶的文武大臣團結起來，成功地保衛了北京城，保住了大明江山。他對於于謙，更是用人不疑，多次在重要問題上採納于謙的正確建議，君臣協力，挫敗也先的入侵。他還下令停止不必要的土木建築，省下來的費用用於備戰；即位之時，去掉了繁瑣的禮節和例行的恩賞，一切從簡；多次為北邊軍鎮添調軍馬，增加銀兩布匹，穩定了北方軍事防線。正是景帝的勵精圖治，為北京保衛戰的勝利提供了重要的保證。

第二，迎還英宗，安置在南宮。軍事入侵未能達到目的，也先不得不重新考慮如何對待英宗，因為他知道繼續利用英宗要挾已經無利可圖。如

果將英宗殺掉，則會導致明蒙關係徹底破裂，隨之而來的將是連年戰爭，邊境無寧日。倒不如主動請和，將英宗送還明朝，藉以修復關係，索要金帛。也有人認為也先此舉別有用意，寄希望於英宗與景帝爭奪皇位，明廷內亂，自己坐收漁翁之利。景泰元年（1450）五月，瓦剌知院阿剌遣使貢馬請和。其實，這是也先想要講和，自己又覺得恥辱，就私下讓阿剌遣使來試探明朝的態度。

景帝命厚賜阿剌，但態度十分強硬，「也先挾詐，義不可從。即阿剌必欲和好，待瓦剌諸部北歸，議和未晚。不然，朕不惜戰也」。六月，吏部尚書王直上疏請求派遣使者迎還太上皇，景帝以恐也先羈留使者為由未准。七月，王直再請迎還英宗。景帝不悅：「我非貪此位，而卿等強樹焉，今復作紛紜何！」是否迎還英宗，景帝心裡很矛盾。迎還，自己的皇位堪憂；不迎，天下人能答應嗎？正是在這種複雜的情緒下，景帝似乎對迎還英宗不是很積極。羣臣不知所措，只有于謙回答：「天位已定，寧復有他？言和者，冀以解目前而得為備耳。」景帝遂遣禮部右侍郎李實等人前往瓦剌講和，但敕書中只有講和而未提迎還之事。後脫脫不花可汗又遣使來京講和，景帝遣右都御史楊善等人出使，仍不提迎還之事。不久，李實等人返回北京，轉達也先希望明朝於八月遣使迎回英宗的意

明軍作戰時使用的石雷

見。景帝致信也先，稱：「所言送還大駕，實朕所願，果出誠心，就令楊善等奉迎還京，朕當永保和好，太師（指也先）其深省之。」八月初六日，楊善奉英宗南歸。

關於景帝迎還英宗一事，歷來存在不同的認識。有些人認為景帝貪戀皇位，不願迎還英宗。萬曆年間的于慎行《谷山筆麈》中說：「當時羣臣奉迎之請，景帝不欲也。」李贄《續藏書》也認為「景泰絕無迎太上皇之意」。然而也有些人認為景帝並非不想迎還英宗，這只是他與也先鬥智鬥勇的一種策略。王世貞指出：「己巳之役，不急奉迎太上，為景帝庇乎？不知太上所以得速還者，由不急迎也。」嚴從簡也認為：「上皇回鑾，固天命有在，亦人謀之。當時苟無于少保折衝禦侮，力引社稷為重、君為輕之義，主戰不主和，則

李贄像

送駕之日，已先墮虜彀中，和而不就始戰，戰而不勝則危矣。國事已去，安望其回鑾也！」景帝自己的一段話可以作為最好的注釋：「上皇是朕親兄，豈有不欲迎復之意？但虜情叵測，今彼以急來，我以遲去，蓋欲延緩牽制以探其情。如果出誠意，備禮而迎，固未為晚。文武羣臣累言未即許者，皆為此也。」

八月十五日，英宗到達北京，景帝命迎奉從簡。在一番謙讓之後，景帝仍居皇位，英宗被幽禁在南宮。在史料中，英宗幽禁之地有時又稱為延安宮、崇質殿，其實幽居之地整體上稱為延安宮，因在紫禁城東南角，又稱為南宮，其中的主要建築物為崇質殿。景帝擔心英宗復辟，加強了對南宮的防範。南宮有重兵看守，日常飲食都是從一個小窗口送進去。為了防

止英宗與外界聯繫，極少給與紙筆。景泰六年（1455）夏，景帝聽從太監高平的建議，為防止有人攀樹越牆，將南宮的樹木盡數砍伐。朝臣多次請求在元旦、壽誕之日赴延安門朝賀太上皇，景帝皆命免。

「奪門之變」含恨

在取得北京保衞戰勝利和迎還英宗之後，明朝沒有出現什麼大的危機，天下承平，景帝有了易立太子的想法。

「土木堡之變」時，景帝受命於危難之際，登臨大位，然而皇太后孫氏同時懿旨進英宗長子朱見濬為皇太子。也就是説，擁立朱祁鈺為帝，是在國難當頭的特殊情況下的一種權宜之計。按照明代皇位繼承的程序，英宗長子朱見濬才是合法的第一人選。明代實行嫡長子繼承制，太祖朱元璋很早就冊立了朱標為太子，無奈他在太祖生前就去世了。太祖並沒有在子輩中另覓人選，而是直接傳位給朱標之子朱允炆。成祖朱棣是通過「靖難之役」用武力奪得皇位。他雖然有過猶豫，但還是傳位於長子朱高熾。仁宗朱高熾傳位長子朱瞻基，宣宗朱瞻基傳長子朱祁鎮。如此，則在景帝朱祁鈺之前，只有成祖朱棣是通過血腥的戰爭取得皇位的，其他都是按照嫡長子制度傳遞的。當時孫太后及文武百官之所以擁立朱祁鈺為帝，主要是從國家安危的角度考慮的，正如于謙所言「臣等誠憂國家，非為私計」，同時冊立英宗長子而非景帝長子為皇太子，又保證了皇位正常的繼承順序，然而這種做法卻為景帝易立太子和隨後的復儲風波埋下了伏筆。

易立太子

太子朱見濬為太后孫氏所立，年紀尚幼又沒有什麼過錯，景帝想要廢掉他也不是一件容易的事。一次，他對司禮監太監金英説：「七月初二日，是東宮的生日。」金英馬上對答：「東宮生日是十一月初二日。」七

月初二日是景帝長子朱見濟的生日，十一月初二日是太子朱見濬的生日，景帝藉此從側面試探周圍人的意見。金英在內廷的地位很高，他的回答暗示不同意易儲，這也代表大部分人的態度。事實上，不但孫太后不會同意，就是景帝的皇后汪氏也反對易立太子。

太監王誠、舒良為景帝獻計，建議他籠絡朝臣，使他們轉變態度。景泰三年（1452）正月，景帝加王文、楊善太子太保銜。四月，他賜給內閣大學士每人黃金五十兩、白銀一百兩。至此，景帝易儲之意已眾所周知，部分朝官的態度也有所轉變。

這時，黃竑進呈「永固國本事」疏為景帝易立太子提供了契機。黃竑，廣西潯州守備都指揮，圖謀廣西思明府知府的位置，襲殺知府一家。事發，被捕入獄。黃竑為求解脫，派千戶袁洪到北京活動。袁洪聽說景帝欲易太子，覺得機會難得，遂以黃竑的名義上疏請易東宮。景帝見疏大喜過望，不禁感慨「萬里之外乃有此忠臣」，將黃竑等人釋放，晉升都督，並將疏文交朝臣討論。文武大臣猶豫不決，但無人敢反對，最後王文等人先後署名同意。四月二十四日，景帝命王直等十八位大臣兼支雙俸。五月初二日，冊立朱見濟為皇太子，改朱見濬為沂王，同時廢反對易儲的汪皇后，冊立朱見濟母皇妃杭氏為皇后。

復儲風波

一切似乎都在按照景帝設計的路線發展，然而景泰四年（1453）十一月卻發生了意外。當月，皇太子朱見濟因病夭折，史稱「懷獻太子」，而景帝尚無他子可立，這樣皇儲問題又被提了出來。皇儲事關重大，不僅關係到皇權的傳承，也關係到國家的安定，歷史上不乏因皇權更迭而產生的血雨腥風。

其實景帝更易太子，朝臣就不是非常贊同，只是懾於皇帝的威嚴沒敢

公開反對。懷獻太子剛死，大臣們私下就有復立原太子朱見濬的主張。這些流言傳到景帝耳中，他非常不高興，懷疑是孫太后和南宮英宗在背後支持。景泰五年五月，御史鍾同上疏論時政，提及請求復立太子事。沒過幾天，禮部郎中章綸也上疏請復沂王為太子，言辭更加激烈。他指責景帝皇位得於英宗卻對英宗十分冷落，在元旦等節日應該帶領百官朝謁英宗；原太子朱見濬是名正言順的皇位繼承

王直像

人，懷獻太子夭折是上天的警告，天命難違，應當復立太子。景帝見到這份奏章非常惱怒。當時天色已晚，宮門緊閉，景帝命人從門縫中傳旨，立即抓捕鍾同、章綸，下錦衣衛詔獄。錦衣衛的校尉使用各種酷刑，逼他們說出誰是幕後主使，是如何交通南宮的，二人被折磨得奄奄一息，但拒絕承認有人主使。七月，南京太常寺少卿廖莊上疏請求善待朱見濬，以備將來景帝無嗣時沂王即位，不報。次年八月，廖莊因母喪赴京師，在東角門朝見皇帝。景帝記起了他一年前的奏疏，十分生氣，當即廷杖八十。有人提醒是鍾同、章綸首先提起復儲的，景帝又命人將獄中的二人各杖一百，結果鍾同死在了獄中，時年三十二歲。章綸雖倖免於難，但被關在錦衣衛獄中，直到英宗復辟才被放出來。

從景泰五年五月到景泰六年八月，皇儲問題在明廷鬧得沸沸揚揚，掀起了一場小小的風波。自始至終，景帝就沒有復立英宗太子的想法，甚至以杖殺大臣的手段來鉗制人言。但是，景帝沒有做得更絕。歷史上為了爭奪皇位而對骨肉兄弟痛下毒手的史不絕書。例如，在景帝之前，有唐太宗

發動「玄武門之變」，殺害一兄一弟；在景帝之後，有清雍正帝對付其兄弟的手段極其毒辣，青史「留名」。景帝雖然也想保住皇位，但並不忍心對自己的兄弟和侄子趕盡殺絕。景泰六年七月，刑科給事中徐正上疏請求將沂王遷到他受封的地方，以絕人望，同時還要加強對太上皇英宗的看管。景帝非常驚愕，將他貶為雲南臨安衛經歷，後來又以小事將其謫鐵嶺衛充軍。只要競爭者在世一天，危險就存在一天，這是物理；不忍心殘殺兄弟，這是人情。景帝想兼顧物理與人情，然而這兩者對於皇室中人來說，似乎並不那麼容易兼顧。事情的發展正如徐正預料的那樣，英宗人望不絕，得以尋機復辟，而景帝的下場就沒有那麼美妙了。

「奪門」含恨

景泰七年（1456）十二月下旬，景帝病重。二十八日，景帝仍未康復，就下旨罷元旦慶賀禮。三十日，他無法到太廟祭拜，遣武清侯石亨代

行禮。景泰八年正月初六日，石亨代行太廟祭祀祖先。初九日，景帝勉強上朝，並準備十三日到南郊祀天地。然而，十三日景帝病情轉重，開始咳血，無法親祀，又讓石亨代行。大臣們見景帝病情沉重，不免擔心起來，景帝身邊的太監甚至暗示皇帝在世的時間不會超過十天。十四日，文武大臣商議上疏請景帝「早擇元良」，意思就是盡早確立皇儲。景帝下詔旨說自己只是偶感風寒，十七日將上朝。因

「大明景泰年製」銅鍍金款掐絲琺瑯雙耳熏爐

為「擇」字不是復立的意思，因此有人傳言朝廷已經派人迎接襄王世子去了，而不準備復立原太子朱見濬。

景帝果真是偶感風寒嗎？他時值壯年，為何病情如此沉重？有人認為太子朱見濟的夭折，以及隨後新冊立的杭皇后的病逝，對景帝打擊很大，長時間心情鬱悶，致使他身染重病。也有人認為，太子夭折後，他一直不復立朱見濬就是希望能夠早日得到皇子而立自己的皇子為太子，因此近女色太過，致使身體每況愈下。

武清侯石亨料到景帝將一病不起，又聽說十七日要選立東宮，認為機不可失、時不再來，遂會同徐有貞、曹吉祥、楊善等人於十六日夜打開南宮之門，抬太上皇英宗入奉天殿。十七日早朝時，群臣發現英宗已

「景泰年製」款掐絲琺瑯纏枝蓮鍍金龍耳瓶

經復辟了。這場復辟，就是前面提到的「奪門之變」。隨後，英宗改景泰八年為天順元年，並復立朱見濬為皇太子。

當景帝聽說英宗復辟的消息後，只是說了幾個「好」字，便不再說話。但據當時給景帝治病而日夜陪在景帝身邊的太醫董速說，景帝曾自歎是「無天之人」。從中可見景帝深深的失望之情。二月初一日，景帝被廢為郕王，沒多久就死掉了，年僅三十歲。關於景帝的死因，明朝人多避諱，如李賢《天順日記》、楊瑄《復辟錄》、尹守衡《明史竊》都是簡單

地記載為「薨」，並未指明具體原因。綜合各種言論，景帝之死有兩種説法：

病死説。《英宗實錄》裡從景泰七年十二月到景帝去世，一共記載了二十餘條有關景帝身體疾病的紀錄，渲染景帝病情之沉重，表明他的病情不斷惡化，最終不治身亡。

害死説。陸釴《病逸漫記》記載「景泰帝之崩，為宦官蔣安以帛勒死」。英宗復辟後，景帝雖然失去了帝位，身體卻逐漸康復。英宗對七年來被幽居南宮，耿耿於懷，怨氣難消，多次指責景帝「不孝、不悌、不仁、不義，穢德彰聞，神人共憤」。而且，他擔心發生在自己身上的復辟事情也會發生在景帝身上，於是命蔣安將景帝活活勒死，並毀掉景帝生前在昌平天壽山修建好的壽陵，將其安葬在西山。英宗同時令景帝的唐妃等眾嬪妃一律自盡，已故的杭皇后去皇后號，毀其陵，只有被景帝廢掉的汪皇后得以倖免。乾隆十四年（1749），乾隆為景泰陵立碑題詞，也認為景帝是被害死的。

最後，還需講講景帝去世後在明代官方歷史中的地位問題。景帝死後，英宗廢其帝號，賜諡號為「戾」，稱「郕戾王」。這是個惡諡，表示景帝終生為惡，死不悔

景泰掐絲琺瑯勾蓮紋花觚

改。成化年間，一些臣僚開始為景帝鳴不平，他們認為景帝危難之時受命，削平禍亂，使百姓安居樂業，功勞很大，卻諡以「戾」，很不公平。甚至有人責問，當時若非景帝即位，外敵如何得退，英宗如何得返？憲宗雖然曾被景帝廢去太子地位，但對這位叔叔的功績還是相當理解。幾經周折，憲宗下旨恢復景帝帝號，定諡號為「恭仁康定景皇帝」，在一定程度上承認了景帝的功績。但憲宗不太可能給景帝全面平反，所定諡號僅五字，而明朝其他皇帝的諡號都是十七字，景帝在規格上較其他皇帝為低，而且景帝還沒有廟號。直到南明弘光時期，才給景帝加上廟號曰「代宗」，並增加諡號到十七字。至此，景帝在禮儀規格上算是與明代其他皇帝平等了。他的歷史功績也稍稍為後人所知了。

朱祁鈺個人小檔案

姓名：朱祁鈺　　　　　　　　　　出生：宣德三年（1428）

屬相：猴　　　　　　　　　　　　卒年：天順元年（1457）

享年：三十歲　　　　　　　　　　謚號：景帝

廟號：代宗　　　　　　　　　　　陵寢：景泰陵（北京西郊金山口）

父親：朱瞻基　　　　　　　　　　母親：吳賢妃

初婚：十九歲　　　　　　　　　　配偶：汪皇后、杭皇后

子女：一子，一女　　　　　　　　繼承人：無

最得意：意外得到皇位　　　　　　最失意：身邊的人都不支持易立太子

最不幸：「奪門之變」中失去皇位　最痛心：自己的太子夭折

最擅長：支持于謙抵抗侵略

相關閱讀書目推薦

（1）王天有主編：《明朝十六帝‧代宗景皇帝朱祁鈺》，紫禁城出版社，
1999 年

（2）趙毅、羅冬陽：《正統皇帝大傳》，遼寧教育出版社，1993 年

憲宗朱見深

成化元年（1465）—二十三年（1487）

　　憲宗朱見深，初名朱見濬。在他三歲的時候，父親英宗朱祁鎮在與蒙古瓦剌部的交戰中被俘，他的叔父朱祁鈺繼承皇位，他被立為太子。但是，當他的叔父逐漸牢固地控制了政權之後，就改立自己的兒子為太子，而廢除了他的太子身分，改封他為沂王。在他十一歲時，父親朱祁鎮重新成了皇帝，他又成為太子。這一年，他改名朱見深。天順八年（1464），十八歲的朱見深繼承了父親的皇位，開始了他二十三年的統治，年號成化。他不像他父親那樣富有激情，喜歡冒險。他的性格安靜、謹慎、寬和，信任大臣。他性格中最仁厚的一面，表現在他對他的叔父景帝的態度上。成化三年（1467），一個名叫黎淳的官員請求追查當初廢除他太子之事，憲宗批答：「景泰事已往，朕不介意。」所以，清朝人修《明史》，說他「恢恢然有人君之度」。終成化一朝，除了南方廣西的瑤族叛亂、荊襄鄖陽山區的流民以外，政局基本平穩。所以，明朝人稱成化、弘治為太平盛世。其實，正如歷史學家孟森所言，成化時期朝政極其穢亂。只是因為祖宗積下的財富甚多，還不至於擾民，所以尚能稱作太平。據說，朱見深說話有嚴重的口吃，明人陸容《菽園雜記》記載，憲宗每次上朝，如果

准許大臣所奏之事，只說一個「是」字，以免出醜。因此影響了與大臣面對面地交流，也使他不願意上朝理政。這樣，很多事情需要通過身邊寵倖的人傳達旨意，也使他們有了干預朝政的可能。

具體而言，成化一朝朝政的混亂，多半是因為憲宗對貴妃萬氏、宦官汪直和梁芳的寵信所致；而朱見深所倡行之皇莊、傳奉官、西廠，亦是極大的弊政。

一個貴妃：萬娘娘

天順八年（1464）七月二十日，朱見深大婚。所謂大婚，就是專指皇帝的婚娶。朱見深當時娶的吳氏，是父親朱祁鎮選定的。據稱，由英宗朱祁鎮選定而育於別宮的女子有三名，即吳氏、王氏和柏氏。皇帝的婚事，

自然是隆重的。但是，僅僅還不到一個月，吳皇后就被廢。取而代之的是王氏，即後來的孝貞皇后。吳氏被廢背後的緣由，一直為人猜疑。一種說法是太監牛玉專恣，討厭太監牛玉的人想藉機奪去他的權柄，故挑動皇帝廢后。皇帝自己的說法是吳皇后「舉動輕佻，禮度率略」，且可能在冊立時牛玉有舞弊的嫌疑。然而，吳氏雖被廢，但「舞弊」的牛玉卻只是發配到南京的孝陵去種菜。迂腐的官員以為牛玉真是犯有欺君之罪，於是紛紛上疏說對牛玉的懲罰太輕。結果，朱見深將上疏的官員王徽、

「皇貴妃圖書」白石印

正說明朝十六帝

王淵、朱寬、李翱、李鈞貶到邊遠的州去做專管刑獄的判官。因此,「牛玉舞弊」的說法其實是不成立的。真正的原因是吳皇后得罪了皇帝寵愛的萬氏。

萬氏,小名貞兒,本是憲宗的祖母孫太后宮中的一名宮女,諸城人,四歲就選入宮中,長大後選往東宮服侍朱見深。萬氏比朱見深年長十七歲。朱見深十八歲即位以前,就與萬氏關係曖昧。有趣的是,朱見深一輩子對萬氏都非常寵倖。成化一朝的內宮,基本上是萬氏主宰,進而影響外廷的政治。

寵冠六宮

萬氏為人機警,身材豐滿,很會迎合皇帝的心意。據說每次皇帝遊幸的時候,她總是穿着戎裝,騎着馬為前驅,或佩刀侍立左右。相比六宮粉黛的柔姿弱態,身着戎裝的萬氏自然給朱見深一種新鮮感。也許,這是萬氏邀寵於朱見深的關鍵。不過,皇后吳氏初立時,大概是恨朱見深與萬氏的曖昧關係,竟敢以後宮之主的身分杖責萬氏。皇帝獲悉此事,便毫不猶豫地廢了吳皇后。繼立的王皇后,從中吸取教訓,對萬氏的態度比較友善,不大理會萬氏的橫行霸道。王皇后的明哲保身態度,以及皇帝對萬氏的寵倖,使萬氏成為成化朝後宮真正的主人。

成化二年(1466)正月,萬氏生下了皇帝的第一個兒子。朱見深非常高興,派人四處祭祀山川,封萬氏為貴妃。但是,萬貴妃所生的皇子不久便死了。此後萬氏再也沒有懷孕。萬氏雖然不能懷孕,但皇帝還是很喜歡她。俗話說,皇帝不急太監急。皇帝多年來沒有兒子,讓外廷的大臣們也着急。大臣們也許都聽說是萬貴妃在作梗,就上疏請皇帝「溥恩澤」,就是請求皇帝多寵倖宮中其他的嬪妃。成化四年秋,出現了幾次彗星。在古代,彗星的出現意味着不祥。於是,大學士彭時、尚書姚夔也上疏請求皇

帝擴大寵倖的範圍，以廣後嗣。皇帝表面上同意，但仍然專寵萬氏。所以，萬氏在宮中越發地驕橫。太監中誰違背了她的意思，就立即被趕出宮去。宮中的婦女一旦誰與皇帝發生關係並且懷孕的話，她就千方百計命人進藥湯，使其墮胎。賢妃柏氏生下一子，即悼恭太子，也為萬氏所害。後來的孝宗，若不是宮中的宮女、太監、廢后吳氏、周太后百般保全，恐怕也遭了萬貴妃的毒手。但是，即使這樣，憲宗朱見深對萬氏一直非常有感情。成化二十三年(1487)春，萬氏暴病身亡。憲宗非常傷感，歎道：「萬侍長去了，我亦將去矣！」輟朝七天，諡萬氏為恭肅端慎榮靖皇貴妃。

結納外廷

萬貴妃的驕橫，不但影響了成化一朝的內宮生活，而且還間接地影響到成化外廷。一些士大夫，不顧顏面，樂意與萬貴妃及其家人相結納。其中比較著名的是大學士萬安。

萬安，字循吉，眉州人，正統十三年進士。萬安此人雖無學問，做大學士期間只知道依從皇帝，被人稱作「萬歲閣老」——「閣老」是明人對內閣大學士的稱呼。「萬歲閣老」的名稱有個來歷。成化七年（1471），已經入閣兩年的萬安與另外兩名大學士彭時、商輅一同去面見皇帝議事。彭時和商輅向皇帝提出，京官的俸薪不宜削減，皇帝同意了。萬安在旁邊，立即叩頭高呼萬歲，弄得彭時、商輅也只得同時趴下高呼萬歲，之後退出。這麼一次精心安排的議政會議，大學士們本來是想要解決很多問題的，卻因為萬安這一聲「萬歲」，宣

白石「成化御書之寶」

告流產。而且，從此憲宗基本上不再召見大臣。此後，大學士尹直想得到憲宗的召見直接面談朝政問題，萬安勸阻道：「當初彭公請皇上召見，一句話不對勁，就立即叩頭稱萬歲，讓人笑話呀！我們每件朝政盡量做到知無不言，讓太監們選擇給皇上，比當面議政好得多呀！」竟然把當初自己演出的醜劇全部歸過於彭時。他最無恥的傑作，恐怕是在給憲宗的奏疏中大談房中術。孝宗見到這些奏疏，派太監懷恩向萬安問罪：「這可是一個大臣做得出來的？」萬安卻一點羞辱的感覺也沒有，只一個勁地叩頭，連辭職的場面話都不願說，所以當時的人譏諷萬安，說他「面如千層鐵甲，心似九曲黃河」。

作為一個政客，萬安肯定覺得自己最成功之處就是結交上了萬貴妃。本來，眉州在今四川眉山縣，諸城則在今山東諸城縣，兩地相距甚遠。然而，萬安卻費盡心機與萬貴妃聯宗，搖身一變成了萬貴妃的侄輩。萬貴妃則因為出身貧寒，正希望有一個士大夫來撐撐門面。於是，雙方一拍即合，成為同宗。更耐人尋味的是，萬貴妃的弟弟錦衣衛指揮萬通的妻子王氏，竟然有一個送給別人撫養的妹子成了萬安的小老婆！此後，萬安利用萬通妻子王氏出入宮廷的便利，探聽宮中虛實，並依靠萬貴妃的影響力一直安穩地做他的大

白石「成化皇帝之寶」

學士。只是，不曾令萬貴妃想到的是：她死後不久，孝宗即位，有人上疏要查辦曾經與萬貴妃交結的人，萬安就趕緊申辯說：「我和萬貴妃早就不來往了。」其實，也許正是萬安的無能與軟弱，才使萬貴妃的影響力沒有過度地在外廷擴散。不過，萬安只是一個油滑的小人，而不是一個十惡的

壞蛋。他做大學士時還做過一件好事，就是順應當時的情勢請求憲宗廢除了西廠。

圖謀易儲

成化一朝的儲位，是在成化十一年（1475）確立的。這一年的十一月，年僅六歲的朱祐樘被立為太子。之前的六月，太子的生母紀氏已經去世。紀氏是不是姓紀，也有疑問。據談遷《國榷》記載，紀氏「廣西賀縣人，中軍都督福斌女。……弘治初內庭言本出李氏，入宮時誤為紀，故遂稱紀氏」。按這種說法，紀氏真實的姓是李，父親名李福斌。不過，這些都只是弘治初的說法。弘治初，孝宗朱祐樘出於對生母的懷念，曾經四處尋找紀氏的族人。利之所在，眾之所趨，謠言也因此四起。然而，號稱嚴謹的《明史》既然主張朱祐樘生母姓紀，我們姑且也認做是紀氏。紀氏很小的時候就入宮，據說，成化初年的大藤峽之戰，政府軍隊俘獲了許多瑤族子女。其中面貌姣好的女子就送進宮中做了宮女。紀氏正是瑤族土官的女兒。紀氏聰慧，而且知書達禮，在宮中負責內庫的事務。後來，紀氏與憲宗一次邂逅，珠胎暗結，生下朱祐樘。之後的事情，就與許多的宮中陰謀版本類似，得寵的萬貴妃千方百計企圖加害紀氏，而宮中善良的太監如張敏、懷恩，以及被廢的吳后、宮女們則盡力保全。據說朱祐樘剛生下來的時候，頭頂有一寸左右沒有頭髮，乃是藥湯對胎兒的損傷所致，顯然還是遭了萬貴妃的毒手，只不過真命天子命不該絕罷了。朱祐樘在皇宮的一個偏僻之所（安樂堂）生活了六年，一直不敢公開露面，甚至連胎髮都不敢剪。在朱祐樘之前，憲宗已經有兩個兒子，一個是萬貴妃所生，早夭。另一個是柏妃所生，被萬貴妃害死了。因此，當憲宗朱見深從太監張敏那裡獲知朱祐樘的消息之後，非常高興。幾個月之後，就將他立為太子。但是，萬貴妃卻深懷怨恨。據說萬貴妃在憲宗認子之後，日夜哭泣說：「奴才們竟敢欺騙我！」接着，紀氏就死了。死的原因據明萬曆年間的一個老

社稷壇拜殿

太監說是自縊的。太監張敏也因為害怕萬貴妃的報復而吞金自殺了。明眼人一看就知，萬貴妃容不得這個孩子。於是，憲宗的生母周太后對憲宗說：「你還是把孩子交給我照看吧！」從此，朱祐樘就一直生活在祖母的仁壽宮中。有一天，萬貴妃說要請皇太子過去吃東西。周太后就對孫兒說：「孫兒你去那裡不要吃東西。」朱祐樘到萬貴妃那裡，萬貴妃給他食物，朱祐樘就說：「吃飽了。」萬貴妃說：「那喝點湯吧！」朱祐樘說：「怕有毒。」萬貴妃非常生氣，說：「這小孩子才幾歲，長大了還不吃了我？」一氣竟生起病來。這件事，自然對萬貴妃深有刺激。廢儲的事，也許就從此埋下了伏筆。成化二十一年（1485），憲宗發現內庫裡的金銀都花光了，就對當時的大太監梁芳、韋興說：「靡費帑藏，實由汝二人！」接着，皇帝又說：「我不追究你們，後人會責怪你們的。」兩個人聽後非常擔心，就攛掇萬貴妃把朱祐樘廢了，改立邵妃的兒子。這一年的三月，憲宗聽了萬貴妃的讒言，要將朱祐樘廢了。社稷壇拜殿司禮監掌印太監懷

151

恩苦諫，被貶到鳳陽守陵。幸好，時逢泰山連續地震，欽天監的人說應在東宮太子身上。憲宗認為，朱祐樘是天命的合法繼承人，打消了廢儲的想法。易儲一事雖然沒有成功，卻在另一個側面反映了萬貴妃對於成化朝宮中事務的影響，也反映了成化朝宦官的作用。

按照明朝的制度，只有皇帝和皇后死後才能葬於天壽山陵區，像萬貴妃這樣的妃子只能葬在西郊的金山。但萬貴妃死後卻被朱見深安葬在十三陵陵區，足見恩寵之深。今天在定陵西南約2公里處的蘇山腳下，有一占地約 2 萬平方米的陵園，即是萬貴妃墓。墓碑雕雲鳳紋，中間一「卍」字，既表明墓主「萬」姓，且寄吉祥之意，真是寵盡於身後！明末的沈德符曾感歎地說：「婦人以纖柔為主，萬氏身體肥胖，與纖弱相反，而獲異眷，就像楊玉環得寵於唐明皇一般！」

兩個宦官：汪直與梁芳

明代的皇帝實際上從太祖開始，就基本上接受「宦官官僚政治」的思想。歷史學家黃彰健在1961 年曾指出，明太祖使用識字的宦官並在宮外的

《明憲宗元宵行樂圖》

太廟正殿

政府中委以重任，而明史中反覆提出的禁止宦官干政的「鐵牌」其實根本不存在。明成祖的時候，宦官執行任務的範圍明顯擴大，例如鄭和就是明代歷史上最著名的宦官。英宗時王振專權，首開明代宦官專權的亂局。成化朝則出現了宦官官僚政治進一步發展的情況，而且宦官專權與特務政治進一步結合，特務組織成為宦官專權的利器。成化二十一年（1485），一位都察院官員上疏，抱怨宦官的數目已經突破了一萬人，成為巨大的財政負擔。當然，宦官所帶來的財政負擔對於朝廷和士大夫的威脅是次要的，真正對士大夫構成威脅的是宦官亂政。成化一朝專權的宦官，基本上都是依靠萬貴妃起家的。汪直、梁芳、錢能、覃勤、韋興等人，都是萬貴妃的私臣。他們總是藉萬貴妃修建寺廟的名義，在外大斂民財，一面貢獻給萬貴妃，一面揣進自己腰包。這些人中專權而能亂朝政的，是汪直與梁芳。

與憲宗的妃子、孝宗朱祐樘的生母紀氏一樣，汪直入宮也是成化初年大藤峽一戰的副產品。他也是瑤族人。在明代歷史中，汪直可能是繼英宗朝王振之後又一個著名的專權者。他的生活，可以分為三期。早期是侍奉萬貴妃的小太監，在昭和宮裡當差，慢慢地升為御馬監太監，做了一個管御馬、進貢馬騾的七品內官。中期是成化十三年（1477）至成化十八年，期間汪直的身分是提督西廠。這是他權勢最盛的六年。晚期是成化十七年

憲宗將汪直閒置在邊陲，然後再把他放到了南京的御馬監這一段時間。實際上，汪直干預政治，也就是提督西廠的六年。關於西廠，我們稍後再談。這裡先談汪直的為人。據《明史》說，汪直的主要特點就是「為人便黠」。「便」通「辯」，也就是花言巧語、阿諛奉承的意思。「黠」是狡猾的意思。單「便黠」二字，就可見汪直的性格。《明史》對汪直性格的描述還有一點，乃「年少喜兵」。他最喜歡做的事情，除了做特務之外，大約就是領兵打仗了。當然，太監在軍隊中的職務一般是監軍。他曾經領着京城十二團營的軍隊遠征。團營是景帝時期開始創建的京城精銳部隊，能控制這樣一支軍隊，足以說明汪直的威勢。不過，也許正是喜歡領兵的毛病，使他遠離了皇帝，也遠離了他賴以專權的依託。成化十七年（1481），遠征的汪直請求班師，對汪直越來越不感興趣的憲宗叫他繼續去宣府禦敵，過不久又讓他去大同巡邊，卻把軍隊全部撤回。之後，汪直就再也沒有回到皇帝的身邊，而是直接發配到南京御馬監。其實，汪直的性格，還有很多層面，例如他的驕橫。據《皇明世說新語》說，汪直每到一個府、縣，當地的官員都得跪着迎接，竭其所能地招待他，一旦有什麼不周的地方，汪直就會這樣問：「爾頭上紗帽誰家的？」有一次，汪直的問話得到一個很恢諧的答案。一個縣令說：「某紗帽用白銀三錢，在鐵匠胡同買的。」汪直大笑，也沒有責怪那名縣令。從這件事看來，汪直並不是一個無賴，起碼還是懂得一些情趣的。汪直性格中的優點，人們知道得很少。也許是因為汪直是一個宦官，所以人們不願意提他的優點吧。據說，汪直曾經到江南，聽說紹興楊繼宗是個品行很高的官員，就前往拜會。汪直見了楊繼宗後，說：「人們都說楊繼宗，卻不料長得這麼醜陋。」楊繼宗冷冷地回答說：「我雖醜陋，卻還不至於損傷父母給我的身體。」汪直沒有吭聲。楊繼宗這句話，意在譏剌汪直是一個閹過的太監。後來，憲宗問汪直：「朝覲官中誰最賢明？」汪直回答說：「天下不愛錢者，唯楊繼

宗一人耳！」於此可見汪直之大度。

汪直專權的利器是西廠。我們可以開句玩笑，汪直專權的利器還有「兩鉞」（鉞，古代兵器）。這個玩笑的製作者是憲宗身邊的一個小丑。古時宮廷中常蓄養一些俳優，專供皇帝娛樂，所表演的節目都是自己創作的，其中有些還諷刺時事，類似現代的小品。憲宗身邊就有一個名叫「阿醜」的小太監。有一次阿醜奉命為憲宗表演。阿醜就表演一個喝醉酒的小太監撒酒瘋。小太監喝醉了酒，正撒着酒瘋，旁邊人告訴他說：「皇上來了。」小太監根本不理睬。旁邊人又說：「汪太監來了。」小太監立即避走，邊走邊說：「今人但知汪太監也。」接着，他又扮演汪直，操着兩柄「鉞」來到皇帝身邊，說：「我帶兵全仗此兩鉞。」旁人就問：「你的鉞是什麼鉞呀？」阿醜說：「王越、

建于成化九年（1473）的北京真覺寺金剛寶座塔

陳鉞。」憲宗聽了這樣的笑話，自然是開懷一笑，但笑過之後呢，大概也有所省悟。因為所謂王越、陳鉞，實際上是指交結汪直的兩個大臣。王越，字世昌，直隸濬縣人，景泰二年（1451）進士。他雖然是一名文臣，但卻很能打仗，從成化初年起就在河套地區抵禦蒙古韃靼部的戰爭中立下

赫赫戰功，後緣韋瑛而結識汪直，成為汪直的莫逆之交。王越與汪直的關係，被後人視為其品格上的污點。《明史》雖肯定「邊臣未有如越者」，也惋惜他「躁於進取，依附攀緣」。陳鉞，字廷盛，直隸獻縣人，天順元年（1457）進士。與王越一樣，陳鉞也是一個負責邊疆防衛的大臣。王越負責的是西北河套一帶的防務，而陳鉞則負責東北遼東一帶的防務。他做遼東巡撫的時候，汪直巡邊至遼東。他歡迎的場面非常大，自己匍伏迎接不算，酒席也辦得很豐盛，並且重賄汪直左右隨從人員。其實，當時巴結汪直的大臣又何止「二鉞」。據說汪直巡邊時，負責邊疆防務的巡撫都御史們往往出城二三百里迎接，「望塵跪伏」。汪直住下來後，官員們則「小帽曳衫，唯走唯諾，叩頭半跪，一似僕隸」。有一次，尚書尹旻請王越將他介紹給汪直，私下問王越說：「見到汪直後，要跪嗎？」王越說：「哪裡有六部尚書還朝別人下跪的？」尹旻不放心，派人偵察王越見汪直的情景，發現王越竟是跪在汪直牀下說事的。後來，尹旻與王越去見汪直，一見到汪直就立即跪下參見。出來時，王越怪尹旻不聽他的話。尹旻說：「我見別人是跪的，我不才，只不過是學別人罷了。」此一事，足見汪直之氣勢，亦可以看出當日士大夫之無恥。成化十四年（1478），竟還有一個名叫楊福的江西人偽稱汪直，糾集一班無賴扮演校尉，從蕪湖一路招搖撞騙至福州，嚇得沿途官吏屏息聽命。汪直本人，後來也逃過了懲罰，壽終正寢。在明代專權的宦官中，他可能算是最幸運的一個。

梁芳在成化一朝，雖然不如汪直那般有權勢，但卻在另一個方面破壞了朝廷的正常秩序。汪直的權勢，是籠罩於成化一朝政治、軍事領域，而梁芳的惡劣，則主要是在經濟上的揮霍與糜費錢財及引用佞倖小人。也許可以這樣說，汪直愛權，而梁芳愛錢。梁芳知道，要得寵於憲宗，最好能得到萬貴妃的信任。所以，梁芳與其親信韋興，不斷地將珍珠、奇貨、寶物貢獻給萬貴妃。然後，又利用為皇宮採辦宮中奢侈品的

藉口出京，在地方大肆搜括，還利用憲宗對道教和佛教的迷信，修建宮觀廟宇，從中貪污。例如，拓建永樂朝所建的顯靈宮，改名為大德顯靈宮。據說，在梁芳的揮霍下，內庫中前幾朝累年積蓄下來的七窖金子都花光了。所以，從成化一朝的歷史來看，其揮霍程度也是很驚人的。之所以沒有出現像明代後期那樣的赤字，正如學者孟森説，只不過是「前數代之遺澤，一朝不易枯竭

憲宗朱見深

商輅像

耳」！梁芳為了弄到更多的錢，甚至開始賣官鬻爵。像李孜省、僧繼曉這樣的佞倖之徒，都是梁芳引進的。李孜省最初是江西布政司的吏員，由於貪贓被削職為民，卻因為學習過五雷法這樣的方術，而受憲宗寵倖。僧繼曉據説知道「祕術」，他靠着梁芳的引薦得到了皇帝的信任，使憲宗迷信佛教，並誘使憲宗在西市建大永昌寺。據説，建寺一項費銀十萬，遷移居民幾百家。尤其荒唐的是，僧繼曉的母親是一個娼妓，繼曉竟然請求皇帝旌表他的母親，而皇帝也下令不需審核，直接就為他的母親立起了牌坊。甚至，皇帝還經常將宮中的宮女賜給繼曉，供其淫樂。終成化一朝，梁芳始終得寵於憲宗。孝宗即位以後，梁芳才被謫居於南京，不久下獄。

三椿弊政：西廠、皇莊、傳奉官

　　成化一朝，弊政甚多，其中為害較大且對明代後來的歷史發生重大影響的，莫過於西廠、皇莊和傳奉官三事。西廠作為典型的特務機構，人們

多少有些了解。至於皇莊與傳奉官，人們也許還比較陌生。但是，從一個王朝的整體看來，西廠充其量不過是東廠的克隆罷了，而皇莊與傳奉官卻在經濟基礎和政治制度兩個層面開了惡劣的先例。

西廠

　　孟森說，東廠和西廠「為明代獨有之弊政」。與東廠一樣，西廠也是一個特務組織，始立於成化十三年（1477）。設立的地點就在西城靈濟宮前面的一家灰廠內。

　　憲宗為什麼要在東廠之外再設立西廠呢？據說是憲宗覺得要知道外面的事情，單有一個東廠遠遠不夠。事情還得從成化十二年說起。這一年七月，京師捕獲「尼妖」。有的說法說妖人名叫「李子龍」，借助宮內太監鮑石、鄭忠的幫助進入內府，登萬歲山觀望，圖謀不軌。總之，妖人抓住後，皇帝派太監汪直在灰廠審訊此事，隨後就乾脆在灰廠新立了一個特務機關即西廠，由汪直提督廠事。汪直是很有點特務才能的，據說他能夠化裝成平

商輅全集

民百姓往來於京城之間，「布衣小帽，時乘驢或騾，往來京城內外，人皆不之疑」。京城內外，大政小事、方言巷語，他都能一一向皇帝彙報。西廠正式成立後，汪直借用錦衣衛中的力量，在全國範圍內展開了他的特務

網路,「自諸王府、邊鎮及南北河道,所在校尉羅列」。西廠的特務人數,在當時比東廠要多出一倍。東廠的太監尚銘,也不得不俯首聽命於汪直。因此,西廠氣焰非常囂張,成立的當年就連興大獄,逮捕了郎中武清、樂章、太醫院院判蔣宗武、行人張廷綱、浙江布政使劉福、左通政方賢。明代各省的左、右布政使是從二品,品秩相當高,然而西廠卻可以不經皇帝同意就擅自抄捕。這種情形讓當時的大學士商輅、兵部尚書項忠忍無可忍。商輅向憲宗建議撤銷西廠,主要的理由就是擅抄沒三品以上京官。其疏中還有這麼幾句話,可以讓我們想見當時西廠對正常的政治秩序的破壞:「自直用事,士大夫不安其職,商賈不安於途,庶民

壽山石「玄都萬壽之寶」

不安於業。」孟森曾說東廠、西廠這樣的特務機關只是凌蔑貴顯有力之家,尚未至得罪百姓。可是,《明史》中就提及汪直的西廠對於民間打架鬥毆、雞狗之類的小事,也處以極重的刑罰。看來,商輅所說的「庶民不安於業」並非誇張。當然,對此皇帝有自己的看法。憲宗接到商輅的奏疏,說:「用一個宦官,哪裡就至於這樣呀?」但終於拗不過商輅的堅持,加上兵部尚書項忠也上書請求撤銷西廠,因此於成化十三年(1477)五月撤銷西廠,汪直回御馬監辦事。但是,同年六月,商輅和項忠就先後被罷免,西廠又恢復了。這一恢復,就一直到成化十八年汪直失寵以後撤銷為止。總共計來,西廠在成化朝的歷史上存在了五年零幾個月。

　　成化朝的西廠,一方面擴大了明代特務的職能與偵察範圍,偵察的地點不限於都城、地方,而遍及南北邊腹各地,這是此前的東廠所沒有的;

另一方面，憲宗之設西廠，無疑加強了皇帝對於特務組織的偏愛心理。後來的武宗，也就是憲宗的孫子，就效仿他祖父的做法，非但重建西廠，還增設了內行廠。特務組織的存在，使原本屬於廝役之流的旗尉，得以肆意凌辱大臣，也算是明代的創舉了。

皇莊

《菽園雜記》裡對皇莊有一段記載：「前代賜諸侯有湯沐邑，賜公主有脂粉田，而皇莊則未聞也。今所謂皇莊者，大率皆國初牧地及民田耳。歲計之入，有內官掌之，以為乘輿供奉。然國家富有天下，尺地莫非其有，倉廩府庫，莫非其財，而又有皇莊以為己有，此固眾人所不識也！」這段話明白地表示出對設立皇莊的疑惑。大意是說，前代雖然有湯沐邑、

壽山石「紫極真仙之寶」

脂粉田之類賜給公主、王侯的莊田，但還情有可原，然而「普天之下，莫非王土」，皇帝為什麼還要設皇莊作為自己的私產呢？從這一點來看，明代皇帝對於錢財的追逐，顯然有一種變態的心理。從明代中期設立皇莊，到明代後期派太監充礦監、稅監，目的都是為皇室搜刮更多的錢財來滿足宮中奢侈的生活。「皇莊」之名，始於憲宗朱見深。天順八年，朱見深沒收宦官曹吉祥在順義的田地，設為「皇莊」。但是，明代皇莊的出現，可能更早。例如，仁宗朱高熾就曾有仁壽宮莊、清寧未央宮莊，英宗朱祁鎮為諸子設立東宮、德王、秀王莊田。而朱見深的做法，無疑使皇莊的設立名正言順，從而使皇室搜括土地的風氣進入一個高

潮。不過，皇莊並不單是皇帝一個人的莊田，而是包括皇帝本身、后妃、皇太子及在京諸王的莊田，也就是皇帝及其妻、子的莊田。因此，皇子若分封後離京去了封地，在封地取得的田地就不算是皇莊了。

　　皇莊的設立，其實是開了明代土地兼併的先河。朱見深的皇莊，很快就遍布順義、寶坻、豐潤、新城、雄縣等處。到他的兒子孝宗弘治二年（1489）的時候，在京畿內的皇莊有五處，面積達一萬二千八百頃。而他的孫子武宗朱厚照即位一個月內就在大興縣設皇莊七所，並陸續發展到昌平、真定、保定等地，十年內使皇莊的面積達到三萬七千五百九十五頃零四十六畝。上行下效，皇帝既然帶

成化五年賜撫寧侯朱永的鐵券

頭兼併土地，藩王、勳戚、宦官也紛紛請求皇帝賜給土地，於是有所謂的王田、官莊。據說，到弘治十五年（1502），全國官田的面積達到民田的七分之一。土地兼併無疑激化了社會矛盾。例如，在京城附近的皇莊設置，就直接導致了正德年間河北霸縣的劉六、劉七起事。而且，在皇莊內，土地所有權與司法權、行政權相結合。皇莊的管理非常混亂，一般都是派宦官去掌管的。宦官帶着一旗校，再豢養着一幫無賴，「占地土，斂財物，污婦女」，無所不為。由皇莊引發的社會問題，得到一些官僚士大夫的注意。所以，嘉靖初年曾在表面廢止皇莊，改稱官地，但不過是換湯不換藥。因此，憲宗設置皇莊的做法，無疑是與民爭富，是在毀壞王朝統

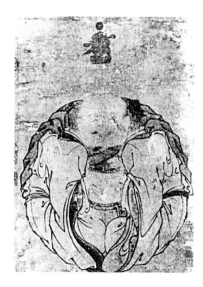

憲宗繪《一團和氣圖》

治的經濟基礎。

傳奉官

天順八年（1464）二月，即位不到一月的朱見深下了一道詔令，授予一位名叫姚旺的工人為文思院副使。《明史》對此的簡要記載是：「二月庚子，始以內批授官。」這便是「傳奉官」之始。

「傳奉官」是當時人稱呼那些不經吏部，不經選拔、廷推和部議等選官過程，由皇帝直接任命的官員。很明顯，這違反了正常的手續，只是為了滿足皇帝或者後宮中某個妃嬪或宦官的願望。這一舉措對制度的破壞，帶來了三個後果：第一，從此，皇帝視官爵為私物。只要皇帝喜歡，他可以隨意地任用官員，從而破壞了皇帝與官僚士大夫之間的平衡。憲宗自己，往往一傳旨就授官百數十人。對於士大夫們來說，官爵原是「天下公器」，皇帝這樣的行為，無疑將官爵變成了「人主私器」。第二，傳奉官既然是由皇帝直接任命的，也就說明其中大部分人是無法通過正常渠道獲得官職的。對於一個文官政府來說，混雜了一大批出身於軍人、僧道、工匠、畫士、醫官的官員，政府的文化認同性必然產生問題，政府運作中的衝突必然加劇。而傳奉官多數是一些佞倖之人，靠着結交宦官或者行賄的手段取得一官半職，他們的在職也就大大地敗壞了吏治。第三，既然傳奉官由宮中旨意直接傳授，而又不需要經過吏部覆核，掌握宮中大權的嬪妃及太監就可以藉皇帝之名，大行私利，賣官鬻爵。據說，梁芳取中旨授

官，累計達一千人。傳奉官的泛濫，引起了許多官員的不滿。成化十九年（1483），御史張稷上疏，談及傳奉官給朝政帶來的混亂：「末流賤伎妄廁公卿，屠狗販繒濫居清要；文職有未識一丁，武階亦未挾一矢。……自古以來，有如是之政令否也？」官員們紛紛請求淘汰傳奉官員。憲宗雖然有時也偶而淘汰一些傳奉官，但是總體上是傳授的比淘汰的多。這種情形，直至成化二十三年孝宗即位後大力裁汰冗官，才得到一些改變。但是，好景不長，孝宗後來與他的父親一樣，也喜歡通過內旨授官，在弘治十二年（1499）曾一次傳奉匠官張廣寧等一百二十人，再傳少卿李綸等一百八十餘人。由憲宗創造的傳奉官本是一個對制度的破壞，但因能滿足歷代皇帝任用私人的願望，竟成了制度！

我們讀完前面的三節，自然要以為成化朝是毫無可取之處了。其實不然，這裡還要指出成化朝的幾個亮點。第一個亮點是成化一朝中對於荊襄流民的安置，第二個亮點是成化朝的文化。

荊襄流民是元代以來困擾中央政府的一個大難題。荊襄流民主要集中

明中期《皇都積勝圖》

163

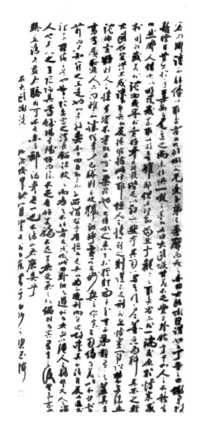

陳獻章草書

在今天的鄖縣地區。該地萬山環繞，又處於湖廣、陝西、河南三省交界處，在元、明時是一個三不管地區。每過災荒、戰亂，這一帶常常聚集近百萬的流民。成化年間對流民的重視和安置，是因劉通、石龍起事而起。政府在鎮壓了農民起事之後，任命原傑安撫流民，並設置鄖陽府，將流民用戶籍的形式固定在當地，又設置鄖陽巡撫，一勞永逸地解決這一難題。

文化方面，成化一朝有兩位著名的學者，胡居仁和陳白沙。在明代，能夠從祀孔廟的學者僅有四人，即薛瑄、胡居仁、陳獻章和王守仁，而成化朝就占了兩位。陳獻章就是陳白沙，字公甫，號石齋，家在廣東新會白沙里，所以當時學者尊稱他白沙先生。他是明代心學的先驅，詩也寫得很好，錢穆稱他是明代詩歌的「蜂腰」。他的「靜中養出端倪」，最能體現一個學者心平氣和、妙悟玄理的雍容。

我們看成化朝，非但要看到貴妃，看到宦官、佞倖與弊政，也當看其善政及其輝煌的一面。

朱見深個人小檔案

姓名：朱見深（初名見濬）　　**出生**：正統十一年（1447）

屬相：兔　　**卒年**：成化二十三年（1487）

享年：四十一歲　　**在位**：二十三年

年號：成化　　**謚號**：純皇帝

廟號：憲宗　　**陵寢**：茂陵

父親：朱祁鎮　　**母親**：周貴妃

初婚：十八歲　　**配偶**：吳皇后、王皇后

子女：十四子，五女　　**繼位人**：朱祐樘

最得意：西廠之設　　**最失意**：景泰朝時由太子降為沂王

最痛心：萬貴妃之死　　**最不幸**：幼時父親被俘

最擅長：傳奉授官

相關閱讀書目推薦

（1）王天有主編：《明朝十六帝・憲宗純皇帝朱見深》，紫禁城出版社，1999 年

（2）刁書仁、趙興元：《成化帝》，吉林文史出版社，1996 年

孝宗朱祐樘

弘治元年（1488）—十八年（1505）

　　自公元1488年至1505年，為明代弘治年間。在位的皇帝是孝宗，名朱祐樘，乃憲宗第三子。他十八歲即位，三十六歲去世，在位十八年。弘治一朝，既無權臣、宦官或後宮的專權，也很少弊政。所以，弘治朝在明代歷史上被稱為政治最賢明的時期，孝宗也被史書描繪成一位賢君。晚明學者朱國楨就說：「三代以下，稱賢主者，漢文帝、宋仁宗與我明之孝宗皇帝。」《明史》對孝宗的評價也很高，稱他「恭儉有制、勤政愛民」。孝宗的勤政、寬容、尊禮儒臣、體恤民生，使他贏得了儒家士大夫的一致好評，被視作明代歷史上最符合儒家倫理的君主典範。他接受士大夫們的勸諭，並盡可能遵照他們的要求行事，因此，也有人將他比作周成王，意在指他能夠聽從周公（儒家士大夫以周公自比）的輔導。從個人修養來看，孝宗並不像他的父親一樣，一味迷戀佛、道與房中術，而是在詩、琴、畫上造詣頗深。在治國方面，孝宗任用大臣、修明制度、體恤民情，創造了一個明代歷史上的中興盛世，國力富強，人文鼎盛。

良好的個人修養

　　孝宗的個人修養，首先得益於他較早地合法取得了皇太子地位。他六歲就被父親憲宗立為太子。九歲的時候，就出閣講學了。皇太子出閣講學，是接受正規教育的開始。擔任教育職責的官員一般都是學養深粹之人。例如，擔任朱祐樘的講讀官中，就有彭華、劉健、程敏政等人。彭華是江西安福人，依附萬安，品行不是很好，但畢竟是景泰五年的狀元；劉健是河南洛陽人，與明初的理學大師薛瑄的弟子閻禹錫、白良輔一起學習，據説是「得河東薛瑄之傳」的；程敏政是南直隸徽州府休寧縣人，十歲被人稱作神童，薦入翰林院讀書。當時輔導東宮太子讀書的人中，學問最淵博的就算程敏政了。單舉這三個人，就可以知道憲宗對於皇太子教育的高度關注。皇太子一旦出閣講學，之後除了大風雨雪天氣以及酷熱與嚴寒，每天都必須舉行講讀。講讀的內容是「四書」以及經、史。一般的形式是上午先讀，下午再講。講讀的地點，當時是在文華後殿。除了讀書之外，皇帝還必須練字，由專門的侍書來輔導，春、夏、秋三季每天寫百字，冬天每日寫五十字。因此，從某種意義上來説，是集天下之英才來對皇太子

文華殿

167

壽山石「文華殿寶」

進行教育。所以，孝宗從九歲出閣講學到十八歲即位，整整接受了非常正規的九年教育。

除了大臣對孝宗的教育外，據說宮中太監覃吉對他的影響也很大。孝宗九歲時，老年的覃吉每天給太子口授朱熹的《四書章句》。有一次，年幼的朱祐樘從別的太監那裡得到一本佛經，正讀的時候，覃吉來了。小太子嚇得連聲呼叫：「老伴來矣！」拿起《孝經》就裝樣子讀。覃吉跪下問：「太子在讀佛經嗎？」朱祐樘說：「《孝經》。」覃吉說：「那就對了，佛經荒誕，不可讀。」所以，《明史》說：「弘治之世，政治醇美，君德清明，端本正始，吉有力焉！」

正是在宮中、外廷的雙重教育之下，年輕的朱祐樘才不致於像後來的明代帝王那樣淫佚放縱。當然，按照古代對於皇帝的神化宣傳，朱祐樘天性就是一個賢明的君主。據說，喪母時的朱祐樘雖然只有六歲，卻會「哀慕如成人」。幼年失母，對孝宗影響深遠，也許孝宗後來的善良、溫和、寬容，除了儒家的教育之外，還源於幼年時弱者的心態。在處理萬貴妃一事上，最能體現孝宗的寬容。儘管傳說母親紀氏是被萬貴妃害死的，但是當他即位後一位官員上疏要求懲辦已死的萬貴妃及其族人的時候，孝宗認為這樣的做法是違背先帝意願的，不願接受。

有趣的是，照儒家的教育，尤其是明代重視理學的氣氛下，皇帝所具備的學識應當集中於對倫理的把握和對歷史的領悟，而不是詩文、書畫、琴瑟之類的小技。但是，在明代皇帝中，儘管孝宗在遵守儒家倫理上做得

是最嚴謹的了，卻不願放棄他對於藝術的愛好。我們翻開《明史‧藝文志》，可以看到孝宗曾撰《詩集》五卷，可惜未能流傳下來。明末清初的大學者錢謙益，編寫有《列朝詩集》。其中明代部分就收入孝宗的一首《靜中吟》：

> 習靜調元養此身，此身無恙即天真。
> 周家八百延光祚，社稷安危在得人。

坦率地說，詩寫得並不好，前兩句還有些道家養身術的氣韻（弘治後期朱祐樘也開始迷戀齋醮、符籙），但後兩句最合儒家學者「文以載道」的口味。據錢謙益說，該詩是從弘治朝大臣李東陽的《麓堂集》裡摘抄出來的，並且連帶着將大詩人李東陽的讚詞一併抄了下來，其中幾句說：「大哉王言，眾理兼有，惟德與功，為三不朽。」中國古代有「三不朽」的說法，指立德、立功、立言。孝宗既有詩集，真能合三不朽的美譽了。只因詩中還提到「周家八百延光祚」，所以使錢謙益還想到另外的比附：孝宗不單可以比作漢文帝、宋仁宗，還是周成王——「孝宗皇帝，本朝之周成王、漢孝文也」！

除了在詩歌方面的興趣，孝宗對於繪畫、彈琴也很喜愛。清人姜紹書所著《無聲詩史》中就提到孝宗愛好繪畫與琴道的事情。書中說，孝宗「萬幾之暇，間亦好琴」。在士大夫們看來，皇帝喜歡樂曲，恐怕將來會滑入貪圖享受的深淵。因此，一些

「文彩雙鴛鴦」墨

專門負責糾察朝政的言官們紛紛上疏，勸說孝宗不要耽於聲樂，而要把更多的精力放在修養身心之上。孝宗總是表面上接受，私下裡卻對旁邊的太監們說：「彈琴何損於事？勞此輩言之。」意思是說，彈琴與政務又有什麼衝突呢，要你們多嘴。他本人對言官的勸諫雖不以為然，卻也不以為忤，這表現了他寬容的一面。他還盡可能地避免來自士大夫們的批評。例如，他擅長繪畫，宮中也有許多畫師。有一次，他賜給畫師吳偉幾匹彩緞，害怕大臣們知道後議論，就對吳偉說：「急持去，毋使酸子知道！」孝宗之所以受到儒家士大夫們的一致稱頌，主要在於他始終在表面上給士大夫們留下充足的情面。

踐行一夫一妻制的皇帝

明末清初的思想家黃宗羲曾寫過一篇專門批評專制君主的文章《原君》，其中有「離散天下之子女，以奉我一人之淫樂」。大概中國古代的成年皇帝，很少有不淫佚的，大都三宮六院，嬪妃成羣。明代的皇帝尤其如此。但有一個明代皇帝例外，那便是孝宗朱祐樘。有人說，他可能是中國皇帝中唯一一個實行一夫一妻制的帝王。他的一生中只有一個皇后，而且沒有其他嬪妃。

皇后張氏，興濟（今河北滄州市北）人。按照明代中期以後選后的制度，皇后一般都出身於平民之家。張氏的父親張巒，原只是一個秀才，以鄉貢的名義進入國子監，也就是說從地方學校保送進了國立最高學府讀書，成為國子監生。張氏出身於這樣的家庭，家教自然不錯。成化二十三年（1487）二月初六日，張氏與時為皇太子的孝宗成婚。同年九月，張氏被正式立為皇后。張皇后在弘治四年（1491）九月二十四日生下皇長子朱厚照，即後來的武宗。朱厚照一生下來，面貌非常清秀，「粹質比冰玉，神采煥發」，舉止非常。因此，孝宗對這個兒子非常疼愛，對於張皇后自

然更是寵愛。晚明學者黃景昉說：「時張后愛最篤，同上起居，如民間伉
儷然。」皇帝、皇后像民間的夫婦一樣，每天一同起居，這在封建皇帝的
私人生活中，真是少見。

　　身處粉黛成羣的後宮中，孝宗這樣的情形的確讓人費解。原因可能有
以下幾種：第一，孝宗本人性格溫和，又深受儒家思想熏陶，對於男女之
事沒有特別強烈的興趣。第二，孝宗幼年為避萬貴妃迫害，六歲以前一直
秘密養育於宮中安樂堂內，他對於嬪妃之間的爭寵吃醋以及隨之而來的宮
闈鬥爭，可謂體會深切，有切膚之痛。所以，這可能是他不願有過多嬪妃
的一個原因。第三，張后本人魅力不凡，對孝宗有足夠的吸引力和約束
力。史稱張后「驕妒」，從後來她在政治鬥爭中扮演的角色來看，張后確
非庸常之輩。第四，大臣謝遷的勸諫。本來，皇帝廣納嬪妃是極正常的事
情，一般情況下大臣也不會反對。例如，成化朝的時候，羣臣因為憲宗二
十八九歲還沒有兒子，竟紛紛上書要求皇帝廣納嬪妃。那麼，謝遷何以會
多此一舉呢？弘治元年（1488）二月，御馬監左少監郭鏞請預選淑女，等
孝宗服除後在其中選兩名女子為妃。當時的左春坊左庶子兼翰林院侍讀謝
遷就上言說：「六宮之制，固所當備。而三年之憂，豈容頓忘。今山陵未
畢，諒陰猶新，奈何遽有此事？」意思是說，皇帝選妃，自然是應當的。
但是，憲宗的陵墓尚未完工，皇帝居喪的草廬還是新的呢，怎麼就談起選
妃的事來了？孝宗號稱以孝治天下，曾經定下為憲宗皇帝守孝三年之制

弘治年間碗口銃

——「三年不鳴鐘鼓，不受朝賀，朔望宮中素服」。因此，謝遷這麼一說，選淑女以備嬪妃之選的事情就擱置下來了。後來主編《孝宗實錄》的焦芳藉此非議謝遷，認為謝遷這樣的舉動是為了討好當時的中宮張皇后。但是，也有人為謝遷辯解說，謝遷諫止選淑女，不是禁止孝宗這麼做，而是請皇帝緩一緩再做，其實也合情合理。但無論如何，因為謝遷這麼一來，後來選妃的事雖屢經提起，卻都沒有得到孝宗同意。因此，成化二十三年始成為太子妃的張氏，非但在同年孝宗即位後正式成為皇后，而且集專寵於一身，直到孝宗去世。

孝宗夫婦的伉儷情深，雖然令人羨慕，卻對弘治朝以及後來的政治格局，產生了一些影響。從孝宗本人的意願看來，這些影響應當都不是他所希望看到的。

第一，弘治夫婦感情之專一，造成了皇帝的子嗣相對較少。張皇后一生中為孝宗生了兩子三女。但是，皇二子朱厚煒與皇長女太康公主，先後夭折。因此，孝宗只有朱厚照一個傳人。後來朱厚照又沒有兒子，所以孝宗的血脈便斷絕了。在16世紀初期的一些大臣們看來，一個如此賢明的皇帝竟然無後，實在令人痛心。後來，一幫大臣非要繼朱厚照即位的世宗稱孝宗為「皇考」，不無這種為孝宗立後的心態作祟。孝宗單傳，武宗無子，世宗以藩王入繼，這種情況也引發了明代中期一起重大的政治事件——大禮議，對明中後期的歷史影響深遠。

第二，孝宗夫婦感情的專一，造成了弘

黑壽山石「協和萬邦」璽

治朝外戚張延齡、張鶴齡的跋扈。所謂一人得道，雞犬升天。張氏成為皇后且受寵於孝宗，給張家帶來了極大的榮華富貴。其父張巒在弘治四年（1491）進封為壽寧伯，不久封侯，死後追贈昌國公。張皇后的兩位弟弟，也先後受封。張鶴齡繼承了父親張巒的封爵為壽寧侯。張延齡初封建昌伯，弘治十六年也進封為建昌侯。孝宗還在皇后的家鄉興濟為張家立家廟。

據說張巒並未因女兒的大富大貴而跋扈，仍然非常尊重讀書人，禮敬士大夫。但是，張鶴齡、張延齡兄弟以外戚驟然富貴，不免氣焰囂張，縱容家人掠奪民田，魚肉鄉里，幹一些犯法的事情。大臣們紛紛向孝宗提意見，要求追查張氏兄弟的違法之事。於是，孝宗派侍郎屠勳和太監蕭敬去查實。但是，事情查實了，卻沒有辦法處理，因為皇后不同意處理她的兄弟。而且，皇后生氣了，孝宗也得跟着假裝生氣。事後，孝宗將蕭敬找來，對他說：「你們說的我都相信。」然後賜給蕭敬一些銀子，這件事情就不了了之。當時的大臣中，像李夢陽、吳世忠，都差點因為彈劾張氏兄弟而獲罪。也許，在孝宗看來，張氏兄弟雖然有過錯，但畢竟是皇后的弟弟，所以能寬免就寬免了。當然，他也知道放任張氏兄弟的後果，所以希望通過自己的教誨來使二人收斂。有一次，皇帝遊幸南宮，皇后、太子、皇后的母親金夫人以及張氏兄弟陪同。席間，皇后、太子及金夫人離席。孝宗便將張鶴齡單獨叫來。人們遠遠地看到張鶴齡摘下紗帽向皇帝叩頭。此後，張氏兄弟的行跡有所收斂。張氏兄弟，後來在正德朝和嘉靖朝交接期間，因為擁護世宗登位，曾經非常受世宗寵倖。不過，二人最後的命運讓人嗟歎：張鶴齡被關在詔獄中死去，張延齡被殺於西市。這固然有世宗忘恩負義的因素，但二人的驕橫無法，無疑是根本原因。

張氏也晚景淒涼，不堪言說。先是失去了丈夫孝宗，而後失去兒子武宗，再遭侄子世宗之逼迫，不得不哀求世宗放過自己的兩位弟弟。在她生

前，張鶴齡死於獄中，她死後的第五年，張延齡被殺於西市。皇權的尊貴與無常，她都有切膚之感！

用人唯賢的有道之君

孝宗開創了明代的中興盛世，其治國方面可稱道的東西很多。晚明學者焦竑在《皇明人物考》中曾敘述孝宗一朝的諸多善政：開經筵、尊儒臣、選官僚、立預備倉、築張秋堤、招商開市、錄用勳裔、經營哈密、飭邊備、召輔臣顧問、減上供、列職官姓名。要詳盡地展開敘述這些政事，卻不容易。簡要言之，孝宗的治國方略核心在任用大臣。

弘治一朝，名臣輩出。內閣的大學士、六部的尚書，都是賢明有能的道德君子。劉健、謝遷、邱濬三位大學士，六卿之長吏部尚書王恕，都是著名的學者與能臣。成化年間有一句諺語：「紙糊三閣老，泥塑六尚書。」那意思很明白，大學士萬安、劉吉、王翺以及六部尚書，都是一些無能之輩。反觀弘治朝的閣、部大臣，則是人才濟濟。我們看到，成化二十三年（1487）十月，孝宗即位才一個月，就罷免了品格不好的萬安，選用徐溥入閣；十一月，又

國子監辟雍

錄用劉健入閣；弘治四年(1491)邱濬入閣；弘治八年，邱濬死後任用謝遷、李東陽為閣臣；弘治十四年九月秦紘入閣。徐溥是當時的南直隸宜興人，弘治五年後任首輔大學士。徐溥的輔政風格，講究「安靜、守成法」，與孝宗的性格有契合處。而且，徐溥與同僚謝遷、李東陽等人之間，不存在權力鬥爭，相互間配合得很好。大臣之間和睦相處，自然能夠形成一種與皇權相制衡的「文官」權力。這種格局，

李東陽手迹

在弘治十年曾經非常有效地糾正了皇帝的出軌行為。弘治十年二月，徐溥等人向皇帝上疏，要求皇帝遠離誘使皇帝齋醮的宦官李廣，將更多的精力放在處理朝政和接觸儒臣上。原來，從弘治八年起，已經做了八年好皇帝的孝宗，據說「視朝漸晏」，就是上朝上得晚了一些。這在儒臣們看來，是皇帝走向墮落的開始。但是，與絕大部分明代皇帝不同，孝宗能夠非常謙虛地接受大臣們的意見，就在弘治十年的三月於文華殿召見內閣大學士徐溥、劉健、李東陽、謝遷，集聚一堂共商政事。議事完後，皇帝賜諸位大臣吃茶，然後散去。召見大臣，面議國事，在當時被稱作「盛事」。終弘治一朝，從《明史‧孝宗本紀》的記載看，除這一次首開先例外，大概先後還有過四次：弘治十二年(1499)五月召見劉健等於平台；弘治十七年六月在暖閣召見劉健等討論邊關大事；弘治十七年八月召見馬文升、戴珊討論第二年考察官員的事情，又召見李東陽等人討論邊務。像這樣召見閣臣面商國家大事，對於大臣們的激勵作用是可以想見的。所以，一方面

可以看出弘治一朝君臣關係之和睦，另一方面也可以看作是孝宗對於儒臣的信任。

內閣大學士之外，弘治一朝的六部大臣，也都是正人君子。例如，吏部尚書王恕在弘治一朝的政治中就發揮了非常重要的作用。王恕，字宗貫，號石渠，陝西三原人。他在成化朝的時候就因平大藤峽瑤民起事、安撫荊襄流民而名滿天下。但因為敢於直言，得罪了汪直，一直只能在南京做官。南京雖然也是明代兩京之一，但是南京的六部實際上只是閒官。嘉靖朝的吳廷舉，曾經因被授南京工部尚書而上疏辭職，並引白居易和張泳的詩來說南京官職之閒——「月俸百千官二品，朝廷偃我作閒人」、「幸得太平無一事，江南閒煞老尚書」。但是，王恕在南京尚書任上仍然敢於言事。成化末年，官場上有「兩京十二部，獨有一王恕」之說。所以，孝宗一即位，就聽從羣臣的推薦，召王恕為吏部尚書。在不設宰相的明代，吏部尚書是諸卿之長，掌管對官員的考察與任命，權勢頗重，高於其他各部。王恕在吏部，所薦用的都是正人君子。據說，王恕曾帶着他的第七個

大明會典（內府本）

兒子王承裕到京城。王承裕每天為父親接待來訪的朝臣名士，和他們交談，然後將自己的觀察原原本本地告訴父親。所以，從成化二十三年（1487）十一月至弘治六年（1493）王恕退休回家，他得人善用，培養了許多人才。《明史》說：「弘治二十年間，眾正盈朝，職業修理，號為極盛者，恕力也。」繼王恕之後任吏部尚書的大臣中，馬文升也聲名甚盛。李東陽後來有詩，稱讚孝宗之善待人臣，其中有一句說：「近臣常造膝，元老不呼名。」說明孝

宗對待大臣總像是對待家人一般親切。

在信任大臣之外，孝宗又要求加強對臣工們的考察，這便涉及到一個完善考察制度的問題。孟森曾說：「明之一代立法創制，皆在太祖之世。至孝宗朝，始有修明之舉。」指出，

泰陵方城明樓

明代的制度基本上是在明太祖朱元璋統治的時候就已經奠立，後來的皇帝中能夠提出較賢明的政治制度的，也就是孝宗。所以，孝宗一直被視為中興之主。弘治一朝的制度建設，主要體現為會典的編修與京官六年一察制度的設定。會典是一種典章制度的彙編。弘治十年（1497），孝宗下令編撰《大明會典》。編修的總裁為當時的大學士徐溥。經過五年時間，《大明會典》完成。應當說，會典的編定，為弘治朝的制度建設提供了一個基礎。正是在這個基礎上，孝宗有過許多制度創設。例如，太廟制度即規定太廟的廟制為「各室一帝一后」。當然，在制度建設中，對明代後來的政治發生最重大影響的，無疑是京官六年一察的制度。在弘治以前，京官的考核是十年進行一次。弘治十七年六月，命南北兩京五品以下的官員六年一考察。這項制度，一直沿用到明亡。六年一次的考察，在明代後期往往成為黨派鬥爭的焦點。因為，官員一旦經由考察而落職，就很難有機會再做官，故各種政治力量總是利用把持考察的機會打擊對立面。當然，這是初設制度的孝宗所沒有想到的。在當時，京官六年一察制度的實施，對於

泰陵無字碑

整頓官場的頹弊，起了很大的作用。

在明代的皇帝中，孝宗最為仁慈。他對於救荒的工作非常重視，要求各級官府都要設立常平倉，以應付災荒。在刑罰方面，他要求慎重施刑。在他的這種要求下，一些素以殘酷聞名的特務機構如錦衣衛都變得仁慈起來。終弘治一朝，政治清明，經濟發達，文化上則出現了李東陽的茶陵詩派、邱濬的理學，號稱太平盛世。

弘治十八年（1505）五月初七日，孝宗去世。據說，死因是孝宗偶染風寒，太監張瑜、太醫院使施欽、院判劉文泰、御醫高廷和等人未診視就開藥，致使孝宗誤服藥物，鼻血不止。死前，他遺命大臣：「東宮年幼，好逸樂，先生輩善輔之。」時其子朱厚照年十五歲，而繼朱厚照之後入承大統的侄子朱厚熜還未出生。孝宗之死，「深山窮谷，聞之無不哀痛」，「哭聲震野」。同年十月，孝宗被安葬在泰陵。泰陵臨溪水，直流若干里，而且整個地域顯得逼仄、卑隘。當時，善風水術的人「咸知其地之不吉」。清初學者談遷行文及此，大發感慨：「泰陵有水石，其地非吉壤，楊子器早言之。輔臣不加意，遺痛橋山，澤斬於子。噫，德如孝宗，寧無罪地脈哉！」意思說，泰陵不是一個風水寶地，但是大學士們卻不在意，使得孝宗的墓不得安寧，而孝宗的恩澤也到兒子便絕了，像孝宗這樣有德的皇帝，卻得到這樣的結果，難道不要歸罪於風水地脈嗎？這雖然是迷信之言，但也反映了後人對孝宗的推崇之心，對孝宗身後的惋惜之情。

朱祐樘個人小檔案

姓名：朱祐樘 **出生**：成化六年（1470）七月初三日

屬相：虎 **卒年**：弘治十八年（1505）

享年：三十六歲 **在位**：十八年

年號：弘治 **諡號**：敬皇帝

廟號：孝宗 **陵寢**：泰陵

父親：朱見深 **母親**：紀淑妃

初婚：十八歲 **配偶**：張皇后

子女：二子，三女 **繼位人**：朱厚照

最得意：修《會典》，立制度 **最失意**：子嗣單傳

最痛心：幼年失母 **最不幸**：張皇后在世宗朝遭迫受窘

最擅長：信用大臣

相關閱讀書目推薦

（1）王天有主編：《明朝十六帝‧孝宗敬皇帝朱祐樘》，紫禁城出版社，
1999 年

（2）李夢之：《弘治帝》，吉林文史出版社，1996 年

武宗朱厚照

正德元年（1506）—十六年（1521）

　　武宗朱厚照，弘治四年（1491）九月二十四日生，孝宗朱祐樘長子，母張皇后。弘治十八年五月，武宗即皇帝位，在位十六年，年號正德，死後葬北京十三陵之康陵。

　　武宗是歷史上很有爭議的一位皇帝。有人認為他荒淫暴戾、怪誕無恥，是少見的無道昏君，然而通過近些年來歷史學界的研究，人們對武宗的認識有所改變，有人認為他追求個性解放，追求自由平等，是極具個性色彩的一個皇帝。總之，武宗富有戲劇性的一生是難以用隻言片語概括的。

喜劇：天意與人事

　　武宗是孝宗和皇后張氏的嫡長子，像他這樣既為嫡子又是長子的情況在封建禮法社會中是天然的皇位繼承人。此前三朝，皇帝皆非皇后嫡出。明朝十六帝中，以嫡長子身分承繼大統的也十分罕見。朱元璋確立了明代的嫡長子繼承制度，本來要傳位於長子朱標（朱標為馬皇后所生），只是

朱標在朱元璋生前就去世了，而且朱標出生之時朱元璋尚未稱帝，馬氏當時還不是皇后。建文帝朱允炆不是長子，成祖朱棣是朱元璋的第四子。仁宗朱高熾、宣宗朱瞻基雖是長子，但出生時母親尚未被冊封為后，在「嫡」字上要打一點折扣。英宗朱祁鎮是長子，生母孫氏時為貴妃。景帝朱祁鈺是英宗的弟弟、宣宗的次子，生母為吳妃，既非嫡子又非長子，在位八年終因「奪門之變」失去皇位。憲宗朱見深是英宗的長子，生母為周貴妃。孝宗朱祐樘是第三子，生母紀氏當時只是宮人，長到三歲時憲宗才知道還有這樣一個兒子。世宗朱厚熜以藩王入繼帝位。穆宗朱載垕是世宗的第三子，母杜康妃。神宗朱翊鈞是穆宗第三子，母李貴妃。光宗朱常洛為神宗長子，母王恭妃，在位僅一個月。熹宗朱由校，光宗長子，母李選侍。思宗朱由檢為光宗第五子，以藩王的身分即帝位，母劉賢妃。縱觀明代十六帝，只有武宗一人是真正以嫡長子的身分登臨大位的。就宗法社會的明代而言，在關係到皇位繼承的大事上，這具有極其重要的意義，可以說武宗從一出生就注定要做皇帝。孝宗欣喜異常，取其名為厚照，希望他以後能照耀後世，五個月後就將其冊封為皇太子。

朱厚照的出生不論對於國家社稷還是孝宗、張皇后都意義非凡。孝宗和張皇后的感情非常好，一直沒有選嬪妃，只有五個級別很低的夫人，這在明代皇帝中是絕無僅有的。要知道，朱元璋除馬皇后外還有十九個妃子。封建社會中，有無皇子關係到皇權的順利承繼和國家

正德六年款端石几硯

的安定，而不是簡單意義上的傳宗接代。張皇后婚後四年沒有生育，朝臣上書請求選置嬪妃，孝宗並不理會。當然，對於孝宗不選妃還有另外一種說法，即張皇后是個妒婦，不許孝宗再寵倖其他的女人。幾年後，張皇后又生了一個兒子，取名朱厚煒，但不久就夭折了。這樣，孝宗就只有武宗這麼一個皇子，因此非常寵愛。

據說朱厚照孩提時「粹質比冰玉，神采煥發」，性情仁和寬厚，頗有帝王風範。八歲時，在大臣的請求下，朱厚照正式出閣讀書，接受嚴格的教育。朱厚照年少時以聰明見稱，前天講官所授之書次日他便能掩卷背誦。數月之間，他就將宮廷內繁瑣的禮節了然於胸。孝宗幾次前來問視學業，他率領臣僚趨走迎送，嫻於禮節。孝宗和大臣們都相信，這位皇太子將來定會成為一代明君。

武宗的生日也很特別。他出生在弘治四年九月廿四日申時，即辛亥年甲戌月丁酉日申時。如果按照時、日、月、年的順序讀就與地支中的「申、酉、戌、亥」的順序巧合，在命理上稱為「貫如連珠」，主大富大貴，據說明太祖朱元璋的生辰與此有相似之處。而且據傳當年張皇后夢白龍入腹而生朱厚照，按照傳統的說法，白者乃主西方，為兵象。武宗生而好動，自幼貪玩騎射。孝宗一心想把他培養成太祖朱元璋一樣文武兼備的曠世聖君，所以對武宗騎射遊戲頗為縱容，這也養成了武宗日後尚武的習氣。孝宗也注意到了這一點，恐武宗玩物喪志，在病逝前一天，特意把大學士劉健、謝遷、李東陽召至乾清宮暖閣，委以託孤重任：「東宮聰明，但年尚幼，好逸樂，先生輩常勸之讀書，輔為賢主。」

然而這個受到上天眷顧的真命天子的身世還有一些隱情，似乎有人事攪雜其中。從武宗出生那一刻起，關於其生母不是張皇后而另有其人的說法就不脛而走。張皇后是河間興濟（今河北滄州北）人，成化二十三年（1487）選為皇太子妃。孝宗即位，冊立為皇后。張皇后婚後四年沒有生

育，心理壓力非常大。大臣們很是着急，紛紛上書請求皇帝選妃以廣儲嗣。孝宗不聽，但心裡也是有些着急，就和張皇后在宮中齋醮求子，一連數月。弘治四年九月，宮中傳出喜訊，張皇后的皇子誕生了！舉國歡慶之餘，各種流言也隨之四起，有許多人相信這個皇子不是張皇后親生的。因為張皇后生下皇子的消息過於突然，事先竟然一點消息都沒有，且婚後四年沒有生育，難道這次真的是感動神靈而得子嗎？當時張皇后因為既未生育又不讓孝宗選妃而成為人們私下裡埋怨的對象。有人懷疑張皇后自己不能生育，就抱養其他宮人所產之子為己子，這樣既避開了人們的指責，又可以鞏固自己的地位。這些流言或許有些事實依據，或許只是反映人們的一種態度。其實懷疑張皇后沒有生育能力是沒有根據的，事實上三年後她又生育過另外一個皇子朱厚煒。但是流言並沒有停止，愈傳愈盛，並引發了一個轟動一時的大案，這就是「鄭旺妖言案」。

　　鄭旺，是武成衛的一名士兵，家境貧寒。他有個女兒，叫鄭金蓮，十二歲時賣給別人做婢女，後來進了宮。鄭旺通過關係，與太監劉山交往，時常託他將一些時鮮水果等物送入宮中，鄭金蓮也託劉山送些衣物給鄭旺。鄭旺拿着宮中的衣物四處炫耀，吹噓女兒得皇帝的恩寵。別人討好他，就稱他為「鄭皇親」。張皇后生下皇子後不久，就有流言說皇子其實是鄭金蓮所生，而被張皇后強行抱了去。這件事鬧得滿城風雨，卻沒有人追究。這是不同尋常的，有人認為實際上是孝宗已經默認了這種說法。誰知十幾年後，即弘治十七年（1504），孝宗考慮到這種說法會影響到朱厚照的政治地位，遂命人將鄭旺、劉山等人捉拿到官。然而孝宗沒有讓司法機關插手此案，而是御審，這又是不同尋常的，難道是孝宗怕外臣知道宮中的秘密？御審的結果是劉山以干預外事的罪名被處死，鄭旺以妖言罪、冒認皇親罪被監禁，鄭金蓮被送入浣衣局。案件的結果也有幾處不尋常之處：這個案件中只有太監劉山被殺，被認為是殺人滅口；而罪情比劉山更

重的鄭旺卻只是監禁，武宗即位後又被釋放出來，此中似有隱情。據翰林院王瓚記載，他在司禮監教太監識字時，曾見兩個太監將一個女人押入浣衣局。浣衣局的看守見到來人，肅立兩旁，態度十分恭敬，可見來人非同一般。至於這個人是不是鄭金蓮，王瓚沒有看清楚。

然而案情隨着孝宗的去世和武宗的即位又有新的發展。正德二年（1507），被釋放的鄭旺仍然堅持他的女兒生了皇子，因而謠言再起。他的同鄉王璽打通關節，闖到東安門，聲稱上奏「國母」被囚禁的實情，鄭旺、王璽因此被捕入獄。審判之時，鄭旺多次聲稱自己無罪。最終，他以妖言罪被判死刑。為何兩次都是妖言罪，結果卻大相徑庭呢？第一次審判，孝宗與張皇后關係緊張，因此判罰寬鬆，似乎有意保全鄭旺；第二次審判，孝宗已經駕崩，武宗剛剛即位，而嫡長子身分又是何等神聖的光環，對於鞏固自己的政權十分重要，因此即使武宗乃鄭金蓮所生，他又怎會相認？畢竟這對於自己、對於孝宗、對於張皇后乃至對於明廷而言，都不是一件光彩的事情。關於武宗身世的「鄭旺妖言案」就這樣無聲無息地結束了。

擺脫了身世的困擾，武宗又可以以嫡長子的高貴血統名正言順地坐在高高的皇帝寶座上，享受皇權帶來的種種特權。他可以建豹房、幸宣府，過着紙醉金迷、為所欲為的鬧劇般生活。

鬧劇：豹房與宣府

武宗是這樣一個皇帝：他想打破加在他身上的某些禁錮，想按照自己的真實想法辦事，即使這違背了歷朝祖訓、社會習慣，也在所不惜。很難想像，武宗一點也不留戀象徵權力和地位的金碧輝煌的紫禁城，而喜歡自己營建的兩個小天地——豹房和宣府的鎮國府。對前者，他從正德二年

（1507）入住一直到正德十五年駕崩，都住在那裡；而對後者，他則親切地稱為「家裡」。

少年天子武宗登臨龍廷寶座，憑藉皇帝至高無上的權力，自然不用再裝樣子給別人看，可以隨心所欲、為所欲為了，其貪玩好動的本性很快就暴露了出來。他廢除了尚寢官和文書房侍從皇帝的內官，以減少對自己行動的限制。為皇帝而設的經筵日講，他更是以各種藉口逃脫，根本就沒聽幾次。後來連早朝也不願上了，為後來世宗、神宗的長期罷朝開了先

北京宮城圖

河。諸位大臣輪番上奏，甚至以請辭相威脅，但小皇帝口頭上說「知道了」，實際上依舊我行我素，大臣們也無可奈何，可見少年武宗之頑劣。

武宗不顧朝臣的極力反對而沉湎於玩樂，主要是因為受到「八虎」的蠱惑。「八虎」指八個太監，包括劉瑾、馬永成、高鳳等人，以劉瑾為首。劉瑾為人陰險狡猾，想方設法鼓動武宗玩樂，每天進奉鷹犬狐兔，還

偷偷帶武宗出去逛，哄着武宗高興，因此很受武宗寵信，並逐漸掌握了大權，人稱「立地皇帝」。

正德三年（1508），武宗的心思已是禁城的高牆所擋不住了。他不甘於宮內枯燥的生活，索性離開禁城，住進了皇城西北的豹房新宅。豹房並非武宗的創建，本是貴族豢養虎豹等猛獸以供玩樂的地方，元朝時期已有此風氣。另有虎房、象房、鷹房等處，房又稱為坊，如羊坊、象坊、虎坊等，北京至今尚存此類地名。現在北京地名中仍有「豹房」的名稱，但並非武宗所建的豹房。也有人認為今天東華門外的報房胡同才是當年武宗日夜淫樂的場所，只是由於時間久遠，「豹房」音變為「報房」。當然，更多的學者相信武宗興建的豹房原址在皇城西苑太液池西南岸，臨近西華門的地方，即今天的北海公園西面。今中海、南海、北海三海，明代統稱為太液池，在西苑內。豹房新宅始修於正德二年，至正德七年共添造房屋兩百餘間，耗銀二十四萬餘兩。其實豹房新宅並非養豹之所，又非一般意義上單純遊幸的離宮，實為武宗居住和處理朝政之地，有人就認為是當時的政治中心和軍事總部。豹房新宅多構密室，有如迷宮，又建有

紫禁城後宮鳥瞰

校場、佛寺等。武宗每日廣招樂妓承應，荒淫無度。正德九年正月十六日，宮中元宵節放煙花，不慎失火，殃及乾清宮。乾清宮是內廷三殿之首，象徵着皇帝的權力和尊貴的地位。武宗見火起，不僅沒有下令撲救，反而跑到豹房觀看，談笑風生，並對左右說：「好一棚大煙火啊。」世間還有這等皇帝！

豹房新宅中除樂妓之外，還有武宗的義子。武宗在位短短十幾年間，曾收有百餘個義子，甚至在正德七年一次就將127人改賜朱姓，真是曠古未聞。在這些義子中，最為得寵者是錢寧、江彬。錢寧，本不姓錢，因幼時被賣與太監錢能而改姓錢。其性狡詰猾巧，善射，深受尚武的武宗喜歡。豹房新宅的建設，錢寧出力甚多。據說武宗在豹房常醉枕錢寧而臥，百官候朝久不得見，只要看到錢寧懶散地出來，就知道皇帝也快出來了。江彬，原本是名邊將，驍勇異常。在鎮壓劉六、劉七起事時，身中三箭，其中一箭更是射中面門，但他毫無懼意，拔之再戰。因軍功覲見時，他於御前大談兵法，深合武宗意，遂被留在身邊。有一次，武宗在豹房內戲耍老虎。誰知平日溫順的老虎突然性情大發，直撲武宗。武宗忙呼身旁的錢寧救駕，錢寧畏懼不前，倒是江彬及時將老虎制服。武宗雖然嘴上逞能說「吾自足辦，安用爾」，心裡卻是十分感激。此後，江彬逐漸取代錢寧而得寵。武宗還毀京城中豹房西側的鳴玉、積慶二坊（今廠橋、西四地區）民居，大肆營建「義子府」，供江彬等人居住。

江彬深恐錢寧害己，遂向武宗吹噓邊軍如何英武善戰，引誘武宗將邊軍與京軍互調，藉以自固。明朝祖制，邊軍、京軍不許互調。因為如果邊軍弱，蒙古就會入侵；京軍弱，邊軍就會成為禍患，這是為加強皇權着想的制度。武宗不顧大臣的激烈反對，打破祖制調邊軍入京，設東、西官廳，由江彬、許泰統帥。不僅如此，江彬更是鼓動武宗離開京城到西北遊幸。這對於一向以雄武自居的武宗頗有吸引力，因為他一直夢想着能在廣

闊的草原上一展雄姿，開創不世之業。江彬還告訴他那裡多美婦，自然更增加了武宗的興致。正德十二年（1517），武宗一行浩浩蕩蕩來到宣府，營建「鎮國府」。為什麼稱「鎮國府」呢？原來武宗自封「總督軍務威武大將軍總兵官」，凡往來公文一律以威武大將軍鈞帖行之，並為自己更名朱壽，後來又加封自己為「鎮國公」，令兵部存檔，戶部發餉。亙古以來，還沒有哪個皇帝如此視國事朝政為兒戲的。《明史・武宗本紀》就說他「耽樂嬉遊，昵近羣小，至自署官號，冠履之分蕩然矣」。

武宗非常喜歡宣府的鎮國府，甚至稱那裡為「家裡」。正德十三年立春，武宗在宣府，照例要舉行迎春儀式。以往的迎春儀式中，用竹木紮成架子，上面排放些吉祥圖案，進獻給皇帝，謂之「進春」。這一次，武宗親自設計迎春儀式，花樣百出。武宗命人準備了數十輛馬車，上面滿載婦女與和尚。行進之時，婦女手中的彩球就和和尚的光頭相互撞擊，彩球紛紛落下。武宗興高采烈地一旁觀賞，對自己的傑作甚感得意。

在江彬的鼓動下，武宗下令大肆修繕鎮國府，並將豹房內珍寶、婦女運來填充鎮國府，似乎有常駐宣府的意思。武宗之所以有此打算，是與他尚武、想立邊功密不可分的。宣府是北邊重要的軍鎮，也是抵禦蒙古軍隊入侵的第一道防線。武宗在內心裡仰慕太祖朱元璋和成祖朱棣的武功，盼望着自己也能像他們一樣立下赫赫軍功。而且，在宣府還有一個好處，就是再也不用聽大臣們喋喋不休的勸諫。他下令大臣一律不許至宣府，只有豹房的親隨可以隨時出入。在豹房和鎮國府兩處，武宗為所欲為、樂不思蜀。

悲劇：淫亂與無嗣

武宗即位不久就娶了夏皇后，之後又選置了幾個妃嬪，然而他似乎對後宮的皇后、嬪妃並不在意，自從搬到豹房之後，就很少回後宮了，而是

將喜歡的女人都放到了豹房和宣府的鎮國府。武宗遠離後宮而鍾情豹房，是因為與夏皇后感情不和，還是另有其他原因，是一個無法考釋的謎。

豹房之內，美女如雲，武宗過着恣意妄為的淫亂生活，極大地滿足了他聲色犬馬的感官享受。這裡充斥着教坊司的女樂、高麗美女、西域舞女、揚州少女，乃至於妓女、寡婦等各色女子。豹房之內到底有多少女子，恐怕連武宗自己都不清楚。那些一時無法召幸的女子，就被安排在浣衣局寄養，以備武宗不時宣召。這裡既包括內臣進獻的，也有武宗自己遊幸各地帶回來的，人數之多，難以想像，據說經常有因飢餓、疾病死亡者。

宣府是武宗另一個淫樂窩。他剛到宣府之時，在這個遠離國都的軍鎮，可以肆無忌憚地放縱。每到夜晚，武宗帶上一隊親兵，在空蕩蕩的街道上閒逛。看見高牆大院的富庶之家，他就令親兵上前砸門，然後入內強索婦女，弄得人心惶惶，家無寧日。為了避免這樣的事情，那些富有之家紛紛重賄江彬，希冀能夠免除禍患。

從西北回來後，武宗又醞釀着要南巡。這次南巡，有人認為是武宗遊玩尋樂；也有人認為武宗擁兵南下是為了防止寧王反叛。正德十四年（1519），寧王叛亂。武宗遂以此為藉口南下親征。然而當武宗到達河北涿縣時，王守仁擒獲寧王的捷報已到。武宗似乎已無南下的必要，但他屢檄王守仁不要北上獻俘，自己則繼續南征，一定要眼見南方的秀麗景色。在山東臨清時，武宗竟然失蹤了一個月，臣僚皆不知皇帝去哪裡了。原來，武宗在太原時得到一個藝妓劉良女，寵愛

王守仁像

一時。他西遊宣府回來後，將劉良女安置在西苑太液池騰沼殿中，號稱夫人，俗呼為劉娘娘。武宗對劉良女非常好，豹房中有誰犯了小錯，只要劉良女在武宗面前替他求情，武宗就不會追究。此次南巡，武宗原本要帶她同行的，但劉娘娘恰巧得病，武宗與之約定以玉簪為信物，待病好後派人來接。武宗過盧溝橋時不慎將玉簪掉落河中，及至臨清，武宗遣信使接劉，劉氏因無信物不肯來，武宗只好親自回京，前後將近一個月。由此看來，武宗也稱得上是一個癡情天子。

關於武宗與劉良女相識的經過，有兩種不同的說法。《明實錄》記載劉良女是太原晉王府樂工楊騰的妻子。武宗遊幸山西時，派人到太原索要女樂，得到了劉良女。武宗喜她色藝俱佳，就從榆林帶回了豹房。《稗說》則講述了另一個版本的愛情故事。劉良女是大同代王府上有名的歌姬，武宗假扮低級軍官出入於王府的教坊，認識了劉氏。當時武宗在這樣的風月場所中並不太引人注意，別人還以為他只是個普通的軍官而已，但是劉氏慧眼識珠，認定他不是個平常人，就對他另眼相看。武宗記住了這個劉氏，後來派人將其接到北京。這就成了後來著名戲曲《遊龍戲鳳》的故事框架，只不過劉氏變成了李鳳姐。武宗下江南時，劉氏一直陪伴在身旁，多次一同出現在臣民面前。武宗在南京賞賜寺廟的幡幢上都要寫上自己和劉氏的名字，劉氏成為武宗一生中最寵愛的女人。

武宗風流好色，卻有一個遺憾無法彌補——沒有子嗣。這是他心頭無法撫平的傷痛，為此他甚至導演了迎娶孕婦的鬧劇。正德十一年（1516），賦閒在家的馬昂為求得復職升官的機會，結交武宗身邊的紅人江彬。江彬極力在武宗面前讚揚馬昂之妹美若天仙，又嫻熟騎射，能歌善舞。武宗一見，果然異常歡喜，不顧她已有身孕，將其從宣府帶回豹房，並給馬昂升官晉職。其實武宗寵倖馬氏，還另有一番打算。在意識到自己不能生育後，他企圖借此瞞天過海。朝臣聽到了一些風聲，又見馬昂超授

右都督，知道傳聞屬實，就紛紛上疏要武宗驅逐馬氏，以絕後患。也不知是奏疏中「呂不韋進孕女」這樣的典故讓武宗幡然醒悟，還是見到事情已經泄露，武宗逐漸疏遠了馬氏，也就沒有出現不可收拾的局面。

馬氏風波雖然過去了，但這件事卻給朝臣敲響了警鐘，認識到了預備皇儲的緊迫性。梁儲上疏請求武宗從近親藩王中選擇二三人，放在宮內加以培養，作為將來皇儲人選，如果武宗有了自己的子嗣，那麼就將其送回。這種做法，既可以穩定人心，又保證了皇權可以順利、平穩地傳承，因而得到了很多朝臣的贊同，但武宗對此不予理睬。當時武宗尚不到三十歲，身強力壯，精力充沛，他不相信自己會沒有子嗣。再說，現在選立藩王之子，不就是向天下人宣告他不能生育的事實嗎？那怎麼成！因此武宗拒不立儲，以至於他駕崩之後，內宮、大臣們匆忙選立新君，期間出現了三十多天的權力真空階段，為歷朝少見，而且直接的後果是繼位的世宗對他沒有多少感情，掀起了「大禮議」風波。

正劇：皇權與軍功

武宗沉湎於豹房之時，大權落到權閹劉瑾手中。劉瑾，今陝西興平縣人。本姓談，後依靠劉姓太監進了宮，便改用劉姓。在朱厚照做太子時，劉瑾就在身邊侍奉。劉瑾深知只要照顧好太子，自己就會成為新皇帝身邊的功臣，權力、富貴會接踵而至。武宗即位後，劉瑾抓住少年天子喜好嬉戲的特點，每日進奉飛鷹、獵狗等，鼓動武宗遊玩享樂，深得武宗信任，被提升為內官監，掌握北京的軍隊，權力很大。

在劉瑾權盛時，正直的朝臣在暗中等待時機的到來。正德五年，寧夏安化王反叛，起兵的名義就是清除劉瑾。消息傳到北京，劉瑾藏匿起檄文，不敢讓武宗知道檄文的內容。楊一清與太監張永領兵前去鎮壓，很快

正德年造銅手銃

就平息了戰亂。楊一清在路上盡力結交張永，二人相交甚歡。張永為「八虎」之一，然而為劉瑾所排擠。其實不止是張永，其他六人都受到了劉瑾的壓制。劉瑾擔心他們受到武宗的寵信自己就會失勢，所以常在武宗面前講七人的壞話。一次，武宗想調張永到南京閒住，聖旨還沒下達，劉瑾就要驅逐張永出宮。張永知道自己是被劉瑾陷害的，跑到武宗面前申訴。劉瑾與之對質時，張永氣憤得要揮拳打劉瑾，被谷大用等人費力拉開。武宗令二人擺酒和解，但嫌隙漸深。此次，楊一清就是利用張、劉的矛盾，遊說張永除去劉瑾。八月，張永、楊一清班師回朝。獻俘禮畢，武宗置酒慰勞張永，劉瑾、谷大用等人皆在座。夜深時，劉瑾起身回府。張永見時機成熟，從袖中取出彈劾劉瑾的奏章，奏明劉瑾違法犯紀十七事，指出安化王造反皆因劉瑾，更說劉瑾有反叛之心，欲圖謀不軌。武宗已有醉意，俯下身子問道：「劉瑾果真負我？」此時，周圍的馬永成等人也都歷數劉瑾不法之事。武宗遂當機立斷派人前去劉宅，自己則緊隨其後。劉瑾聽見喧嘩聲，披青蟒衣出，隨即被縛。抄沒家產時，得到私刻玉璽一枚，穿宮牌五百，以及盔甲、弓箭等違禁物品，又發現他平時所用的摺扇裡面竟然藏有兩把鋒利的匕首。劉瑾被關押在菜廠，後被凌遲處死。行刑之時，許多人花錢買割下來的肉吃掉，以解心頭之恨。

劉瑾之亡，竟然是出自武宗酒後的醉話。明代宦官，權重之時百官無人可與之抗衡，然而生死存亡卻在皇帝的手中。這是明代宦官專政不同於

漢唐時期宦官專政的一個特點。以往朝代的宦官專政，宦官勢力大到可以操縱皇帝的生死，明代卻從沒有這種現象發生。這不能不說是一個奇怪的現象。明代中後期，皇帝多有數月、甚至數年不上朝的現象，但這並不意味着皇帝不理朝政，失去了對國家的控制。皇帝（如武宗者）此時多是通過宦官來傳達聖意，管理朝政。有野心的宦官正是利用這樣的機會狐假虎威，加強自己的權威。但是，這種權力其實是皇帝給予的，是代皇帝執行的，一旦皇帝認為情勢將危及皇權，便會採取強力措施收回這種權力。正如劉瑾、魏忠賢勢大遮天者，往往只要皇帝一句話就束手被擒，其中的道理可想而知。事實上，劉瑾事後，武宗依然寵信宦官，如張永，只是張永並不貪心，倒也相安無事。

如果有人認為武宗在豹房、宣府窮奢極欲的時候把大權放棄了，那就大錯特錯了。武宗雖然不入大內，但仍時常上朝聽政，批答奏章，決定國家重大事件。不願上朝時，就通過司禮監傳達自己的聖旨，命內閣執行。即使他遠在宣府，還是特別強調雖然大臣不許前來，但奏章要一件也不許少地送到宣府，至於武宗是否批覆，那就是另外一回事了。所以說，武宗雖然做出了許多荒唐的事情，但在權力上一點也不糊塗，對權力抓得很牢。

武宗雖有着放蕩不羈的本性，但他在內心裡一直盼望着能夠像太祖、成祖那樣立下顯赫的邊功。他之所以聽信江彬的鼓動遊幸宣府，與這種想法實有密切的關係。正德十二年（1517）十月，武宗終於盼到了一顯身手的機會。在得知蒙古小王子部叩關來襲時，武宗非常高興，親自布置，希望同小王子大戰一場。這場戰鬥十分激烈，明軍一度被蒙古軍分割包圍。武宗見狀親自率領一軍援救，才使得明軍解圍。雙方大小百餘戰，期間武宗與普通士兵同吃同住，甚至還親手殺敵一人，極大地鼓舞了明軍士氣。最後，小王子自度難以取勝，引兵西去，明軍取得了一場難得的勝利，史

明武宗康陵

稱「應州大捷」。想明英宗當年率五十萬大軍卻在土木堡成了蒙古軍的俘虜，而此次武宗率五六萬人抗擊四五萬蒙古軍取得了軍事上的勝利，此後蒙古兵長時間內不敢內犯便是這次戰鬥的直接結果。而且在這場戰鬥中，武宗親自指揮布置，戰術正確，指揮得法，體現了較高的軍事指揮才能。應州之役，成為武宗一生中最為光彩的時刻。

正德十五年，南巡途中的武宗於清江浦（今江蘇清江市）垂釣，不慎落水受寒，身體每況愈下。次年，武宗病死於豹房，終年三十一歲，葬於昌平金嶺山東北的康陵。武宗一生，貪杯、好色、尚兵、無賴，所行之事多荒謬不經，為世人所詬病；同時武宗又處事剛毅果斷，彈指之間誅劉瑾，平安化王、寧王之叛，應州大敗小王子，精通佛學，會梵文，還能禮賢下士，親自到大臣家中探望病情，甚至癡情於藝妓。我們可以從不同的角度看到不同的武宗，卻很難看到一個完整的武宗。其實，明代自英宗正統朝以來，國勢漸弱，如果武宗能夠兢兢業業，盡心盡力，是完全有可能做一代明君而成為中興之主，功垂史冊，但他卻恣意妄為，終為後人訾議。幽幽青山綠水間，康陵中靜靜地安息着武宗。對於他奇特的一生，後人依舊會不斷地評說下去。

朱厚照個人小檔案

姓名：朱厚照	**出生**：弘治四年（1491）九月二十四日
屬相：豬	**卒年**：正德十六年（1521）
享年：三十一歲	**謚號**：毅皇帝
廟號：武宗	**陵寢**：康陵
父親：朱祐樘	**母親**：張皇后
初婚：十六歲	**配偶**：夏皇后
子女：無兒無女	**繼承人**：朱厚熜
最得意：應州大捷	**最失意**：生母存在異聞
最不幸：沒有子嗣	**最痛心**：落水染病而亡
最擅長：玩樂	

相關閱讀書目推薦

（1）王天有主編：《明朝十六帝・武宗毅皇帝朱厚照》，紫禁城出版社，1999 年

（2）李洵：《正德皇帝大傳》，遼寧教育出版社，1993 年

世宗朱厚熜

嘉靖元年（1522）—四十五年（1566）

　　世宗朱厚熜，在位四十五年。在位時間之長，在明代十六帝中僅次於他的孫子神宗。四十五年的時間中，基本上有一半的時間他根本就不住在宮中，而是住在他專門用來煉丹、齋醮的西苑中。但是，他卻從來沒有放鬆過對政權的控制。在明代皇帝中，他的權術也許不及太祖朱元璋，荒唐不及武宗朱厚照，殘忍不及成祖朱棣，可是，荒誕、自大、殘忍以及喜歡玩弄權術，卻交集於他一身。他也許是最能夠體會專制皇權的優越性的一個皇帝。他的墮落，非常迅速，而且徹底。他的刻薄寡恩，也算明代皇帝中很突出的一個。總之，本來他應當是在湖廣安陸府一個王府中守規矩的世子和王爺，卻最終因獲得了皇位而被皇權扭曲成為一個怪物。似乎，一切都開始於「大禮議」──一場與他親生父親有關的政治爭論。

誰是我的父親

　　「大禮議」過程中文官政府的分化及士大夫們所表現出來的投機或頑

196

固心態，使世宗對於一般的官員非常輕蔑，並失去與士大夫們對話的興趣。他所要做的，就是牢固地控制權柄，並且永遠高深莫測。孟森對於嘉靖一朝的政治，亦是用「議禮」二字概括。那麼，何謂「大禮議」？大禮議的實質是表明了明朝皇權正統的轉移，即帝系從孝宗、武宗一系轉到世宗一系，其核心問題是如何尊崇世宗的父親興獻王。大臣們與世宗所爭論的問題是，新即位的世宗與已故的孝宗皇帝之間，究竟是什麼關係？是應該稱孝宗為伯父？還是稱孝宗為父親？如果稱孝宗為父親，那麼世宗又該如何稱呼他的親生父親興獻王朱祐杬？這些看似細枝末節的事情，其實具有重大的政治意義。對世宗來說，「大禮議」一事不僅是要爭取自己的皇權合法性，而且也是要逐步樹立自己作為皇帝的專制權威。

正德十六年（1521）三月十四日，荒唐放誕的武宗朱厚照病逝，留下大好江山沒有子嗣繼承。武宗去世，政府的工作實際上已落在內閣大學士楊廷和的身上。楊廷和與內閣其他大學士商議迎立興獻王世子朱厚熜。由於朱厚熜在當時是憲宗皇帝孫輩中年齡最大的，其父興獻王朱祐杬跟孝宗是兄弟，按照倫序繼承的原則，他的繼位得到了所有大臣的同意。次日，太監谷大用、駙馬都督崔元、內閣大學士梁儲、定國公徐光祚、禮部尚書毛澄等人出發趕赴安陸，迎接朱厚熜赴京即位。誰也不會想到，迎來的十五歲的朱厚熜竟是如此難以對付。從正德十六年（1521）始至嘉靖三年（1524），朱厚熜依靠一部分臣工的支持，在議禮問題上與大部分朝臣對立了整整四年，而在這一過程

楊廷和像

197

中，朱厚熜一步步走向強硬和專制。

楊廷和更沒有想到的是，由他起草的一份遺詔，竟然一開始就成為朱厚熜迫使他改變立場的利器。遺詔中用武宗的語氣說：「皇考孝宗敬皇帝親弟興獻王長子，聰明仁孝，德器夙成，倫序當立，已遵奉祖訓兄終弟及之文，告於宗廟，請於慈壽皇太后，與內外文武羣臣合謀同詞，即日遣官迎取來京，嗣皇帝位。」遺詔中最關鍵的是最後四字「嗣皇帝位」。所以，當正德十六年四月二十二日朱厚熜到達北京城外的時候，進城的禮儀就成為第一個問題。禮部員外郎楊應奎、郎中俞才擬定的儀注，是照準皇太子即位之禮的，即由東安門入，宿文華殿。朱厚熜看過之後，就對身邊的興獻王府長史袁宗皋說：「遺詔是讓我來做皇帝的，不是皇子。」在當時，朱厚熜所能真正依靠的親信，大概也就是年老的袁宗皋。後來，袁宗皋以從龍之功任內閣大學士，由一個正五品的官員升至一品大臣。但在當時，朱厚熜無疑是以一人之力對抗當時的文官政府。楊廷和請求按既定的皇太子禮儀行事，無奈朱厚熜以遺詔為依據，就是不同意。最後，張太后命楊廷和等人先實施「勸進」這樣一個程序，等於在形式上確認朱厚熜為皇帝，然後再按皇帝的儀式迎朱厚熜入京。朱厚熜當即受箋，也不再像以往的即位程序那樣辭讓再三，然後由大明門入，朝見太后、武宗皇后，御奉天殿，即皇帝位。後來的人說，這件事說明朱厚熜的心中「早有定見」——即「繼統不繼嗣」。對於一個十五歲的少年來說，有這樣的主見是難能可貴的。所以，袁宗皋說：「殿下聰明仁孝，天實啟之。」我們看來，這也許只說明朱厚熜在王府時受過良好的教育。朱厚熜的父親朱祐杬據說「嗜詩書，絕珍玩」，有較高的文化修養，平時也重視對兒子的教育。所以，相對於深宮長大的皇子，在王府長大的朱厚熜有更強的獨立能力與主見。故，在第一個回合的較量上，朱厚熜小勝。但是，接下來的「大禮議」，竟牽動了整個嘉靖初年的政局。

　　正德十六年五月，按照內閣大學士楊廷和、禮部尚書毛澄的意見，朱厚熜「宜稱孝宗為皇考，改稱興獻王為皇叔父興獻大王，興獻王妃為皇叔母興獻王妃」；對興獻王和興獻王妃，朱厚熜一律稱「姪皇帝」；益王第二子朱厚炫，繼興獻王後，襲封為興王。這樣的安排，就等於將興獻王朱祐杬惟一的兒子朱厚熜過繼給孝宗為子而正式成為武宗的弟弟，以繼承皇位，再將益王的兒子朱厚炫過繼給興獻王朱祐杬，繼承王位。對於這樣的安排，朱厚熜回答說：「事體重大，再討論說來聽。」顯然，朱厚熜無法接受稱自己的親生父親和母親為叔父、叔母，而稱呼根本沒有過繼手續的伯父為父親。但是，禮部尚書毛澄等人的復議依舊堅持前議，並且高唱「為人後者為之子，自天子至於庶人一也」的高調。朱厚熜的批覆依舊是要禮臣們再去討論。也許，他需要等待，等待一些人站出來為皇帝講話。直到七月，事情仍懸而未決。新科進士張璁上疏，針對「為人後者為人子」的說法，指出如果興獻王健在並且即位的話，難道興獻王也要做孝宗的兒子麼？認為朱厚熜所繼承的大統，實際上是太祖之統，是來自祖父憲宗的。而且，張璁說：「現在要迎養聖母來京，稱皇叔母的話，就要講君臣之義了，難道聖母要做皇帝的臣子？且長子不得

世宗生父興獻王（後被追封興獻帝）顯陵

為人後！」這一番議論，在朱厚熜聽來，自是高興，說：「此論一出，我們父子就可以保全了。」但是，在大臣們看來，張璁說的無疑是奸邪之論，意在討好皇帝。因此，紛紛上疏要求懲辦張璁及其同黨桂萼。朱厚熜好不容易找到支持他的人，哪裡會懲辦呢！不久後，他命張璁、桂萼兩人進京與京城的大臣們議禮。大臣們自然是極力阻撓二人入京，一方面與皇帝妥協，一方面攻擊張璁和桂萼兩人心術不正。這樣，圍繞着議禮這一事件，朝臣分成兩派：一派是以張璁為首的主張尊奉興獻王為皇考的；一派是以楊廷和為首的主張尊奉孝宗為皇考的。

從兩派的力量對比來看，在初期楊廷和等占據着極大的優勢。內閣大學士、各部的尚書以及科道的言官們，幾乎都是與楊廷和同一主張。這時世宗剛剛即位，羽翼尚未豐滿，還不敢過分地專制。大臣們也動輒以辭職相要挾。就在正德十六年十月，禮部尚書毛澄、大學士蔣冕就先後要求辭職，朱厚熜因為還缺乏多數朝臣支持，只能溫旨挽留。但是，正德十六年九月的一次事件，也許初現了朱厚熜專制的苗頭。該月，禮部主張用王妃的禮節迎接到京的興獻王妃。但是，朱厚熜明確地表示不同意，下詔用「母后儀駕」，由大明門入。整體看來，這一時期朱厚熜與楊廷和等大臣之間的關係，是一種博弈。雙方相互妥協、要求，試探對方的底線。有時，朱厚熜幾乎就像是在哀求了。正德十六年十一月，朱厚熜對楊廷和等人說：「你們所說的意思我都明白，但是，我的哀哀之情不能自已，罔極之思亦無方。可承朕命以表衷腸，慎無再拒，勉順施行。」意思是說，請你們就接受我的命令不要再拒絕了吧，勉勉強強實施就可以了。在當時，朱厚熜的要求比較簡單，就是不能稱自己的父親為「叔父」。嘉靖元年（1522）三月，朱厚熜勉強接受稱興獻王為「興獻帝」、稱興獻王妃為「興國太后」。議禮諸臣如張璁、霍韜、熊浹等人被以各種理由放到外地去做官，只剩下皇帝一個人與整個文官政府抗衡。

不過，朱厚熜在長達一年與諸臣的接觸中，也許早就體會到皇帝之尊貴及專制的力量。所以，嘉靖元年十二月十一日，皇帝傳諭：「興獻帝、后皆加稱皇字。」也就是要稱興獻帝為「興獻皇帝」，稱興獻太后為「興國皇太后」。但是，毛澄等人堅持「興獻帝不宜加皇號」，抗疏力爭。朱厚熜派太監去見毛澄，向毛澄長跪叩頭。毛澄嚇了一跳。太監說：「這是聖上的意思。聖上說：『人誰沒有父母，為什麼使我不能盡表尊崇父母之情？一定要請你改變主張！』」毛澄憤然說：「老臣雖糊塗，但不能讓禮法在我手上破壞，只有一去罷了！」於是堅持辭去禮部尚書一職。事情到嘉靖三年（1524）正月，又有南京刑部主事桂萼上疏請求改稱孝宗為皇伯考，稱興獻帝為皇考。這一主張等於否定了朱厚熜繼嗣孝宗的說法，比當初只要求尊崇親生父親的主張又前進了一步。從而，在朝廷中再掀軒然大波。事情到嘉靖三年三月，皇帝與大臣之間達成了和局：尊稱世宗的親生父親為「本生皇考恭穆獻皇帝」。這回皇帝似乎也滿意了，命張璁等人不要再來北京議禮了。但是，對於張璁和桂萼二人來說，深知當初這樣的議論就犯了眾怒，如果不弄垮反對派，勢必在朝廷無法立足。於是，張璁等人又向皇帝上了一道奏疏。大意是說：「稱自己的父親為『本生皇考』，其實還是把自己當作是伯父孝宗皇帝的兒子，與稱自己的父親為『皇叔父』其實沒有多大區別；那些大臣表面上是尊重了您的意見，其實暗地裡還是割裂了您作為兒子對父親的孝情。」皇帝看了這道奏疏，也不再和大臣們商量了，就下詔：「萼、璁來京。」這個時候，當初反對皇帝最激烈的幾個大臣如毛澄、楊廷和、蔣冕，已經或死，或致仕回家了。

　　張璁、桂萼入京，掀起了「大禮議」的又一個高潮。只不過這一次，是議禮派在皇帝的支持下人數越來越多，完全占據了上風。據說張璁、桂萼一入京，朱厚熜就授他們為翰林學士，翰林中的其他官員竟然紛紛請求辭職，以表示不願與張璁、桂萼二人共事的決心。嘉靖三年七月，

201

皇帝命去除「本生皇考恭穆獻皇帝」中的「本生」二字，引發反對皇帝過度尊崇親生父親的哭門事件。楊廷和的兒子楊慎對眾臣說：「國家養士一百五十年，仗節死義，正在今日。」於是，羣臣跪伏於左順門，大呼太祖高皇帝、孝宗皇帝。朱厚熜命太監傳諭說：「爾等姑退！」但是，羣臣到中午時分仍然伏地不起。於是，皇帝命錦衣衛將翰林學士豐熙等八人逮入詔獄。楊慎等人於是撼門大哭，一時「聲震闕庭」。朱厚熜大怒，將五品以下官員馬理等一百三十四人逮入詔獄拷訊，四品以上官員姑令待罪。朱厚熜餘怒未息，接着又命將楊慎、張原等糾集者實行廷杖。張原當時即被杖死，楊慎等或削職為民，或充戍邊疆。這件事，當時也稱為「大禮獄」。明代士大夫的風節，在這一事件中表現得非常強烈。這一事件同時也使「衣冠喪氣」，而張璁等人氣勢極為囂張，議禮一事亦沿着他們的主張越滑越遠。嘉靖三年九月，定大禮，稱孝宗為「皇伯考」，昭聖太后張氏為「皇伯母」；稱恭穆獻皇帝為「皇考」，章聖太后為「聖母」。

至此，世宗解決了「誰是我的父親」的問題，明確地表明孝宗朱祐樘只是自己的伯父。但是，正如孟森諷刺的那樣，既然當初反對稱親生父親為皇叔父的理由是「如果稱皇叔，就要講君臣之義」，那麼稱孝宗為皇伯考不是也要講君臣之義嗎，難道要把孝宗當作世宗的臣子嗎？這裡面無疑存在着一個自相矛盾之處。所以，清代人在修《明史》的時候，亦是議論紛紛。學者毛奇齡還專門寫了一篇《辨定嘉靖大禮議》的文章，從經學的角度專門探討明代人疏於知禮。今天看來，「大禮議」一事，並無是非曲直，倒是真實地反映了明代皇權的專制力量之強大。後來，議禮一事還不僅停留於此。世宗非但對其生父稱帝稱考，而且稱皇稱宗，乃至超越武宗而配享於明堂。這樣的做法，連張璁等人都覺得有些過分。但是，誰又能節制皇帝呢？晚明學者黃景昉說得好：「有導其源，思節其流，難矣！」其實，後來世宗的隨心所欲，又何止在「大禮議」一事上，在迷信道教

上，他更是走得越來越遠。

誰續我的生命

　　世宗迷信道教，在明代皇帝中是最典型的。他為自己取了幾個很長的道號，大概凡是道士們喜歡使用的字詞，在嘉靖的道號中都容納進去了，真是可笑至極。例如，他自號「靈霄上清統雷元陽妙一飛元真君」、「九天弘教普濟生靈掌陰陽功過大道思仁紫極仙翁一陽真人元虛圓應開化伏魔忠孝帝君」，又號「太上大羅天仙紫極長生聖智昭靈統元證應玉虛總掌五雷大真人元都境萬壽帝君」，把自己當作道教的神仙。

　　從十六歲始，世宗就開始喜歡上道教的齋醮，即建壇向神祈福的活動。從嘉靖二年（1523）起，世宗的齋醮活動就開始受到羣臣的關注與勸諫。第一個誘引世宗進行此類活動的人，可能是太監崔文。在四月份給事中張嵩的上疏中說：「太監崔文等於欽安殿修設醮供，請聖駕拜奏青詞，是以左道惑陛下，請火其書，斥其人。」閏四月，楊廷和也勸皇帝不要迷信道教：「齋醮祈禱必須預絕，其端不可輕信」，指出齋醮活動是道教之人假借來騙衣食的，虛誕誣罔。但是，世宗渾然不以為意。羣臣在勸諫齋醮活動的同時，還不斷地提及要皇帝「宮寢限制、進御有時」、「親幸有節」，要節制女色。一個剛剛即位才一年多的十七歲皇帝，竟然就開始迷上道教與女色，可想其精神是多麼的空虛。所以，世宗可能是明代皇帝中墮落得最快的一個。在世宗在位的四十五年中，他對於道教的癡迷從來就沒有改變過。嘉靖朝的不少政治事件，都與道教有關。比如說嘉靖朝嚴嵩的垮台，就是道士藍道行借扶乩之名指嚴嵩為奸臣而起。概括地說，世宗的通道活動中，前後有兩個人對他影響很大。一個是邵元節，一個是陶仲文。世宗所寵倖的道士中，惟二人恩寵日隆，始終不替。

邵元節，江西貴溪人，龍虎山上清宮的道士。還在正德年間的時候，寧王朱宸濠就曾經禮聘他去寧王府，遭他拒絕。因此，正德十四年寧王朱宸濠的叛亂被平定後，邵元節非但沒有受牽連，反而被道人們認為「有識」而受到尊崇。嘉靖三年（1524），迷戀道教的世宗召邵元節入京，讓他居住在顯靈宮中，專門掌管禱祀之事。顯靈宮在宮城之西，修建於明代永樂年間。嘉靖初年，皇帝還專門修建顯靈宮的昊極通明殿，用以祭祀道教神仙浮德王、寶月光后。邵元節的法術，很快就在不久的一次求雨中應驗了。這讓皇帝很高興，同時也增加了對邵元節的信任。他封邵元節為真人，讓他主管朝天、顯靈、靈濟三個道觀，總領天下道教。從嘉靖三年到嘉靖十八年病逝，邵元節無疑是世宗最寵倖的道士。皇帝還曾派人在邵元節的家鄉貴溪建造道院，名仙源宮。

陶仲文，在邵元節之後，他取代了邵元節的位置，專寵二十年。陶仲文初名典真，湖廣黃岡人，曾做過黃梅縣的縣吏、遼東庫大使。後來，他來京城，住在邵元節的邸舍中。宮中有一些事情因邵元節年老不能去的，就讓陶仲文代替去辦。從嘉靖十八年（1539）到嘉靖三十九年去世，陶仲文成了世宗身邊最受寵的道士。嘉靖二十年，陶仲文進少師，兼少傅、少保。在明代歷史中，兼領「三孤」的只有陶仲文一人。陶仲文雖然極受世宗寵愛，行事卻小心慎密，不敢恣肆。這也許是他能長年受寵於世宗的主要原因。

世宗迷信道教，雖然也有道教的法術在解決一些求雨、祈嗣等問題上有所應驗的原因，但是歸根結底是想要尋找長生之道。有學者指出世宗通道，前期主要是為了長生，後期主要是房中術。在道士的理論中，房中術正是養生術之一種。從道士那裡，世宗學來的長生之道有二：一是齋醮，二是採陰補陽。齋醮剛才說過，就是建道壇，齋沐之後向神仙祈福。齋醮時必須向上帝呈奉祝詞，即青詞。青詞是道士齋醮時上奏天神的奏章，通

常是用硃筆寫在青藤紙上，又稱為綠章。世宗晚年迷信道教，專意於齋醮之事。當時的大臣中，嚴嵩、袁煒、李春芳都善撰青詞，以討好皇帝。袁煒、李春芳後來還被人稱為「青詞宰相」。一些挨不上資格為皇帝寫青詞的人如高拱就請求皇帝允許他為齋醮事效勞。第二項長生之道採陰補陽，實際上變成了世宗既想長生，又不想節欲的藉口。根據邵元節、陶仲文等道士的理論，世宗養生除了主靜、主誠、主敬之外，不需要特別地節制自己的性欲，而只需要掌握一定的房中秘術並與童貞的處女交配，就可以達到採陰補陽、延年長壽的效果。為此，在嘉靖一朝，為皇帝煉製春藥成為道士們的一項主要任務。春藥有多種，其中以「紅鉛」（或叫「先天丹鉛」）製成的小藥丸最為有名。

世宗所要服用的「紅鉛丸」中的主要成分，就是十三四歲少女初次月經的經血。因此，嘉靖一朝，多次在民間選宮女，每次數百人。這些宮女，一方面為煉製紅鉛丸提供原料，另一方面則充當世宗泄欲的工具。在「紅鉛丸」中，還有中草藥、礦物質及秋石等成分。秋石，據說也是用童男、童女尿煉製而成。據英國著名的中國科技史家李約瑟說，明代道士所煉的秋石，實際上即從大量的人尿中提取的性激素製劑。也就是說，秋石方的加入，即是使紅鉛丸具有春藥的功能。依靠這些藥物，世宗再瘋狂地對少女們進行所謂的「採補」。

中國古代的房中術，「採補」之術即是把少女當作煉內丹的「爐鼎」。這種交配態度，其實對於女方是一種變相的摧殘。此外，世宗命令宮女們每天日出時分就去御花園中採集「甘露」，供他飲用。暴戾、好色的世宗，漸漸引起了宮女們的怨恨。嘉靖二十一年（1542），宮中發生了一次宮女謀弒皇帝的宮變，史稱「壬寅宮變」。宮變的主角楊金英、邢翠蓮等糾集十餘名宮女，在十月二十日晚上用黃綾布幾乎將世宗活活勒死。這件事情的最終後果，是十餘名宮女連帶受皇后嫉妒的端妃曹氏被凌遲處死。

而且，世宗從此對於冷森的宮城心懷怯意，乾脆搬出宮城，住到了西苑萬壽宮，專心地修起道來。

但是，無論是道士們的齋醮，還是甘露、丹藥、房中術，都沒能強健世宗那本就孱弱的身體。過度縱欲與濫服藥物，只能加速他的生命逝去。嘉靖四十四年始，世宗就開始重病，次年十月，壽終正寢。

誰做我的寵臣

嘉靖一朝，有寵臣，無權臣。世宗雖然在嘉靖二十一年（1542）後就偏居西苑，但卻一直乾綱獨斷，掌控着朝廷大權。這雖然是明代皇權前所未有地得到加強的結果，也是世宗自身的性格所決定的。「大禮議」事件中的勝利，讓世宗產生出極強的自負心理。有些學者說世宗是一個「自大狂」。這句話絲毫不錯。明末的黃景昉說世宗「集眾美自居」，即把自己看作是非常完美的人。實際上，世宗一直把自己當作一個聖人。在有着這樣一種心態的帝王手下做大臣，自然是不能有一絲一毫的自誇。明代中葉有一位大臣叫做王守仁的，是一個大哲學家、軍事家，世稱陽明先生。嘉靖初年他在平定思、田二州的叛亂之後，給朝

王守仁手札

廷上了一道報捷的奏疏。疏中說了些自己「永除百年來兩廣心腹之患」、「事半功倍」之類的話，結果招來世宗一頓「近於誇詐，有失信義，恩威倒置，恐傷大體」的責罵。這件事說明，在世宗眼裡，沒有能臣，只有聽話辦事的奴才！嘉靖年間，皇帝比較信任的代表性的

《明世宗出警圖》（局部）

寵臣，前期有張璁、夏言，後期有嚴嵩、徐階。張璁、夏言皆以議禮而受寵；嚴嵩、徐階則都善於撰寫青詞。

　　張璁，字秉用，號羅峰，浙江永嘉人，後改名孚敬，字茂恭。後來，皇帝在召對時好幾次叫他「張羅山」，所以張璁乾脆又號「羅山」。據說，張璁身材高大，相貌秀美。二十歲左右，他就中了舉人，然而此後參加過七次會試，都沒有考上進士。他就想以舉人的身分向吏部謀一份差使。但是，一個名叫蕭鳴鳳的御史很會相人，看了張璁的生辰八字後說：「你還是別去參加吏部的選試了。再過三年，你就可以成進士。一旦你成了進士，你就和皇帝好得像一個人，天下人沒有誰能比得上你了！」張璁勉強地回了家。三年之後的正德十六年（1521），張璁果然中了進士。張璁以新科進士的身分上疏要求尊奉皇帝的親生父親，使他後來得到了皇帝的重用。在議禮過程中，兩個御史——段續和陳相——竟要求殺張璁、桂萼以正典刑。一時之間，張璁四面受敵，惟一的支持只剩下來自皇帝的慰問。

當時，皇帝對張璁說：「你們不是靠議論我父親的禮儀而受我的寵倖的，你們只是把該說的正確的話講了出來而已。你們的忠心和你們的學識品行，都銘記在我的心裡。」因此，對皇帝的服從與感激，就成了張璁後來做官的基本準則。那就是，要無限地服從並報答皇帝，而對於大臣們卻表示出極端的蔑視。張璁在嘉靖六年（1527）升任禮部尚書、文淵閣大學士，入閣辦事。皇帝對他極其信任，曾對他說：「我寫給你的密旨，你千萬不要讓別人知道，恐怕會泄露秘密。」從張璁的性格看來，他是一個敢作敢為的人。在他做大學士期間，他做了許多事情，比如整頓翰林院庶吉士制度、讓科道官互糾。這些措施，無論是出於什麼樣的主觀意圖，卻都達到了整頓吏治的效果。但是，張璁倚仗皇帝對他的信任，在任大學士期間，志驕氣橫，傲視公卿。這在某個方面觸動了世宗敏感的神經。嘉靖八年，張璁與首輔楊一清鬧矛盾，世宗命令張璁退休回家。不過，張璁一離開京城，皇帝就又對他念念不忘。過了一兩天，就命行人司的行人拿了一道自己的手諭，去追了張璁回來。同樣的事，還發生了兩次。這說明，一方面，世宗對張璁非常寵倖，但是另一方面卻又總是想殺殺張璁的威風。後來有人議論張璁，就說他根本就不明白要向皇帝表示出一定的做大臣的尊嚴。其實，這種議論，又怎麼能真正理解張璁呢！在張璁看來，他的一切都是皇帝給予的。何況，曾經扶持世宗登上皇位的楊廷和死後還差點要被追懲呢，更別說其他人了。張璁也許深諳其中的道理，才不致於做出愚蠢的對抗皇帝的事來。世宗之下的大臣，談什麼尊嚴呢？

嚴嵩在明代歷史上被視為一個奸臣。在嘉靖朝的後半期，他與陶仲文成為皇帝迷信道教的左膀右臂。陶仲文幹的是道士的活——煉丹；嚴嵩幹的是文人的活——寫青詞。有點意思的是，兩個人也在相近的時間裡離開世宗——陶仲文在嘉靖三十九年（1560）死了，而嚴嵩在嘉靖四十一年退休回家。嚴嵩字惟中，江西分宜人，故明朝人常稱他為嚴分宜。他是弘治

十八年（1505）的進士。中進士後不久，就回到家鄉潛心讀書十年，練就了一手極好的古文、詩詞工夫。據說，嘉靖朝後期寫青詞的大臣不少，但嚴嵩寫的青詞最合世宗的胃口。從嘉靖十五年始，嚴嵩開始進入政權的核心。當年，他因為文詞甚好，被皇帝留在京城主持重修《宋史》。不久之後，嚴嵩在同鄉貴溪人夏言的幫助下成為禮部尚書。嚴嵩為了取寵於世宗，使盡了渾身解數。他深知世宗的忌好，所以表現得非常「忠」、「勤」、「謹」。他一做禮部尚書，就上了一道疏，說：「現在的大臣們呀，到最後都是觀望禍福，使皇上變得孤立而勞碌。」世宗見後非常高興，說：「這樣的話，已經足夠表現出你的忠誠了！」又比如說，世宗經常派小太監去探視夏言和嚴嵩的舉動，嚴嵩通過結交內廷太監，總是事先做好準備，深夜坐在家裡寫青詞，而夏言總是茫然不知，酣然大睡。還有一次，皇帝要封嚴嵩為上柱國，嚴嵩趕緊請辭，說：「一個國家沒有兩個『上』，人臣不應該稱『上』。」要知道，在古代，「上」是臣民們指稱皇帝的代詞。非常善於偽裝和取巧的嚴嵩與略顯粗莽的夏言，他們之間的權力鬥爭，誰勝誰負自然可以想像。嘉靖二十一年，憑藉議禮而得

《明世宗入蹕圖》（局部）

寵、當權六年之久的夏言被罷免，嚴嵩取代了他的位置。自此以後的二十年，除嘉靖二十四年（1545）到二十七年的三年，基本上是嚴嵩一手遮天。在一個極端專制的皇權政治體系裡，誰控制着與皇帝溝通的渠道，誰就可能獲得權力。從嘉靖十八年（1539）起，世宗就基本上不再上朝了，大臣們基本上見不到皇帝。嚴嵩卻時常能見到世宗，有時皇帝一天可能給嚴嵩下幾道手詔，其寵倖可見一斑。到嚴嵩年齡很大的時候，他甚至可以坐着小轎出入宮廷。但是，世宗始終沒有放權給嚴嵩。嘉靖二十四年他重新召回夏言任內閣首輔，就使嚴嵩處於一個非常尷尬的境地。據說，有一次為了兒子嚴世蕃的違法之事，嚴嵩不得不攜子到夏言府上，跪在夏言的牀邊求情。《明史》清楚地指出，這是世宗察覺了嚴嵩的驕橫，所以雖親禮嚴嵩，卻也不完全相信嚴嵩，故偶而會作出一些很專斷的決定（例如殺兵部尚書丁汝夔、大將軍仇鸞），或偶而不同意嚴嵩的話，以「殺離其勢」。

後來，年老的嚴嵩漸漸失寵。原因之一是他再也寫不出很精妙的青詞來。他的青詞多是請別人代寫，所以皇帝總是不滿意；其次，他最善於揣摩皇帝心思的兒子嚴世蕃因為要為母親歐陽氏守孝，不能跟着嚴嵩辦事，所以嚴嵩擬的旨也往往不稱皇帝之心；再次，萬壽宮火災之後，嚴嵩竟糊裡糊塗地勸皇帝暫且住到南宮去。要知道，南宮是當初景帝幽禁英宗的地方！這讓世宗惱火不已。最後，嚴嵩之敗的關鍵，是因為在皇帝的身邊出現了另外一個精明厲害的人物——徐階。據說，有一次嚴嵩想藉大將軍仇鸞之獄陷害徐階，卻發現徐階比他更早一步行動了——仇鸞之獄是徐階先告發的，不由得咄咄稱奇。嘉靖四十一年（1562），道士藍道行為世宗扶乩。沙盤上出現了一行字：「賢不竟用，不肖不退耳！」世宗問誰是小人。藍道行說：「賢如徐階、楊博，不肖如嵩。」這件事被一個在太監家避雨的御史鄒應龍知道了。於是，善於投機的鄒應龍就上疏攻擊嚴嵩、嚴

世蕃父子。同年五月，嚴嵩被罷免，嚴世蕃下獄。據當時一些人的記載，也有說這件事是徐階一手布置的。後來，御史林潤繼續攻擊嚴世蕃，想把當初楊繼盛彈劾嚴氏父子而死的事情當作一件罪狀列進去，被徐階阻止。徐階知道，楊繼盛之獄是世宗已經首肯的，翻楊繼盛案等於指責皇帝也有過錯。於是，徐階捏造了一個莫須有的罪名，說嚴世蕃結交倭寇。既然是叛國，自然死有餘辜。這樣，嚴嵩二十年的

明世宗永陵

政壇經營，一朝瓦解。繼嚴嵩而起的，是更有心術的徐階。不過，朝政方面逐漸改變了過去嚴嵩當權時的悛刻之風，變得相對地寬鬆起來。所以，嘉靖最後的五年時間，氣象略有些回復。

　　嘉靖四十四年（1565），皇帝病重。太醫徐偉遵詔前往醫治。世宗坐在小牀上，龍衣拖在地上。徐偉怕踩着龍袍，遠遠地站住，不往前走。世宗非常奇怪。徐偉說：「皇上龍袍在地上，臣不敢進。」診視完畢，世宗給閣臣們下了一道手詔，說：「徐偉剛才說『地上』，最能體現他的忠愛之情。地上，人也；地下，鬼也。」徐偉聽內閣大臣一說，嚇得一身冷汗。剛才若是無意中說「龍袍在地下」，恐怕自己早已先變做鬼了。這種對文字的敏感，說明世宗自知已來日無多了。果然，嘉靖四十五年十二月

十四日，世宗被眾人從西苑抬回乾清宮中，規規矩矩地龍馭賓天了。據後來以徐階為首的一批大臣們的主張，道士王金是害死世宗的罪魁禍首。世宗是不是服用王金等人所煉的丹藥而死？這個問題，到隆慶三年（1569）時便模糊了。當時的大學士高拱為了報復原首輔大學士徐階，對穆宗說：「如果要追究王金等人的罪責，就說明先皇之死是非正常死亡。先皇活了六十歲，卻留下一個暴死的名聲，恐怕不好吧！」所以對於王金等人的調查也就結束了。但是，從世宗喜歡服用丹藥的特徵看來，他的死未嘗不是服用丹藥過量的緣故。無論如何，在嘉靖四十五年，朱厚熜死了，身後留下的，是一個不安的邊疆和海域。

朱厚熜個人小檔案

姓名：朱厚熜　　　　　　　　　**出生**：正德二年（1507）八月初十日

屬相：兔　　　　　　　　　　　**卒年**：嘉靖四十五年（1566）

享年：六十歲　　　　　　　　　**在位**：四十五年

年號：嘉靖　　　　　　　　　　**諡號**：肅皇帝

廟號：世宗　　　　　　　　　　**陵寢**：永陵

父親：朱祐杬　　　　　　　　　**母親**：蔣妃

初婚：十六歲　　　　　　　　　**配偶**：陳皇后，張皇后，方皇后

子女：八子，五女　　　　　　　**繼位人**：朱載垕

最得意：「大禮議」中獲得勝利　**最失意**：壬寅宮變

最痛心：曹端妃被凌遲　　　　　**最不幸**：八子僅存其一

最擅長：權術、房中術

相關閱讀書目推薦

（1）王天有主編：《明朝十六帝・世宗肅皇帝朱厚熜》，紫禁城出版社，
1999 年

（2）林延清：《嘉靖皇帝大傳》，遼寧教育出版社，1993 年

（3）林乾：《嘉靖帝隆慶帝》，吉林文史出版社，1996 年

穆宗朱載坖

隆慶元年（1567）—六年（1572）

　　與所有的皇帝一樣，穆宗朱載坖也有一個「真命天子」的神話。嘉靖十八年，他與他的哥哥莊敬太子同日受封，太監們卻誤將太子的冊寶送到他的宮中，人以為異。後來，莊敬太子得病死了，太子的位置輪到他。他的弟弟景王想要與他爭奪皇位，卻在老皇帝世宗就快去世的前一年死了。這皇位居然跟定了他，誰也搶不走！他的一生，基本上沒有什麼值得大書特書的事情。他惟一的愛好就是女人，他最大的優點就是無能。萬曆二年（1574），張居正主持修纂《穆宗實錄》，對剛剛過世的穆宗有極高的評價：「上（穆宗）即位，承之以寬厚，躬修玄默，不降階序而運天下，務在屬任大臣，引大體，不煩苛，無為自化，好靜自正，故六年之間，海內翕然，稱太平天子云。」相比較而言，穆宗的性格是正德以後歷代皇帝中最謙和的。在他之前，是終日沉迷於道教而略有些變態的世宗；在他之後，是一個在偏激、厭世及對官僚政治的輕蔑中度過三十多年歲月的神宗。所以，只有明靜、寬仁的穆宗，才讓大臣們有足夠的空間來施展抱負。隆慶一朝，只有六年，但其間人才輩出，徐階、張居正、高拱，都是人中豪傑。在他們的主持下，隆慶一朝倒真是一個太平盛世。《明史》對

穆宗的評價也不錯，說他「端拱寡營，躬行儉約」，每年光吃的一項省下來就達到幾萬兩銀子。不過，穆宗是一個「寬恕有餘而剛明不足」的人，所以在他統治期間，內閣之間的權力鬥爭加劇。其中，徐階與高拱的鬥爭從隆慶元年（1567）就已經開始。

內政：專任高拱

嘉靖四十五年（1566），世宗朱厚熜死的時候，內閣大學士有四人：徐階、李春芳、郭樸、高拱。徐階為首輔大學士，身分最尊，權力最大。嘉靖皇帝一死，徐階就草寫遺詔，以裕王朱載坖即位，並且革新嘉靖一朝的弊政。例如，逐去宮中的道士、恤錄嘉靖一朝因為勸諫而罷官或杖死的官員。當時，人們都將徐階視作正德、嘉靖之際的楊廷和，聲望非常高。

徐階，字子升，號少湖，晚號存齋，松江府華亭縣（今上海市）人，故人稱徐華亭。他在嘉靖元年（1522）中應天鄉試第八名，嘉靖二年中進士一甲第三名，也就是俗稱的「探花」。這一年，徐階還只有二十一歲，可謂少年得志。但是，嘉靖九年，喜歡創新制度的世宗命令修改孔子廟的廟制，比如將孔子的諡號由「王」改稱「先師」，毀塑像用木牌位代替等等。這對於當時的讀書人來說是不能接受的。徐階因上疏表示反對，惹怒了皇帝。世宗將他發配到福建延平府（今福建三明市）去做一個管刑獄的推官，並在宮中的柱子上刻了幾個字——「徐階小人，

穆宗陳皇后像

壽山石「御前之寶」

永不敍用」。後來，世宗似乎忘了當初發下的誓言，召徐階為司經局洗馬兼翰林院侍講。徐階從此學乖了許多，他「謹事（嚴）嵩，而益精治齋詞迎帝意」，討得了皇帝與首輔大學士嚴嵩的歡心。嘉靖四十一年（1562），徐階終於扳倒了專權二十一年的嚴嵩，順理成章地成為首輔。據說，徐階身材短小，但長得非常俊秀白皙，為人極富心術，城府很深，他又非常能吃，且好酒。有一次，他在做江西提學副使任上，在路上遇見尚書毛伯溫。兩人用手抓着鵝肉和饅頭就酒，各吃了50個饅頭。徐階吃起來「長齕大嚼，旁若無人」，毛伯溫感歎道：「公大器也。」毛伯溫的話顯然不錯，到嘉靖四十五年，天下之人都歸心於徐階。但是，徐階過於自信，以為自己既然護持裕王即位，新君自然會聽自己的，全然不知自己的身後還有一個性格傲慢的高拱。

高拱，字肅卿，號中元，河南新鄭人，嘉靖二十年（1541）進士。他的仕途從翰林院庶吉士始，歷翰林院編修、翰林院侍讀學士、太常寺卿兼國子監祭酒、禮部左侍郎、吏部左侍郎掌詹事府，最後升為內閣大學士。作為裕王府講官，預示着他的政治生命將非常輝煌。雖然當時的裕王並沒有正式封為太子，但作為世宗的第三個兒子（世宗的長子及次子都早夭），裕王是皇位的第一繼承人。可能與裕王爭奪皇位的只有皇四子景王朱載圳。世宗晚年迷信道士的話，說「二龍不相見」，不願與兒子們見面，但他並不糊塗。嘉靖四十四年（1565），景王朱載圳死了，世宗對徐

階說：「此子素謀奪嫡，今死矣。」可見，裕王雖然沒有被封為太子，卻始終是世宗選定的第一皇位繼承人。到裕王朱載垕成了皇帝唯一的兒子，嚴嵩和徐階知道高拱將來會得到重用，都傾心結納。高拱性格偏狹，以「驟貴而驕」，不大看得起徐階。高拱做大學士的時候，把家安置在西苑附近，時常偷偷回家。世宗臨死的時候，高拱更是將自己的東西從西苑宮中搬出。這事遭到言官胡應嘉的攻擊。胡應嘉與徐階是同鄉，所以高拱就認定是徐階囑咐胡應嘉來攻擊他的。從此，兩人不和。嘉靖四十五年世宗去世的時候，徐階草寫遺詔，不找高拱商議，而是與張居正商量，讓高拱更加不滿。此時，高拱在內閣大學士中的資歷尚排在最後一位，要扳倒徐階還需要時間。

嘉靖四十五年十二月，裕王朱載垕即位。新帝登基，例當改元。朱載垕以年號問閣臣徐階、高拱、郭樸及張居正。四人各擬二字上，而朱載垕選中高拱所擬定的「隆慶」二字。按後來的一位明代學者沈德符的說法，「隆慶」作為年號並不恰當。因為同時與「隆慶」重名的不少，而改名則「不免多一番紛更」。晚明學者黃景昉對這件事情也提出了看法：穆宗定年號為「隆慶」，是因為這兩個字是高拱擬的；從這件事看，大家都知道皇帝現在喜歡的是誰了；在這種情形下，徐階其實應該急流勇退。

新即位的穆宗，與高拱的關係確實不一般。高拱前後在裕王府侍講九年，他改任國子監祭酒的時候，當時為裕王的穆宗與他別離時竟然哽咽而泣。所謂一朝天子一朝臣，當初裕

白石「欽文之寶」

王府的另兩名講官——陳以勤和張居正，也先後入閣做了大學士。徐階雖然善於逢迎，畢竟不如高拱和穆宗的關係密切。然而，徐階沒有離職，而是留任在首輔的位置上，而且凡事都不和高拱、郭樸等閣臣商議。高拱與徐階之間的衝突，在隆慶元年（1567）就加劇了。王世貞記載了內閣中一次會食後徐階與高拱的衝突。高拱質問徐階：「公在先帝時，導之為齋詞以求媚，宮車甫駕而一旦即倍（背）之，今又結言路而必逐藩國腹心之臣。」徐階回答：「夫言路口多，我安能一一而結之耶？且我能結之，公獨不能結之耶？……公言我導先帝為齋詞，固我罪。獨不記在禮部時先帝有密札問我：拱有疏願得效力於醮事，可許否？此札今尚在。」高拱之問雖然語含殺機，所謂「逐藩國腹心之臣」，就是想藉穆宗而罪徐階。然而，徐階的反駁使高拱「煩赤語塞」，加之廷臣對徐階的聲援——「論及於拱，則人人稱快如拔眼中之釘」，高拱自然不能不敗。隆慶元年五月，高拱被罷免。但次年七月，徐階也致仕回鄉。隆慶三年十二月，在內閣大學士張居正與太監李芳的運作下，高拱被重新召用為內閣大學士，兼掌吏部事。從表面上看，在內閣中，高拱居於李春芳之下，直到隆慶五年五月李春芳致仕，他才成為首輔。但是，高拱因為掌管吏部事務，是實際的吏部尚書。按明朝的制度，吏部尚書在六部中排名第一，地位極高，而且負責人事任免，具有很大的權力。因此，從隆慶三年開始，高拱實際上操縱了隆慶朝後期的政局。

高拱其人，練習政體，負經濟才。他當權的時候，在整頓吏治、軍事方面，推行了一些非常富有成效的措施。例如，他想知道臣工中哪些是人才，就命令吏部各司設立一本冊子。冊子上寫着各位官員的籍貫、姓名，以及能力、品德。每個月，各司都要對冊子進行一些整理；每年，將各司的冊子彙集起來。通過這樣的方法，高拱能間接地了解一些官員。在他於吏部任職期間，有時看似倉卒的任命，所選的人才卻總能勝任該職。他任

用人才的標準是能力而不是品德。例如,他曾經任用殷正茂總督兩廣軍事。有人說殷正茂的品行不好,高拱回答說:「他雖然貪,但是可以成事。」仍然堅決地使用殷正茂。在軍事問題上,高拱指出,軍事是一項比較專門的學問,要經過多年的練習才能擔當。因此他建議增置兵部侍郎一職。兵部侍郎,可以外用為總督;總督之後,可以再召回用為兵部尚書。通過這樣的內外更替,懂邊疆軍事的大臣就會多起來。而且,高拱建議,兵部侍郎、兵部尚書這樣的職位,應當慢慢地在兵部各司的屬官中培養。兵部的屬官,也最好不遷轉到其他部門任職。這樣,擔任邊防重任的巡撫、總督,就可以在兵部屬官中挑選了。高拱還認為,以往的邊疆地方官,都是用一些被貶斥的官員去充任。其實,邊疆地方官的責任,遠比內地的地方官重。他建議從此以後要重視對邊疆府、州、縣地方官的委任。在高拱的主持下,隆慶朝的政治局面以及邊防,都有了很大改觀。其中,邊防一事,最大的動作就是「俺答封貢」。

邊事:俺答封貢

俺答汗是蒙古族韃靼部的一個部落首領。明初朱元璋將蒙古人驅往北邊草原,蒙古分裂成韃靼和瓦剌兩部。韃靼在東面,瓦剌在西面。15世紀三四十年代,瓦剌在也先的帶領下,勢力非常強盛,曾與明朝軍隊發生衝

嘉靖年造佛郎機炮

突並俘虜過明英宗。到15世紀末期的成化、弘治年間，韃靼強盛起來，其領袖稱小王子，時常騷擾明代北邊。小王子死的時候，長子阿爾倫已經死了，王位便由次子阿著繼承。不久，阿著也死了，大家便立阿爾倫的兒子卜赤為王。但是，阿著的兩個兒子吉囊和俺答，實力非常強，卜赤雖然仍稱「小王子」，卻基本上約束不了吉囊和俺答等人。

俺答在嘉靖八年（1529）的時候，便經常隨着吉囊騷擾明朝北疆。在吉囊死後的嘉靖二十一、二十二年前後，俺答的勢力達到頂盛。他在蒙古草原上，東面趕走了察哈爾的小王子，西面馴服了占據河套地區的吉囊的幾個兒子。俺答又將自己的兄弟、兒子分為五部，五部的駐地直接面臨明代的北防重鎮宣府、大同，對明朝構成最主要的威脅。通過在蒙古草原上的征戰，俺答的人馬從遼東、薊鎮邊外起，西邊直到甘肅、青海以西，並且經常深入中原，席捲宣府、大同、山西各邊。俺答汗的強盛，使明代北部邊事頻起。嘉靖二十一年（1542）六月，俺答從朔州、雁門關侵入，進犯太原以南各州縣。一月之內，出入十衞、三十八州縣，殺戮男女二十餘萬，劫牛、馬、羊、豬兩百萬隻，並搶去大量的布匹、金錢，京師為之戒嚴。最嚴重的是嘉靖二十九年八月，俺答的軍隊從古北口入侵，包圍北京城。當時的兵部尚書丁汝夔領兵而不敢出戰，事後被世宗處死。這件事史稱「庚戌虜變」，足以和「土木堡之變」齊名。次年，在俺答的壓力下，明王朝同意與蒙古進行互市，邊疆暫時平靜。但是，嘉靖三十三年（1554）之後，在喜歡擁兵自重的大將軍仇鸞的倡議下，加上世宗本來就不願與俺答汗講和，雙方之間重新開始戰爭。終嘉靖一朝，俺答入侵的問題始終未得解決。嘉靖四十二年（1563），俺答汗的軍隊還曾經想攻打昌平陵區。

蒙古軍隊南侵的目地，並不在於占有土地，而是在於掠奪財產，尤其是蒙古地區的稀缺之物。在後來俺答汗給穆宗的貢表中就非常明確地表明了這一點。貢表中說：「我們的人口越來越多，衣服缺少。像我的侄子們

分駐在河套和河西地區，我的兄弟駐在東面。各邊都不許進行貿易，我們的衣服、用物都沒有。氈、裘這種東西夏天穿起來很熱，緞、布又難得，被奸詐的小人趙全引誘，就進入邊疆地區幹下了壞事。雖然搶了一些東西，但人馬也常

《馬市圖》

被殺傷。最近，朝廷的各邊防軍隊也常派兵出關作戰，殺了我們的人，趕跑了我們的馬，燒了我們的野草，冬、春兩季人和畜牲都難存活下去。」我們看這份貢表，就知道當時草原上生活的蒙古人，需要依賴漢民族生產的布、茶以及一些糧食。所以，在和平時期，漢民與蒙民在雙方接壤的地區，總是有一些市場進行交易，稱作互市或者馬市。而且，寇掠固然可以使蒙古軍民獲得掠奪物，酋長所得利益卻極少。故蒙古軍隊入侵後，總是向朝廷「求貢」，要求允許他們與漢民貿易。也許是自大狂的心理起了決定作用，世宗始終不大願意同蒙古進行互市。嘉靖十一年（1532），當時負責陝西三邊防務的總制唐龍請求世宗允許小王子「求貢」的請求，俺答在嘉靖二十一、二十二年，也提出過允許他們與朝廷「通貢」的要求，但都遭拒絕，這才有嘉靖二十九年的「庚戌虜變」。實際上，世宗封閉自大的思想，給嘉靖朝的邊防與海防都帶來了很大的麻煩。

221

歸化城

穆宗登基後，北邊的俺答汗仍然是一個巨大的威脅。當時的俺答汗手下有一批漢人，一些是嘉靖十二、十三年大同兵變後叛逃到蒙古的，一些是被朝廷鎮壓的白蓮教教眾。俺答汗依靠這些人窺探明朝方面的動靜，其中丘富、趙全都比較著名。丘富勸說俺答大量收留歸化城漢族中的讀書人。據說，當時邊境稍微識一點字的人，就冒充舉人、秀才，跑到蒙古去。俺答就命丘富考一考他們，有能力的，就讓他統率軍隊；沒有能力的，就讓他們就地耕作，做自耕農。相對於連年受騷擾的明朝邊疆，對於邊民來說，蒙古境內竟然成了一塊樂土。丘富死後，趙全成為俺答汗主要的謀士。趙全多略善謀，他一再勸俺答汗稱帝，「據有雲中、上谷，東封居庸，南塞雁門，獨以一面」，進則占據山西，退則回到雲中，與明王朝形成南北之勢。為了堅定俺答汗稱帝的決心，趙全等人籌劃建立固定的居住城市。嘉靖四十四年（1565），趙全等人驅使大量漢人修建「大板升城」。「板升」是固定式房屋的意思。嘉靖四十五年三月，「大板升城」修成，這就是後來的歸化城（今呼和浩特市）。從此，以「大板升城」為代表的「板升」地區，成為俺答財富的源泉之一。按照趙全的設計，也許慢慢地俺答汗的統治區域，將可以通過農耕和定居

來彌補遊牧業的不足，真可以自給自足，自成一體。如果不是後來發生的偶然事件——俺答汗的孫子把漢那吉投降明朝，俺答汗的統治區就可以照着趙全的模式發展下去。

把漢那吉是俺答汗第三個兒子鐵拜台吉的獨子，從小就失去了父母，跟着祖父俺答和祖母克哈屯生活，很受祖父母疼愛。把漢那吉長大後，娶了大成比吉為妻，又自聘了兔扯金的女兒。俺答汗有一個外孫女，長得非常漂亮，已經許嫁給襖爾都司。但是，當俺答汗得知她長得非常聰明、漂亮的時候，就自己把外孫女娶了過來，稱三娘子。襖爾都司大怒，鬧將起來。俺答汗便將把漢那吉所聘的那名女子給了襖爾都司，平息了這場糾紛。把漢那吉怨恨祖父不倫的行為，又怨恨祖父將自己所聘女子給了別人，對乳母之夫阿力哥說：「我的祖父以外孫女為妻，又搶了孫媳婦給外人，我不想再做他的孫子了，我要走了。」九月，他率同妻子大成比吉和阿力哥投奔大同敗胡堡請降。明朝的大同總兵王崇古和巡撫方逢時接受了把漢那吉的投降，並報告給朝廷。當時，大同鎮的將士們都說：「此樣一兩個小子，沒什麼用處，不要留他。」王崇古說：「此奇貨可居。如果俺答急着想要人，並求互市，可以讓他將趙全等人送給我們處置，我們可以優待把漢那吉而且把他送回到他的祖父那裡；如果俺答不急着要人，我們也可以安撫把漢那吉，就好比留下一個人質，讓他招降附近的蒙古人。」在朝廷，一些官員也強烈反對留把漢那吉。穆宗作出了決定，他說：「對方向慕我們，才來投降的，應該加以安撫。把漢那吉授予指揮一職，阿力哥為正千戶，各賞大紅紵衣一套。」在蒙古那邊，俺答的妻子擔心明朝殺她的孫子，日夜責怪俺答，而俺答本人也感到有些後悔。於是，俺答率兵十萬，逼近大同。王崇古派百戶鮑崇德告訴俺答明朝對把漢那吉的處理。俺答非常感動，說：「漢人既然能保全我的孫子，我願意與他們結盟，永遠不背叛。」雙方訂立和約，在邊境設立互市。十二月，俺答汗綁縛趙全

等人，交給王崇古。王崇古將趙全等人送到京師，處死。隆慶五年(1571)五月，穆宗封俺答汗為順義王。至此，延續近五十年的邊防危機終於得到一些緩解。

在這件事情上，高拱、張居正無疑起了重要作用，王崇古也功不可沒，但最關鍵的還是皇帝做主。從這件事看來，穆宗顯然不像世宗那麼執拗，要開明得多。當然，開放海禁，就更說明穆宗的開明，而且意義也更為重大。

海事：開禁弭倭

明代的海防，主要是防倭。「倭」是自元末以來橫行於東南沿海的海盜，其中有不少日本人，故名「倭寇」。洪武十三年（1380）的胡惟庸黨案、嘉靖四十四年（1565）殺嚴世蕃，都藉的是「通倭」的罪名。明代的倭寇，以洪武年間和嘉靖年間較盛。洪武年間的倭寇，主要是元末戰爭造成的人民離亂以及方國珍、張士誠等人的餘部入海引起的；嘉靖年間的倭寇，也稱「後期倭寇」、「嘉靖大倭寇」，則主要是由嘉靖年間厲行海禁政策引起的。

事情還得從嘉靖二年（1523）的寧波

明朝為防倭寇侵擾而在福建構築的崇武城

抗倭安遠炮台

爭貢事件談起。在16世紀的亞洲，明王朝是整個亞洲貿易圈的核心。中國與日本、東南亞等國之間的貿易，主要是通過「朝貢」的方式進行。歷史學家們也稱這種貿易體系為「朝貢貿易」。朝貢貿易雖然受到幾年一貢的限制，但卻是中國與外國貿易往來的主要通道。一旦這種通道被堵塞，就可能導致走私風行。當然，在明代，無論是君主還是大臣們，都沒有國際貿易的觀念。他們所追求的，首先是國內政治秩序穩定。所以，寧波爭貢事件就成為引發海禁的導火線。嘉靖二年五月，在寧波港發生了日本大內氏派來的貢臣宗設與細川氏派來的貢臣瑞佐、宋素卿之間的爭貢事件。按照慣例，日本貨物進寧波港後，設在寧波的市舶司要登記貨物並請貢臣們赴宴。一般情況下都是按先後次序來的。瑞佐雖然晚來，由於有狡猾的鄞縣人宋素卿幫助，賄賂了市舶司的太監，請他們先登記自己的貨物，宴會上又坐在宗設之上。宗設心中不平，於是和瑞佐互相仇殺。太監因為得了宋素卿的好處，暗中給瑞佐一幫人兵器。宗設一幫人則勇猛善戰，相方相持不下，倒是將市舶司的嘉賓堂燒了，又搶劫了東庫，把瑞佐一直追到紹興。然後再一路殺回到西霍山洋，殺死了明朝的備倭都指揮劉錦、千戶張鏜，最後逃遁回海上。整個浙中地區都為此震盪。明朝政府立即對這件事

情進行調查，結果是處死了宋素卿，將瑞佐送回日本。但是，當時的給事中夏言說了這麼一句話：「倭患起於市舶司。」這可能代表了當時許多大臣們的意見。於是，明廷決定廢市舶司。此後，只有嘉靖十八年（1539）和嘉靖二十六年日本方面有兩次使明船，大部分時間海上正常貿易被隔絕了。

這一次的海禁，比朱元璋時的海禁政策更為徹底。朱元璋雖然不准日本前來，卻還保留着福建、廣東、浙江三個市舶司。嘉靖二年明朝廢市舶司，等於將對外貿易的大門全部關上了。在一個國際貿易逐漸發達的年代，這樣的措施只會產生一個後果，就是走私貿易猖獗。清代學者谷應泰在敍述此事後說：「市舶罷，而利權在下，奸豪外交內訌，海上無寧日也！」

《倭寇搶劫圖》

既然海外貿易有豐厚的利潤，那麼實行海禁只是將正常的貿易渠道堵塞了，卻顯然無法禁止非法的走私貿易。政府對於走私貿易的打擊，又迫使走私分子鋌而走險，武裝拒捕，從而導致嘉靖年間的倭患。因此，有學者通過研究認為，所謂「嘉靖大倭寇」，其實是海上走私集團，來自中國沿海的走私分子勾結「日本海盜」，共同為患，劫掠沿海居民。像明代著名的倭寇集團——王直（五峰，又作汪直）、徐

海（碧溪）集團，其實就是以王直為頭目的一個走私集團。這個集團中有一些日本人，是受王直僱傭的，處於從屬、附從的地位。倭寇橫行中國沿海，破壞了沿海人民安居樂業的生活環境，危害極大。

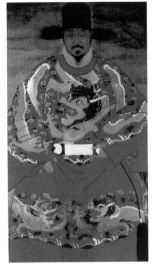

抗倭名將戚繼光像

戚繼光手迹

　　嘉靖一朝對倭寇的戰爭，一直持續着。從朱紈到胡宗憲，抗倭的戰鬥一直在浙江、福建等地進行。但是，由於沿海的商人、勢家大族都從走私貿易中獲得了極大利益，因此對於厲行海禁，都是採取破壞的做法。朱紈就是一個很典型的犧牲品。嘉靖二十五年（1546），朱紈以右副都御史巡撫浙江，兼攝福州、興化、泉州、漳州四府。這些地區都是走私貿易最猖獗的地方。朱紈的做法是，實行嚴厲的海禁政策，將所有的船隻一律燒燬，違犯者一律殺頭。朱紈明白，抗倭的關鍵是杜絕境內的走私商人下海活動，所以他上給皇帝的疏中說：「去外盜易，去中國盜難；去中國羣盜易，去中國衣冠盜難。」所謂「衣冠盜」，就是指參與走私貿易的浙江、福建的勢家大族。福建海道副使柯喬抓獲了一些「通海」的人，共九十餘人。朱紈非常果斷地命令將這些人處斬。結果，沿海的貴官之家都有點惴惴不安，想把朱紈除去。他們聯繫京城的官員，攻擊朱紈的舉措有失平和，殺人太多。世宗立即削去了朱紈的官職。朱紈自知得罪的人太多，憤

明穆宗昭陵

然自殺。此後，倭寇之禍，竟是越演越烈，俞大猷、戚繼光等名將，都曾參與過抗倭的鬥爭。嘉靖三十五年（1556）三月，朝廷以胡宗憲為總督，主持抗倭。八月，胡宗憲計俘徐海，倭患稍稍平息。

倭寇問題的真正解決，最終依賴於明朝政府放棄了海禁政策。當初王直集團，就曾經多次請求互市，並且表示如果政府允許通商，願意殺賊自效。主持平倭的胡宗憲、趙文華也認識到海禁太嚴使沿海的居民衣食無着，可能驅良為盜。一句話，海禁則商皆為盜；海通則盜皆為商。嘉靖四十五年（1566）頑固的世宗的去世以及穆宗的即位，成為解決倭患問題的一個新契機。隆慶元年（1567），福建巡撫御史涂澤民向穆宗建議「開放海禁，准販東西二洋」，獲准。據《東西洋考》的解釋，東洋指呂宋、蘇祿諸國，約指今天的菲律賓，西洋指安南、占城、暹羅諸國，即今東南亞越南、柬埔

明穆宗諡冊

寨、泰國諸國。而對於與日本的直接貿易，仍然嚴禁。但海禁的開放，畢竟使亞洲貿易圈的正常國際貿易重新運轉起來，且打破了約兩百年「瀕海居民不得私自出海」的祖制，使私人海上貿易進入了一個新的階段。從這一點上來說，隆慶元年的開放海禁，是具有歷史意義的革新舉措。

一個無能的皇帝，只因為有幾個能臣輔導，便使隆慶一朝的六年成為一個太平盛世，而自己也被稱作太平天子，可謂奇事。

由於過度縱情於聲色，淘空了身子，穆宗在位僅六年就死了，一個年幼的小太子，由高拱、張居正、高儀三個顧命大臣和司禮監太監馮保輔佐。而從隆慶一朝開始加劇的門戶之爭，在萬曆一朝也越演越烈。

朱載垕個人小檔案

姓名：朱載垕	**出生**：嘉靖十六年（1537）正月廿三日
屬相：雞	**卒年**：隆慶六年（1572）
享年：三十六歲	**在位**：六年
年號：隆慶	**諡號**：莊皇帝
廟號：穆宗	**陵寢**：昭陵
父親：朱厚熜	**母親**：杜康妃
初婚：十七歲	**配偶**：李妃，陳皇后
子女：四子，六女	**繼位人**：朱翊鈞
最得意：俺答封貢、海上開禁	**最失意**：年長而不能早獲儲位
最痛心：大臣對自己的宮內生活多有諫諍	**最不幸**：縱情聲色，享位不久
最擅長：無為而治	

相關閱讀書目推薦

（1）王天有主編：《明朝十六帝‧穆宗莊皇帝朱載垕》，紫禁城出版社，
1999 年

（2）林乾：《嘉靖帝‧隆慶帝》，吉林文史出版社，1996 年

神宗朱翊鈞

萬曆元年（1573）—四十八年（1620）

　　明代歷史上以萬曆紀元的時間，持續將近四十八年之久。實際上，如果不是因為神宗的兒子朱常洛在即位一月之後即去世，萬曆一朝應當足足是四十八年，即從公元1573年至1620年。因此，神宗朱翊鈞是明代歷史上統治最久的皇帝。從他十歲開始，到五十八歲生命結束，他的一生可以分成三個階段：十歲到二十歲，他只是一個象徵性的權威，凡事依大學士張居正而行；二十歲以後，他開始親政，有一段時間勤於政務；後期怠於政事，酒色財氣，醉生夢死。

萬曆小皇帝

　　隆慶六年（1572）五月二十二日，宮中傳出穆宗病危的消息。三天之後，即二十五日，內閣大學士高拱、張居正、高儀被召入宮中。高拱等人進入寢宮東偏室，見穆宗坐在御榻上，榻邊簾後坐着皇后、皇貴妃，十歲的太子朱翊鈞立在御榻的右邊。穆宗抓住高拱的手，臨危託孤：「以天下累先生」，「事與馮保商榷而行」。接着，司禮監太監馮保宣讀給太子朱

翊鈞的遺詔：「遺詔與皇太子。朕不豫，皇帝你做。一應禮儀自有該部題請而行。你要依三輔臣並司禮監輔導，進學修德，用賢使能，無事荒怠，保守帝業。」三輔臣即高拱、張居正、高儀。司禮監的地位也很重要，司禮監秉筆太監兼提督東廠馮保其實也在顧命之列。三位大學士受託之後，長號而出。第二天，隆慶皇帝死於乾清宮。六月初十，皇太子朱翊鈞正式即位，改元萬曆。

按照穆宗的布置，高拱是外廷顧命大臣中排名最前的；在宮中，小皇帝自然還得依靠馮保。哪知馮保與高拱的關係非常惡劣。此前，司禮監幾次掌印太監職位空缺，高拱先後推薦了陳洪、孟沖，就是不願讓馮保做掌印太監。馮保此人知書達禮，喜愛琴棋書畫，極有涵養，很受穆宗喜愛。馮保利用皇權更迭之間的權力真空，輕鬆地通過一道遺詔驅走了孟沖，自己做了掌印太監。就高拱來說，對馮保自然是必欲除之而後快。在高拱的授意下，工科都給事中程文、吏科都給事中洛遵、禮科都給事中陸樹德都開始彈劾馮保，一場政治鬥爭勢必不免。鬥爭的衝突雙方是馮保和高拱，張居正表面上是幫助高拱的，實際上卻與馮保關係非常密切，早就預謀趕走高拱了。據高拱後來回憶，張居正每次看護小皇帝讀書，總是和馮保到文華殿東小房裡密談，直到小皇帝講學完畢才結束。高拱與張居正本同屬穆宗裕邸舊臣，關係甚睦，「兩人歡相得，不啻兄弟」。可是張居正顯然是個典型的兩面派，他一方面贊同高拱驅逐馮保的建議，一方面與馮保密謀如何驅逐高拱。高拱一向自視甚高，把事情的複雜性估計過低，加上性格粗直，很容易就被人揪住了辮子。馮保想起穆宗剛死的時候，高拱在內閣曾對同僚們說過一句話——「十歲太子如何治天下？」馮保深知，這句話足以扳倒高拱。他就到皇太后和皇太貴妃那邊說：「高拱斥太子十歲孩子如何做人主。」皇太后和皇太貴妃聽後大驚，小皇帝也面色大變。六月十六日早朝，宮中傳出話來：「有旨，召內閣、五府、六部眾至。」高拱

興高采烈，以為將頒布驅逐馮保的詔旨。張居正則面色如水，心中有數。到會極門，太監王榛捧旨宣讀：「今有大學士高拱專權擅政，把朝廷威福都強奪自專，通不許皇帝主專。不知他要何為？我母子三人驚懼不寧。高拱著回籍閒住，不許停留。」高拱驚得面如死灰，汗下如雨，渾身癱軟，伏地不能起。第二天，高拱坐着一輛騾車離開京城，由於僕婢都逃逸了，身上沒多少錢，只能到小店裡吃飯。一直到了良鄉，才得到張居正為他請來的驛傳勘合，可以坐着政府的驛傳還鄉。高拱一走，高儀也坐不住了，驚得嘔血三日而亡。至此，三位內閣顧命大臣只剩下張居正一人。從此以後，萬曆朝的前十年，小皇帝的生活基本上是受三個人的規範：一個是其母慈聖李太后，一個是司禮監掌印太監馮保，一個就是內閣大學士張居正。

　　神宗需要侍奉兩位母親。一位是嫡母仁聖皇太后，即原來穆宗的皇后陳氏；一位是生母慈聖皇太后李氏。仁聖皇太后體弱多病，不能生育，卻很疼愛小皇帝。據說，小皇帝還是太子的時候，經常去皇后那裡玩。陳氏每次聽見太子跑的鞋聲，就非常高興。所以，神宗雖然尊崇自己的生母李氏，還改變過去皇帝生母只稱徽號加太后的慣例，為李氏加「皇」字，稱「慈聖皇太后」，但是對於嫡母仁聖皇太后也始終非常尊敬，備極孝心。當時人稱神宗之孝順，乃「古今帝王之孝所稀有也」。比起他的祖父世宗以宮廷逼仄的理由勒令孝宗張皇后遷居於宮城幽僻之地來，神宗顯然有情有義得多。不過，小皇帝的監護人主要還是生母慈聖皇太后。慈聖皇太后生性淳樸善

李太后像

良。例如，她雖然母以子貴，但是對於仁聖皇太后卻非常恭敬。萬曆九年（1581），她為女兒壽陽公主選駙馬的時候，面對侯拱宸等三位候選人，惟獨選擇了衣冠樸素、戰戰兢兢的侯拱宸，還說：「此子渾樸不雕，真我家兒也。」對於兒子，慈聖太后也一心想讓他成為一個有為之君，「教帝頗嚴」。每次萬曆小皇帝不讀書，李太后就命令皇帝跪在地上。要上朝的一天，五更時分太后就到皇帝睡覺的地方，命太監們把小皇帝扶起來，為他洗臉，催他上駕。有一次，小皇帝在宮中喝多了一點酒，命內侍唱歌。內侍回答說不會唱。小皇帝大怒，說內侍竟敢抗旨，拿起劍就刺，在左右的勸解下，小皇帝玩耍般地割了兩個內侍的頭髮，算是將他們「斬首」了。這件事傳到李太后的耳朵裡，太后非常生氣，命小皇帝在地上跪了很久，並歷數他的過錯。小皇帝嚇得涕泗橫流，請求讓他改正錯誤，這事才算了結。還有一次，皇帝在太監孫海、客用的引導下喝了酒，受二人引誘將馮保的兩名養子打傷，又騎馬直奔馮保的住所。馮保嚇得抱起巨石撑住大門。第二天，馮保將此事稟告太后。李太后立即換上青布衣服，不帶首飾，命召閣、部大臣，要謁告太廟，將小皇帝廢了。小皇帝嚇壞了，趕緊前去請罪。李太后說：「天下大器難道就是您可以繼承的麼？」意思是要改立神宗的弟弟潞王。神宗跪在地上哭了多時，李太后才肯寬恕。

慈聖皇太后與太監馮保都喜歡書法。受此影響，神宗很小的時候書法就極為工整。馮保在宮中，被皇帝稱作「伴伴」、「大伴」。小皇帝對他

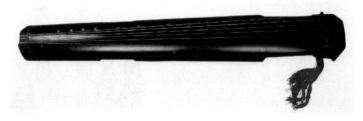

潞王「中和」琴

非常畏懼，每次與小太監玩的時候，看到馮保來了，就正襟危坐，説：「大伴來了。」馮保的職責不但包括對皇帝實行一般的教育，有時還要代皇帝朱批。因此，他與張居正之間的聯繫很緊密。實際上，正因為內有馮保，外有張居正，萬曆初年的新政才能順利地推行。大臣與宦官勾結，本來是一件影響惡劣、後果嚴重的事情，但是，張居正如此做卻是為了更好地推行新政，有利國民，對於整個國家來説，也算是一件好事了。

　　張居正（1525～1582），字叔大，號太嶽，湖廣荊州府江陵人。他喜歡禪學，曾自號太和居士。他對於佛教華嚴宗的《華嚴經》很感興趣。萬曆元年（1573），他在寫給朋友李中溪的信中説：「前年冬，偶閱《華嚴》悲智偈，忽覺有省。即時發一弘願：『願以深心奉塵刹，不於自身求利益。』」其實，萬曆元年至萬曆十年的十年中，輔弼小皇帝的張居正確是全心為朝廷辦事。應當説，佛教華嚴宗的獻身精神，造就了後來「工於謀國，拙於謀身」的張居正。對於小皇帝，張居正無比忠心，有時近乎肉麻。有一次，張居正在奏疏中對皇帝説：「今伏荷皇上天語諄諄，恩若父子。」四十歲的張居正將十歲的皇帝比作父親，倒也有趣。張居正對於小皇帝的輔導和關懷，也是無微不至。他為皇帝安排了詳盡的視朝和講讀日程表。大至朝廷用人之道，小至宮中的一些小節，他都細細地與皇帝説。小皇帝曾經想搞一次元宵燈火，張居正説：「將燈掛一些在殿上，就可以盡興了，不需要搞什麼燈棚。接下來的幾年還有許多大事，例如皇上的大婚、潞王

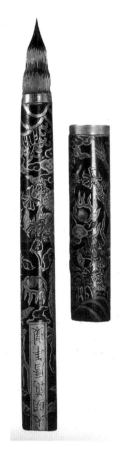

萬曆年間的毛筆

的出閣，每件事都要花很多錢，天下民力有限，還是節省一點好。」小皇帝也知趣，說：「朕極知民窮，按先生的話辦吧。」小皇帝對於張居正，非常尊敬，從來不稱名道姓，而是稱「先生」，所下詔令凡提及張居正時，都寫「元輔」。萬曆二年（1574）五月八日，皇帝在講讀完畢後，聽說張居正腹痛，就親手調製了一碗辣麵，並要次輔呂調陽陪着張居正一塊吃，其意圖是要以辣熱攻治腹痛。他還賜給張居正的父母很多東西，以示恩遇。

萬曆朝的前十年，政府在張居正的領導下，面貌煥然一新。張居正在政治上推行考成法：內閣稽查六科，六科稽查六部、都察院，六部與都察院稽查巡撫、巡按，巡撫、巡按考察地方官員。這樣一來，內閣成為政治運轉的中軸，而吏治也得到了很大改觀。在經濟上，張居正實行清丈田糧、推廣一條鞭法，結果清查出了大量隱匿、遺漏的田地，在稅收上則將一切徭役折銀，按丁、糧加以攤派，簡化了稅收的條目，也改變了過去賦役不均的狀況。這一切舉措，又都是在小皇帝的支持下進行的，對於改善明王朝的經濟狀況，有非常大的成效。戶部管轄的太倉庫的收入，從隆慶時期的每年兩百萬兩銀左右升至萬曆初年平均每年三四百萬兩，京師糧食的貯量也往往是隆慶年間的三倍左右。這一切，都可說是張居正的功勞。只不過，張居正也許忘了，十年間，除了國家財富的激增之外，小皇帝已從一個孩子成長為近二十歲的青年。在他年輕的心中，除了對張居正的感激之外，是否也有自己無法施展身手的遺憾呢？

張居正像

《帝鑑圖說》

而要成為大權獨攬的真正皇帝，就必須擺脫張居正的影響。這樣的契機直到萬曆十年（1582）才姍姍來遲。

親政時期

神宗親政之後做的第一件大事，就是清算已死的張居正。

萬曆九年（1581）七月張居正患病。患病的原因，據說是「積熱伏於腸胃，流為下部熱症。又多服涼藥，反令脾胃受傷」。當時一些學者像王世貞、沈德符，都推斷張居正喜歡服用春藥，以致熱氣向下或向上發散。張居正在冬天的時候，頭上不敢戴貂皮帽，就是因為熱氣上衝於頭。當然，張居正操勞國事，過度疲勞，亦是病因之一。從萬曆九年到萬曆十年間，張居正一直堅持辦公。萬曆十年二月，張居正舊病復發，雖然屢經名醫醫治，但是他自己也知道，他「精力已竭」，「不過行屍走肉耳」！萬

曆十年六月二十日，一代名臣張居正病逝。神宗為之輟朝一天，給予張居正崇高的待遇：諡文忠，贈上柱國銜，蔭一子為尚寶司丞，賞喪銀五百兩。然而，僅僅兩年之後的萬曆十二年（1584）八月，神宗又在都察院參劾張居正的奏疏中批示：「張居正誣衊親藩，侵奪王墳府第，箝制言官，蔽塞朕聰。……專權亂政，罔上負恩，謀國不忠。本當斷棺戮屍，念效勞有年，姑免盡法追論。」這時候的張居正一家，已被抄家。張府人口，一些老弱婦孺因為來不及退出被封閉於張府，餓死十餘口；張居正的長子張敬修留下了一份「丘侍郎、任巡按，活閻王！你也有父母妻子之念……何忍陷人如此酷烈」的遺書，自縊身亡；張居正八十歲的老母還是在首輔大學士申時行的請求下才留有一所空宅和十頃田地。恐怕張居正生前絕對不能想到，他死後竟然會遭到一手扶持的神宗如此無情的懲處！

　　神宗這種一百八十度的態度轉變，顯然是他長久地處於張居正的約束之下的心理變態後的大發泄。而張居正的政治悲劇，原因有很多方面。首先，張居正過度自信，沒有給皇帝足夠的自信，威權震主，最後招致皇帝的報復。其次，張居正執政的時期過於專權，得罪官員太多。被張敬修罵作活閻王的丘橓即其一。丘橓，諸城人，性格剛直，好爭論。隆慶年間罷官在家。神宗初年，很多言官向朝廷推薦丘橓。但張居正很厭惡他，沒讓他重新出來做官。神宗深知這層關係，在張居正死後，特派丘橓跟太監張誠去抄張家。丘橓用法酷烈，不免有公報私仇的嫌疑。張居正奪情一事，也開罪了許多正直的士大夫。禁講學一事，又開罪了許多知識分子。最後，張居正對於慈聖皇太后的父親李偉等人，沒有給予充分的方便，以致神宗清算張居正時，慈聖皇太后也沒有為張居正說話。如此看來，張居正是一個極自信的人，不能虛己待人，而是過於刻毒專制。最終招來報復，某種層面上來說是咎由自取。對於神宗來說，清算張居正是自己開始親政的基礎，推倒張居正，也就樹立了皇帝自己的權威。但神宗稱張居正「罔

上負恩」，他自己又何嘗不是忘恩負義？

　　繼張居正而任首輔大學士的張四維、申時行，目睹張居正生前的榮寵和死後的受辱，自然再不敢以張居正為榜樣。曾經以才幹受張居正賞識的申時行，深知伴君如伴虎的道理，吸取張居正的教訓，一方面順從皇帝，一方面用誠意打動整個文官政府。一句話，申時行是一個典型的和事佬。這位來自富饒的蘇州府長洲縣的嘉靖四十一年（1562）狀元，正如他的字「汝默」一樣，力求清靜，有時被人視為「首鼠兩端」。他在任上，開創了兩項很惡劣的先例——章奏留中和經筵講義的進呈，因此被人批評為要為神宗的「荒怠」負責。章奏留中，就是皇帝對於大臣們送上來的奏疏不予理睬，放在宮中，既不批示，也不發還。經筵講義的進呈，就是皇帝不需要參加經筵，經筵講官們只需把他們的講義送到宮中就可以了。這兩個慣例的養成，徹底切斷了皇帝與大臣們交流的渠道。要讓申時行為神宗的荒怠負責，無疑是不公平的。皇帝要親政，大臣們就應當無為；皇帝要無為，大臣們就更應當謙遜地表示順服，這才是神宗的心態。從某種意義上

萬曆刊本《宣大山西三鎮圖說·三鎮總圖》

萬曆八年為表彰李成梁鎮守遼東軍功而建的石坊

來說，神宗從他的祖父那裡隔代遺傳下來的，除了自大心理之外，還有乾綱獨斷的心態。神宗是一個權力欲極重的人，而且，與他的父親不同，他不是一個平庸的君主。實際上，萬曆一朝的大事，如萬曆三大征，還都是在神宗的布置下進行的。所謂萬曆三大征，是指在東北、西北、西南邊疆幾乎同時開展的三次軍事行動：平定哱拜叛亂；援朝戰爭；平定楊應龍叛變。

　　哱拜是蒙古韃靼部人，嘉靖年間投降明朝邊將鄭印，後來官至寧夏副總兵。萬曆十七年（1589），哱拜以副總兵致仕。其子哱承恩襲為指揮使，充巡撫門下旗牌官。哱拜私下裡蓄養了一批奴僕，組成一支蒼頭軍，見明軍兵馬不整，就有反叛之心。萬曆二十年二月，哱拜與結義兄弟劉東暘同時發難，殺寧夏巡撫党馨，繳去總兵張維忠的印信。劉東暘自任總兵，哱承恩為副總兵，哱拜為謀主，扯旗反叛，企圖占據寧夏，割地為王。當時，朝廷對於蒙古的羈縻政策因俺答汗之死，漸漸失控。哱拜勾結河套的蒙古騎兵，企圖聯成一氣。明朝總督魏學曾一方面切斷河套的蒙古騎兵與哱拜之間的通道，一方面圍住寧夏。在朝中，神宗命大臣各獻平叛之策。當時的兵部尚書石星提出的方案是掘開黃河之堤，以黃河之水灌淹寧夏城，則「一城之人盡為魚鱉」；御史梅國楨推薦原任總兵李成梁前往

平叛；甘肅巡撫葉夢熊請命討賊。神宗對於三種方案竟然都能接受，一方面命葉夢熊趕赴寧夏；一方面命李成梁出征寧夏。李成梁當時在遼東，便命其子李如松前往。神宗還下命懸賞緝拿哱拜等人。到了六月，寧夏城外已經有魏學曾、梅國楨、葉夢熊、李如松等數支大軍，由魏學曾統一調度。但是，魏學曾束手無策，力主招安。這讓神宗大怒，以為堂堂天朝竟然奈何不了這麼些小丑，成何體統？七月，神宗在接到監軍御史梅國楨的軍情報告後，果斷地以葉夢熊取代魏學曾，並將魏學曾逮回京城，又直接部署：「決（黃河）水灌城之謀，毋得異同誤事。」既然最高當局已經下令灌城，前方的將領自然再無異議。於是，當初在反對俺答封貢中似乎沒有多少遠見的葉夢熊，這時顯得非常有膽略。他在七月十七日之前，圍着寧夏城築了一道長約一千七百丈的長堤，將寧夏城圍成一個水泄不通的池塘，然後掘開黃河大堤，向寧夏城灌水。八月，城中糧食短缺。同時，李如松擊敗了從河套來援的蒙古騎兵。九月，明軍攻破寧夏城南城。但是，叛軍退據的大城依然易守難攻，明軍的攻勢受挫。這時，一個名叫李登的賣油郎，挑着擔子在街上邊走邊唱：「癰之不決，而疽於痏；危巢不覆，而令梟止。」監軍梅國楨將他請入營中，讓他帶着三封書信去見哱承恩。李登跛一足，瞎一眼，在路上根本就不被人注意。他將

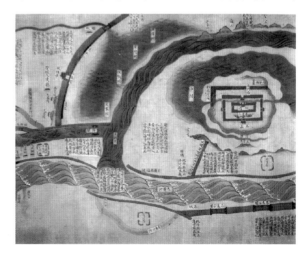

萬曆十八年繪製的《河防一覽圖》

李如松手迹

一封信交給哱承恩，勸哱承恩說：哱氏有功於朝廷，監軍深為可惜，可殺劉東暘以自效；接著，李登又去見了劉東暘、許朝，勸他們說：首亂是哱氏，將軍為漢人，何苦代人受過？這個離間計果然成功。九月十六日，劉東暘殺土文秀，接著，哱承恩殺劉東暘、許朝，投降明軍。九月十八日，明軍進城，剿滅了哱拜的蒼頭軍，哱拜自殺，哱承恩等人被押解到京城。至此，寧夏平定。

援朝之戰，也是始於萬曆二十年（1592）。這一年，日本關白豐臣秀吉派小西行長等人領兵二十萬從釜山登陸。沉湎享樂的朝鮮國王根本就無法抵禦，只會頻頻遣使向明朝求救。消息傳來，神宗立即做了三項準備：一，令兵部向朝鮮派遣援兵；二，命遼東、山東沿海整頓軍備，小心戒備；三，如果朝鮮國王進入明朝境內，擇地居之。當時的兵部尚書石星，卻是無能之輩，只派一個遊擊史儒率少量兵馬入援朝鮮。對於二十萬日軍來說，這無異於羊入虎口，史儒戰死；隨後趕到的副總兵祖承訓也只有三千兵馬，結果僅以身免。這兩仗的大敗，激怒了神宗。他命宋應星為經略，從西北前線調回李如松，一齊東征。宋應星貪生怕死，說自己帶兵要講究什麼「一字兵法」：用兵一萬，要造車三百六十輛，火炮七萬二千

門，弓弩兩萬七千副，氈牌兩千面，弩箭數百萬枝，以及火藥、火槍之類，要求兵部先給他準備齊全，方肯出征。御史郭實於是彈劾宋應星擔任經略一職不恰當。宋應星乾脆順水推舟，要求辭職。神宗申斥了宋應星一番，宋應星不得不出征。幸好，擔任前線指揮的有名將李成梁之子李如松，能征善戰。明軍前幾仗打得都很成功，但萬曆二十一年（1593）正月在碧蹄館附近遭日軍伏擊，損失慘重。最後雙方決定議和。日本方面撤兵南下，朝鮮漢城以南的大片國土恢復。日方提出以與明朝通貢為和談的條件。神宗一面敦促朝鮮國王練兵自守，一面與羣臣商量是否與日本通貢。萬曆二十二年十二月，明朝和日本方面互遣使節。明朝冊封豐臣秀吉為日本國王。豐臣秀吉身着明朝冠服，迎接明朝的使臣。事情似乎得到了解決。然而，兩年之後即萬曆二十四年（1596）十二月，豐臣秀吉不遵守當初議和的條款，發動第二次朝鮮戰爭。明朝遂於次年正月以邢玠為總督，楊鎬為經略，再次出援朝鮮。這一次，明軍在島山附近再遭慘敗。萬曆二十六年正月，明軍退守平壤南部的王京，與日軍進入相持階段。七月九日，豐臣秀吉死去，日軍士氣低落，陣腳大亂。明軍遂發動攻擊，日軍無

碧蹄館遺址

萬曆《平番得勝圖》

心戀戰，紛紛登船渡海東歸。中朝聯軍與撤退日軍在東南露梁海面發生激戰，明將鄧子龍、朝鮮將領李舜臣指揮軍隊奮勇殺敵，將日軍殺得大敗，鄧、李二將亦戰死海上。這一次援朝之戰，雖然耗損巨大，但對於確保明代的海防與東北邊疆，意義非常大。

萬曆二十七年（1599）二月，神宗命令還在朝鮮戰場的幾支部隊迅速移往西南，其中包括最能征戰的總兵劉綎的部隊。此行的目的地是四川播州。明代在播州設立播州宣慰使司，其駐地約相當於今遵義市。播州宣慰使姓楊，世代為當地的土司。隆慶五年（1571），生性雄猜、陰狠嗜殺的楊應龍承襲了父親楊烈的宣慰司一職。萬曆十四年（1586），神宗又賜楊應龍都指揮使銜。楊應龍對於四川的官軍弱不經戰的士氣看在眼裡，早就想占據整個四川，獨霸一方。他的居所都是雕龍飾鳳，又擅用閹宦，儼然是一個土皇帝。從萬曆二十年（1592）起，楊應龍就時叛時降，反覆不定。萬曆二十七年二月，貴州巡撫江東之派都指揮使楊國柱討伐楊應龍，結果三千軍隊全軍覆沒，楊國柱戰死。當時，朝鮮戰爭已經結束，神宗決定一勞永逸地解決楊應龍問題。他任命李化龍為湖廣、川貴總督，兼四川巡撫，郭子章為貴州巡撫，討伐播州叛軍。萬曆二十八年初，各路兵馬陸

244

續匯集播州附近。李化龍持尚方寶劍，主持全局，坐鎮重慶；郭子章以貴州巡撫坐鎮貴陽；湖廣巡撫支大可移駐沅江。明軍分兵八路進剿：總兵劉綖出綦江；總兵馬禮英出南川；總兵吳廣出合江；副總兵曹希彬出永寧；總兵童無鎮出烏江；參將朱鶴齡出沙溪；總兵李應祥出興隆衛；總兵陳璘出白泥。每路兵馬三萬，共計二十餘萬人。這種安排，足以說明神宗對於剿滅楊應龍的決心。八路大軍中，以劉綖所部最為驍勇善戰。綦江在播州北面，楊應龍也重點屯兵於此，令其子楊朝棟親自領苗兵數萬進行防守。兩軍接戰，苗兵每遇上身先士卒的劉綖，便大叫：「劉大刀至矣。」往往不戰而潰。羅古池一戰，楊朝棟差點被俘。劉綖率軍一直攻到婁山關下。婁山關是楊應龍老巢海龍囤的門戶，與海龍囤並稱天險，易守難攻，卻被劉綖在四月至六月兩個月內連續攻破。六月初六日，楊應龍與愛妾周氏、何氏自縊，兒子楊朝棟、弟楊兆龍被俘。戰役前後歷時一百一十四天，斬殺楊應龍的部隊二萬人。萬曆二十八年十二月，李化龍班師回朝，並將楊朝棟等六十九人押解到京師，磔於市。至此，平播之戰以完勝結束。這一戰，雖然耗費了湖廣、四川、貴州三省財力，但是正如當時的官員朱國楨所說，如果不平定播州，四川周邊的少數民族就要紛紛效仿楊應龍，非但四川不保，雲南、貴州也可能不保。後來，瞿九思編《萬曆武功錄》，稱平定楊應龍是「唐宋以來一大偉績」，大概也是從確保西南版圖的效果來說的吧。

在明代歷史中，神宗經常被過度地描寫成一個荒唐、好色、懶散的皇帝。從萬曆三大征來看，神宗絕不是一個平庸的皇帝。雖然，我們可以說他好大喜功，但是不要忘了，他在給朝鮮國王的信中始終強調朝鮮要力求自保的事實。實際上，神宗對於每一次軍事行動，似乎都充分認識到其重要性。而且，在戰爭過程中對於前線將領的充分信任、對於指揮失誤的將領的堅決撤換，都顯示了神宗的膽略。當然，神宗的荒怠、好色，也是不

容否認的。晚年的神宗，對於朝政的興趣，顯然沒有對斂財興趣濃厚。在親政的後二十年，他基本上是一個不理朝政的皇帝。而萬曆後期朝政的混亂，直接導致了萬曆四十七年（1619）明朝軍隊在與努爾哈赤軍隊的薩爾滸一戰中喪師十萬，從而喪失了明軍對後金軍隊的優勢，間接導致了明代最終被清朝取代的結局。

醉夢之期

孟森在他的《明清史講義》內稱神宗晚期為「醉夢之期」，並說此期神宗的特點是「怠於臨朝，勇於斂財，不郊不廟不朝者三十年，與外廷隔絕」。那麼，神宗是什麼時候從一個立志有為的皇帝變成一個荒怠皇帝的呢？又是什麼事情讓皇帝墮落得如此厲害呢？按照晚明名士夏允彝的說法，神宗怠於臨朝的原因，先是因為寵倖鄭貴妃，後是因為厭惡大臣之間

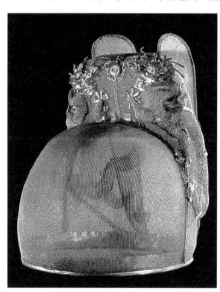

定陵出土的金冠

的朋黨鬥爭。此外，學者們也以為，神宗之怠於臨朝，還因為他的身體虛弱。當然，身體虛弱的背後，是酒色財氣的過度。

萬曆十七年（1589）十二月，大理寺左評事洛於仁上了一疏，批評神宗縱情於酒、色、財、氣，並獻「四箴」。對皇帝私生活這樣干涉，使神宗非常惱怒。幸好首輔大學士申時行婉轉開導，說皇帝如果處置洛於仁，無疑是承認洛於仁的批評確有其

事。最後，洛於仁被革職為民。在處理這件事的過程中，神宗曾於毓德宮召見申時行等人，「自辨甚悉」。神宗對內閣大學士們說：「他説朕好酒，誰人不飲酒？……又説朕好色，偏寵貴妃鄭氏。朕只因鄭氏勤勞，朕每至一宮，她必相隨。朝夕間她獨小心侍奉，委的勤勞。……朕為天子，富有四海

神宗孝靖皇后鳳冠

之內，普天之下，莫非王土，天下之財皆朕之財。……人孰無氣，且如先生每也有僮僕家人，難道更不責治？」看來，神宗根本不承認洛於仁的批評。的確，明末社會好酒成風。清初學者張履祥記載了明代晚期朝廷上下好酒之習：「朝廷不榷酒酤，民得自造。又無羣飲之禁，至於今日，流濫已極。……飲者率數升，能者無量。……飲酒或終日夜。朝野上下，恒舞酣歌。」神宗的好酒，不過是這種飲酒之風的體現罷了。神宗十七歲時，

定陵寶城

曾經因為醉酒杖責馮保的義子，差點被慈聖太后廢掉帝位。這件事他倒是承認。至於說到好色，神宗似乎雖不及其祖父，卻一點也不遜色於其父。他在萬曆十年（1582）三月，就曾效仿他的祖父世宗的做法，在民間大選嬪妃，一天就娶了「九嬪」。而且，神宗竟然還玩起同性戀的勾當，以小太監為孌童。當時宮中有十個長得很俊的太監，專門「給事御前，或承恩與上同臥起」，號稱「十俊」。所以，洛於仁的奏疏中有「幸十俊以開騙門」的批評。這一點，神宗與武宗有一點類似。至於貪財一事，神宗在明代諸帝中可謂最有名。他在親政以後，查抄了馮保、張居正的家產，全部搬入宮中，歸自己支配。為了掠奪錢財，他還派出礦監、稅監，到各地四處搜括。

酒色過度，使神宗的身體極為虛弱。萬曆十四年（1586），二十四歲的神宗傳諭內閣，說自己「一時頭昏眼黑，力乏不興」。禮部主事盧洪春為此特地上疏，指出「肝虛則頭暈目眩，腎虛則腰痛精泄」。萬曆十八年正月初一，神宗自稱「腰痛腳軟，行立不便」。萬曆三十年（1602），神宗曾因病情加劇，召首輔沈一貫入閣囑託後事。從這些現象來看，神宗的身體狀況確實是每況愈下。因此，神宗親政期間，很少上朝。他處理政事的主要方法是通過諭旨的形式向下面傳遞。萬曆三大征中邊疆大事的處理，都是通過諭旨，而不是大臣們所希望的「召對」形式。在三大征結束

之後，神宗對於大臣們的奏章的批覆，似乎更不感興趣了。神宗荒怠的情形，可分前後兩個階段：前一階段是不願意上朝聽政；後一階段是連大臣們的奏章也不批覆，直接「留中」不發。按照明朝的制度，皇帝是政府的唯一決策者，一旦皇帝不願處置但又不輕易授權於太監或大臣，整個文官政府的運轉就可能陷於停頓。到十七世紀初期，由於神宗不理朝政，官員空缺的現象非常嚴重。萬曆三十年，南、北兩京共缺尚書三名、侍郎十名；各地缺巡撫三名，布政使、按察使等官六十六名、知府二十五名。按正常的編制，南、北二京六部應當有尚書十二名、侍郎二十四名，這時缺了近三分之一。到萬曆四十一年十一月，南北兩京缺尚書、侍郎十四名。地方的行政管理，有時必須由一個縣的知縣兼任鄰縣的知縣。由這樣的情

形，我們可以想見萬曆後期政府運作的效率。神宗委頓於上，百官黨爭於下，這就是萬曆朝後期的官場大勢。官僚隊伍中黨派林立，門戶之爭日盛一日，互相傾軋。東林黨、宣黨、昆黨、齊黨、浙黨，名目眾多。整個政府陷於半癱瘓狀態。正如梁啟超所說，明末的黨爭，就好像兩蟊冬烘先生打架，打到明朝亡了，便一起拉倒。這樣的惡果，未嘗不是由神宗的荒怠造成的。所以，《明史》對於神宗如此蓋棺論定：「明之亡，實亡於神宗。」

定陵方城明樓

萬曆四十八年(1620)七月二

定陵地宮

十一日，神宗朱翊鈞病逝，十月葬於定陵。三百多年以後，他的墳墓被發掘。1958 年，在考古學大師夏鼐指揮下，神宗的梓宮（棺槨）被開啟。在厚厚的龍袍下面，掩藏着神宗的屍骨。屍骨復原後得出的結論是：「萬曆帝生前體形上部為駝背。從骨骼測量，頭頂至左腳長1.64 米。」1966 年 8 月 24 日下午，「地主階級的總頭目」神宗的屍骨被砸爛、焚燒。這位曾經統治中國四十八年的駝背皇帝，終於化作一縷青煙遠去。

朱翊鈞個人小檔案

姓名：朱翊鈞　　　　　　　　　**出生**：嘉靖四十二年（1563）八月十七日

屬相：豬　　　　　　　　　　　**卒年**：萬曆四十八年（1620）

享年：五十八歲　　　　　　　　**在位**：四十八年

年號：萬曆　　　　　　　　　　**諡號**：顯皇帝

廟號：神宗　　　　　　　　　　**陵寢**：定陵

父親：朱載垕　　　　　　　　　**母親**：李貴妃

初婚：十六歲　　　　　　　　　**配偶**：王皇后

子女：八子，十女　　　　　　　**繼位人**：朱常洛

最得意：萬曆三大征　　　　　　**最失意**：皇三子朱常洵做不成太子

最痛心：薩爾滸一戰喪師十萬　　**最不幸**：身體虛弱，疾病纏身

最擅長：罷朝

相關閱讀書目推薦

（1）王天有主編：《明朝十六帝·神宗顯皇帝朱翊鈞》，紫禁城出版社，1999 年

（2）樊樹志：《萬曆傳》，人民出版社，1993 年

（3）林金樹：《萬曆帝》，吉林文史出版社，1996 年

（4）黃仁宇：《萬曆十五年》，三聯書店，1997 年

光宗朱常洛

泰昌元年（1620）

　　光宗朱常洛可能是明代歷史上最不幸的皇帝。在他三十九年的生命歷程中，前二十年是不受寵的皇子，後十九年過的是戰戰兢兢的皇太子生活及短暫的一個月的皇帝生涯。他的一生，始終處於宮廷陰謀漩渦之中。他的父親神宗偏愛他的異母弟福王朱常洵，而他則成為文官政府的官僚士大夫們擁護、推戴的對象。圍繞着他和福王，官僚們與神宗進行了長達十五年的拉鋸戰。他被士大夫們視作國家的根本、未來的希望。他也確實在短短的一個月執政生涯裡，令士大夫們一度歡欣鼓舞。

皇長子：爭國本

　　對於習慣於生活在皇權之下的明代士大夫們來說，皇儲是一個國家穩定的象徵。皇太子是預備的君主，是國家的根本，可以杜絕旁人對於皇位的覬覦。我們應該還記得，憲宗在兒子朱祐樘六歲的時候就將兒子冊立為太子；武宗因為沒有兒子，所以就接連出現宗室親王圖謀皇位的叛亂；世宗不立裕王朱載垕為太子，皇四子景王朱載圳就始終對皇位抱着幻想。因

252

此，從萬曆十四年（1586）起，大臣們與神宗就冊立皇太子一事展開了拉鋸戰。許多大臣被生氣的神宗罷黜，但是冊立皇太子的呼聲卻從來沒有間斷過，直到萬曆二十九年正式冊立皇太子為止。

如果沒有福王朱常洵，或者如果朱常洵的生母不是受寵的鄭貴妃，大臣們也許不會那麼敏感。在宮廷的地位升遷中，母以子貴或者子以母貴的可能性都存在。鄭貴妃是神宗最寵愛的妃子。她在十四歲的時候就成為十九歲的神宗的寵妃。據說，鄭貴妃不但有閉月羞花的美貌，而且聰明機警，喜歡讀書。她敢於毫無顧忌地挑逗、嘲笑神宗，同時又能傾聽皇帝的訴苦。可以不誇張地說，她是精神匱乏的神宗的精神支柱。她為皇帝生下了兩個孩子，其中皇三子朱常洵最為神宗所喜愛。在神宗內心深處，肯定希望由朱常洵繼承皇位。但是，神宗同時也深知這樣對於繼承規則的破壞，可能會產生嚴重的後果。所以，他一直猶豫，藉口皇后還年輕，說不定能生出一個嫡系的皇子。在這種猶疑中，受傷害最大的無疑是皇長子朱常洛。

朱常洛生於萬曆十年（1582）。其母王氏是一名普通的宮女，平時在慈寧宮侍候慈聖皇太后。有一次神宗去慈寧宮探望慈聖太后，索水洗手，私下裡寵幸了王氏，並賞了她一副首飾。此事雖然有隨侍的文書房宦官記載於《內起居注》上，但神宗覺得自己與一名宮女發生關係很不光彩，便秘而不宣。一天，太后問起此事，神宗沉默不語。太后命人取出《內起居注》，讓他自己看。神宗面紅耳赤，靜候太后發落。太后說：「我老了，還沒有孫子呢，如果生個男孩，也是宗

壽山石「天潢演脈」璽

社之福呀，有什麼忌諱的！母以子貴，分什麼貴賤等級？」於是，萬曆十年六月，有孕在身的王氏受封為恭妃。兩個月之後，她生下了皇長子朱常洛。即使有子，恭妃王氏也始終沒有受皇帝的寵愛。她帶着皇長子，僻居別宮。等到萬曆十四年（1586）正月鄭貴妃生下皇三子朱常洵，就立即引發了大臣們覺得不能掉以輕心的問題。首輔大學士申時行請求立即冊立東宮太子，被皇帝以朱常洛年紀還小拒絕。接着，皇帝決定將淑嬪鄭氏的地位提高為皇貴妃，地位僅次於皇后。這樣，生育皇長子朱常洛的恭妃在地位上反居於鄭貴妃之下。這一下，更引起了大臣們的警覺。因為按照子以母貴的說法，皇三子朱常洵的地位反而要高於皇長子朱常洛。大臣們紛紛上疏，要求：一，按有嫡立嫡，無嫡立長的繼承制度，應冊立朱常洛為皇太子；二，鄭貴妃、王恭妃應當同時進封。神宗一一駁回。

太高玄殿習禮亭

慈聖太后的過問，應當說遏止了神宗立皇三子為太子的意圖。皇長子朱常洛的母親，本就是侍奉太后的宮女，生下了皇長子後，更受太后疼愛。一天，神宗去見太后。太后問：「外廷諸臣多說該早定長哥（宮中呼太子為長哥），如何打發他？」神宗道：「他是都人（宮中呼宮人為都人）的兒子。」太后怒道：「你也是都人的兒子。」慈聖太

后本來也只是一名宮女，後來進了裕王府，才生下了朱翊鈞。這一説，多少讓神宗有所感悟。在另一方面，恭妃王氏對皇長子約束甚嚴。從出生到十多歲，皇長子都是隨母親一同起居。當萬曆二十二年（1594）鄭貴妃誣陷皇長子與宮女有染時，恭妃王氏慟哭，説：「十三年與我兒同起居，正為此也，果有今日。」因此，朱常洛在未立太子之前，始終循規蹈矩。另據文秉《先撥誌始》記載，神宗曾經與鄭貴妃一同去紫禁城西北角的大高玄殿行香。其間鄭貴妃要萬曆皇帝立下誓約——立皇三子朱常洵為太子，並將誓約藏於一個玉盒之中，交付鄭貴妃保管。後來，神宗改變了念頭，命人去鄭貴妃處取回玉盒。玉盒表面如故，揭開一看，誓約上所寫的誓文腐蝕殆盡，只餘一張白紙。這讓神宗非常害怕，從此決意立朱常洛為太子。其間，因三王並封、皇太子出閣講學等事情，神宗與朝臣之間有過不少的爭議和衝突。最終，局勢還是向着有利於朱常洛的方向發展。

萬曆二十九年十月，朱常洛正式立為太子。然而，皇三子朱常洵仍未離京之國，宮廷中的明爭暗鬥仍然繼續。

皇太子：梃擊案

朱常洛被冊封為皇太子的時候，已二十歲。次年，皇太子納郭氏為皇太子妃。這在明朝歷代皇帝中，結婚已相當的晚了。明代皇帝的結婚年齡，多在十六歲左右。朱常洛萬曆十三年始出閣講學接受教育，二十一歲始婚，可見神宗對他的冷淡。婚後，皇太子移居慈慶宮，與母親王氏隔離，難以往來，又受神宗冷落，境遇並不好。王氏居景陽宮，且眼睛患白內障，幾近失明。萬曆三十九年（1611），王氏病危。朱常洛前往探視，只見宮前門庭冷落。王氏聽到兒子的聲音，用手撫摸着兒子，淒然而泣，説：「兒長大如此，我死何憾！」朱常洛及左右皆淚下如雨。母親死時，

朱常洛已有五子，後來的思宗朱由檢亦已出生。然而，獲得太子名份以及生下皇孫，並不能改變朱常洛的境遇。東宮的防衛也非常鬆弛，侍衛僅寥寥數人。宮中的太監也多因東宮門庭冷落告假而去。萬曆四十三年（1615），慈慶宮發生梃擊案。

萬曆四十三年五月初四日黃昏時分，一個陌生男子手持棗木棍闖入慈慶宮，打傷守門的老太監，直奔前殿簷下。太子內侍韓本用聞訊趕到，與同來的七八名太監將陌生男子擒獲，交由東華門守衛指揮使朱雄收監。第二天，朱常洛將此事告知神宗。皇帝立即派人提問。當天，御史劉廷元將訊問的結果奏報給皇帝：闖宮的男子名叫張差，是薊州井兒峪的百姓，語言顛三倒四，看起來有點顛狂，話裡頭常提到「吃齋討封」等語，但又有些狡猾，看來要認真審問。初十日，刑部郎中胡士相等官員對張差的審問結果是：張差因被人燒了柴草，要來京城申冤，在城裡亂闖，又受氣顛狂，受人誆騙說拿一木棍可以當作冤狀，然後亂跑，誤入慈慶宮。前後兩審的結果有些不同，非但「吃齋討封」的話頭沒有提起，連帶狡點的性格判斷也沒有了，變成純粹的一個「瘋顛」的結論。胡士相等人的處理意見是：按照在宮殿前射箭、放彈、投磚石傷人的法律，將張差問斬。皇太子朱常洛在萬曆一朝中的地位及其安危，始終是一些正直的官員們所關心的。此時，官員們不禁會想，慈慶宮雖然禁衛不嚴，但又怎是一般人說進就進的呢？這背後肯定有隱情。刑部提牢主王之寀抱着這樣的疑問，在牢中親自審問張差。十一日，王之寀為牢中囚犯散發飯菜，見張差身強力壯，樣子決不像瘋顛之人。王之寀誘他：「實招與飯，不招當飢死。」他把飯放在張差的面前，張差低頭，又說：「不敢說。」王之寀便命牢中其他獄吏回避，只留兩名獄卒在旁。張差招供說：「張差小名張五兒，父張義病故。有馬三舅、李外父，叫我跟不知名的老公，說：『事成與爾幾畝地種！』老公騎馬，小的跟走。初三歇燕角鋪，初四到京。……到不知街

道大宅子，一老公與我飯，説：『你先衝一遭，撞着一個，打殺一個，打殺了我們救得你！』領我由厚載門進到宮門上。守門阻我，我擊之墮地。已而老公多，遂被縛。小爺福大。」照王之寀所錄的這一段口供，則張差的行為是由太監指使，而且目標直指小爺（皇太子）。王之寀這一奏疏，頓時掀起軒然大波。有敢説話的官員如陸大受，就開始影射背後指使之人必有「奸畹」，暗示此事是鄭貴妃之父鄭國泰所為。神宗對王之寀及陸大受的奏疏，皆留中不報。

參與調查此事的人越來越多。御史過庭訓移文給薊州知州戚延齡，調查張差此人的一貫表現。得到的回答是，張差確屬瘋顛之人。於是，諸臣都欲以「瘋顛」二字定案。五月二十日，刑部郎中胡士相等官員再次提審張差。這一次，張差招供的內容更多了。張差説：「馬三舅名三道，李外父名守才，同在井兒峪居住。又有姊夫孔道住在本州城內。不知姓名老公，乃修鐵瓦殿之龐保。不知街道大宅子，乃住朝外大宅之劉成。三舅、外父常往龐保處送炭，龐、劉在玉皇殿商量，和我三舅、外父逼着我來，説打上宮中，撞一個打一個，打小爺，吃也有，穿也有。劉成跟我來，領進去，又説：『你打了，我救得你。』」案情似乎比較清楚了，太監龐保、劉成是主使之人。然而，太監何以要殺太子朱常洛？幕後定然還有更深的主使者。龐保、劉成二人，都是鄭貴妃翊坤宮的有權太監，明眼人一看都知此事的究竟。這時候，大臣們紛紛上疏，其中多涉及外戚。當然，大臣們都沒有直接指向鄭國泰，不料鄭國泰竟然按捺不住，在五月二十一日寫了一個揭帖，表明自己的清白。這一舉動，讓給事中何士晉抓住了辮子。何士晉説：「陸大受疏內雖有身犯奸畹凶鋒之語，……並未直指國泰主謀。此時張差之口供未具，刑曹之勘疏未成，國泰豈不能從容少待，輒爾具揭張惶，人遂不能無疑。」鄭國泰的一個愚蠢行為，直接將自己捲入此事，實是不打自招。鄭貴妃的嫌疑從而更為明顯。

事情牽涉到鄭貴妃，神宗遂不願事態進一步擴大。鄭貴妃則日夜向神宗哭泣。神宗深知此事牽涉到太子，非太子朱常洛不能解。於是，神宗命鄭貴妃去見太子朱常洛。貴妃見太子後，「辨甚力」，極力為自己開脫，並向太子下拜。太子亦拜，且拜且泣，坐在旁邊的神宗據說也「掩泣」，忍不住哭了出來。我們想，太子之泣，或是由於得不到父愛且身處危險境地，感懷身世，不得不哭；而神宗之泣，或者是動了舐犢之情，畢竟朱常洛是自己的兒子。這件事，最後由皇帝帶着皇太子、皇孫、皇孫女一起面見大臣們而了結。五月二十八日，皇帝在慈寧宮慈聖太后靈前召見諸大臣。神宗穿白袍白冠，西向而坐；朱常洛穿青袍，侍立於神宗右側；皇孫、皇孫女四人一字排列於左邊階下。神宗拉着皇太子的手說：「你每（們）都看見否？如此兒子，謂我不加愛護，譬如爾等有子如此長成，能不愛惜乎？」說着讓太監們將皇孫、皇孫女引上石級，讓大臣們仔細瞧瞧，且說：「朕諸孫都已長成，還有什麼說的！」回頭對朱常洛說：「你有什麼話，跟大臣們都說出來，別顧忌。」朱常洛道：「似此（張）差瘋顛之人，決了便罷，不必株連。」又說：「我父子何等親愛！外廷有許多議論，爾輩為無君之臣，使我為不孝之子。」這樣，皇帝與受害人朱常洛，都為梃擊一案定了調子，也就是將張差以瘋顛處理，不必株連太多。第二天，張差被凌遲處死。接着，刑部、都察院、大理寺三法司會審龐保、劉成。此時張差已死，死無對證，龐、劉二人遂抵死不願承認。審訊時，皇太子朱常洛再下諭旨：「龐保、劉成身係內官，雖欲加害本宮，於保、成何益？料保、成素必凌虐於（張）差，今差放肆行報復之謀，誣保、成以主使之條。」竟為龐保、劉成開脫。六月一日，神宗密令太監將龐保、劉成處死，梃擊一案的最後線索被掐斷，也就再無從查起。

梃擊一案，今天看來，必然與鄭貴妃脫不了干係。鄭貴妃想要加害朱常洛，便通過太監龐保、劉成尋找張差這一類魯莽、弱智、狀似瘋顛之人行

事，目的就是想在事情敗露之後可以借張差瘋顛之狀掩蔽主謀之人。謀殺皇太子這樣的罪行，稍有理智的人恐怕就不敢做，也就是張差這樣的半瘋顛的人敢做。因此，張差的瘋顛，看來不假；而鄭貴妃想藉張差梃擊皇太子朱常洛，恐怕也確有其事。要不然，鄭貴妃為什麼要向朱常洛下拜？神宗為什麼要秘密處死劉成、龐保？當然，這件事情的最後解決，確是因為皇太子朱常洛溫馴的性格決定了他不願意擴大事態。於是，大事化小，小事化了。不過，此後鄭貴妃似乎收斂了許多，倒一味地討好起朱常洛來。

皇帝：紅丸案

　　鄭貴妃討好朱常洛的手段，主要是向朱常洛進獻美女。朱常洛做了太子之後，離開了母親的約束，加之父親對自己極冷淡，生活失意，精神苦悶，大部分的時間，他都是縱情於酒色。萬曆四十一年（1613）皇太子妃郭氏去世以後，朱常洛就沒有再立妃子。這可能是因為冊封皇太子妃需要得到皇帝的批准，而神宗對於朱常洛基本上是不聞不問的。因此，在慈慶宮中，雖然有很多女人，但卻沒有皇太子妃。萬曆四十八年七月二十一日，神宗病逝。八月初一，朱常洛即皇帝位，宣布次年改元泰昌。

　　應當說，朱常洛初即位的時候，是想做一個有為之君的。當初神宗大行斂財，宮中留有大量的銀兩。朱常洛在七月二十二日至八月一日之間，連續兩次發內帑共計一百六十萬兩，用以賞賜遼東及北方的前線防軍。同時，朱常洛命令撤回萬曆末年引起官怨民憤的礦監和稅監，召回萬曆朝因為上疏言事而遭處罰的大臣，補用空缺的官職。像鄒元標、王德完等一些正直敢言的大臣，先後下詔召回。這一切，都預示着新的政治面貌即將出現。然而，宮中的鄭貴妃似乎仍是朱常洛無法擺脫的陰影。他非但沒有膽量去追查當年鄭貴妃對自己的迫害，反而處處以先皇為藉口，優待鄭貴

妃。神宗彌留之時，曾遺言於朱常洛，要朱常洛封鄭貴妃為皇后。神宗離世的次日，朱常洛傳諭內閣：「父皇遺言：『爾母皇貴妃鄭氏，侍朕有年，勤勞茂著，進封皇后。』卿可傳示禮部，查例來行。」此時，神宗原來的王皇后以及朱常洛的生母王氏都已經去世，鄭貴妃一旦變成皇后，在接下來的泰昌朝中，她就可能變成皇太后。禮部右侍郎孫如遊上疏說：「臣詳考歷朝典故，並無此例。」既然朱常洛另有生母，鄭貴妃怎麼能封為皇后呢？朱常洛對此感到十分為難，將奏疏留中不發。八月二十日，朱常洛收回封鄭貴妃為皇太后的成命。

鄭貴妃擔心朱常洛會因前嫌而報復自己，採取了兩方面的措施：一是勾結朱常洛所寵倖的李選侍，請求朱常洛立李選侍為皇后，李選侍則投桃報李，請朱常洛封鄭貴妃為皇太后；一是向朱常洛進獻美女，以取悅朱常洛。朱常洛對於鄭貴妃送來的美女，照單全收。據《明史》的說法，鄭貴妃送來的美女數目是八名；《明史紀事本末》說是四名。但無論如何，喜愛美色的朱常洛面對美女，自然是夜夜縱情。本來就因為生活壓抑而虛弱的身體，驟然要承擔如此多的政事，又貪戀美色，「退朝內宴，以女樂承應」，「一生二旦，俱御幸焉」，很快就累垮了。八月初十日，召醫官陳璽診視。八月十二日，朱常洛拖着病體接見大臣。大臣們見到皇帝形容憔悴，「聖容頓減」。十四日，發生了崔文昇進藥事件。

崔文昇本是鄭貴妃宮中的親信太監。朱常洛即位以後，升崔文昇為司禮監秉筆太監，兼掌御藥房。朱常洛患病後，鄭貴妃指使崔文昇以掌御藥房太監的身分向皇帝進「通利藥」，即大黃。大黃的藥性是攻積導滯，瀉火解毒，相當於瀉藥。用藥後的一晝夜，朱常洛連瀉三四十次，身體極度虛弱，處於衰竭狀態。後來，廷臣們對崔文昇進藥的資格和所進藥物是否符合醫學原理兩點，對崔文昇進行猛烈抨擊。給事中楊漣說：「賊臣崔文昇不知醫……妄為嘗試：如其知醫，則醫家有餘者泄之，不足者補之。皇

慶陵明樓側面

上哀毀之餘，一日萬幾，於法正宜清補，文昇反投相伐之劑。」楊漣認
為，朱常洛本來身體就虛弱，應當進補，而崔文昇反而進以瀉藥，其心叵
測。當時，朱常洛的生母王氏外家、原皇太子妃郭氏外家兩家外戚都認為
其中必有陰謀，遍謁朝中大臣，哭訴宮禁凶危之狀：「崔文昇藥，故也，
非誤也！」八月二十二日，朱常洛召見首輔方從哲等大臣，六品的給事中
楊漣也在召見之列。朱常洛看了楊漣很久，說：「國家事重，卿等盡心。
朕自加意調理。」之後，朱常洛下令，將崔文昇逐出皇宮。八月二十九
日，鴻臚寺丞李可灼說有仙丹要呈獻給皇上。太監們不敢做主，將事情稟
告內閣大臣方從哲。方從哲說：「彼稱仙丹，便不敢信。」接著，內閣大
臣們進乾清宮探視朱常洛。朱常洛此時已着意安排後事，將皇長子交由閣
臣小心輔佐，又問起自己的陵墓營建事宜。在安排好一切之後，朱常洛
問：「有鴻臚寺官進藥，何在？」方從哲說：「鴻臚寺丞李可灼自云仙
丹，臣等未敢輕信。」朱常洛自知命在旦夕，遂抱着試一試的想法，命李
可灼入宮獻藥。到中午時分，李可灼調製好一顆紅色藥丸，讓皇帝服用。
朱常洛服完紅丸後，感覺還好，讓內侍傳話說：「聖體用藥後，暖潤舒

261

壽山石「乾清宮封印」

暢，思進飲膳。」傍晚，朱常洛命李可灼再進一粒紅丸。儘管御醫們都表示反對，朱常洛仍堅持再服一顆。於是，李可灼又讓皇帝服用了一顆紅丸。服後，朱常洛感覺安適如前，沒有什麼不良反應。然而，次日（九月初一）五更，朱常洛便死去。之後，廷臣紛紛議論，指定李可灼、紅丸是致皇帝暴斃的罪魁，而且還牽涉到方從哲。平心而論，方從哲、李可灼對於朱常洛服藥，本就是抱着一試的希望，對於朱常洛的死並不要負什麼責任。後來，內閣大學士韓爌將進藥的前後始末詳細地在給熹宗的奏疏中說明，才使方從哲擺脫了困境。紅丸，其實與嘉靖皇帝當初服用的紅鉛丸類似，是用婦人經水、秋石、人乳、辰砂調製而成，性熱，正好與當初崔文昇所進的大黃藥性相反。本就虛弱的朱常洛，在最後的歲月連遭性能相反而且猛烈的兩味藥物折騰，豈能不暴斃而亡！

身後：移宮案

朱常洛的暴斃，使他次年改元泰昌的想法變成了一個泡影。但是，在位一月的皇帝畢竟也代表着一個時代，大臣們決定：萬曆四十八年(1620)農曆八月初一日朱常洛正式即位到年底，為泰昌元年。

移宮一事，前後有過兩次。一次是大臣們逼鄭貴妃搬出乾清宮；一次是大臣們逼李選侍搬出乾清宮。

前面我們已經說過，無論是鄭貴妃，還是李選侍，都是有野心的女人。明代的制度，外廷有皇極殿，內宮有乾清宮，都是屬於皇帝、皇后專用的。鄭貴妃卻藉口侍奉神宗住進了乾清宮。朱常洛正式即皇帝位之後，仍然可笑地居住在當初做皇太子時所住的慈慶宮內。這種本末倒置的事情，在秉性懦弱的朱常洛看來，竟然可以容忍。直到崔文昇進藥事件發生以後，由楊漣、左光斗出面，鄭貴妃才在八月二十一日被迫搬出乾清宮。

乾清宮前廊

鄭貴妃才搬出去，李選侍又隨着朱常洛住進了乾清宮。朱常洛自萬曆四十一年（1613）皇太子妃郭氏死後，沒有再立妃子，身邊只有才人、選侍、淑女侍候。其中有兩名選侍，一居於東面，一居於西面，故分別稱作東李、西李。東李地位較高，西李則比較受寵。朱常洛將失去生母的長子朱由校交由西李撫養，五子朱由檢則由東李撫養。跟着朱常洛入住乾清宮的李選侍，即是西李。西李與鄭貴妃關係極為密切，曾想借助鄭貴妃之力進封皇后。但是，泰昌元年八月二十一日鄭貴妃被迫移宮、九月初一朱常洛暴斃，讓李選侍意識到：要保住自己的榮華富貴，就應當緊緊地抓住皇長子朱由校。其實，朱常洛在臨終前，曾經向大臣們提出要冊封李選侍為皇貴妃的事。可是，皇帝的話還沒有説完，李選侍掀開帷幄，叫皇長子朱

明光宗慶陵

由校進去。朱由校出來後，對父皇朱常洛說了一句：「要封皇后！」眾大臣瞠目結舌。朱常洛面色一變，一言不發。如果李選侍冊封皇后得逞，她便可以通過自己撫養的朱由校，間接地控制朝政。朱常洛的暴斃，使李選侍的希望落空。如今，她所有的賭注不得不押在皇長子朱由校身上。她與鄭貴妃商量，要將朱由校擁留在乾清宮，以便達到控制朱由校的目的。

這時，內廷的司禮監掌印太監王安獲悉李選侍的陰謀，出具揭帖，遍投朝臣，說：「選侍欲擁立東朝（皇長子朱由校），仿前朝垂簾故事。」第一個站出來反對的大臣是楊漣，他奮然說：「天下豈可託婦人？」他建議立即去乾清宮，導皇長子出宮。羣臣藉口哭臨死去的泰昌皇帝，來到乾清宮。守門太監攔住羣臣，不讓進去。楊漣厲聲道：「皇上駕崩，嗣主幼小，你們攔住宮門不讓進去，意欲何為？」當時朱由校被李選侍留在乾清宮暖閣中，太監王安進入暖閣，扶朱由校出宮。羣臣見後，山呼萬歲。然後，朱由校登上一頂小轎，大臣劉一璟、周嘉謨、張維賢、楊漣抬轎，倉卒前行。走了幾步，轎夫方到。到文華殿，羣臣請朱由校即日登基。朱由校不同意，只答應初六日登基。當天，朱由校在大臣的護衞下回到慈慶

宮。九月初二日，尚書周嘉謨等請李選侍移宮——搬出乾清宮。左光斗上疏說，乾清宮是皇帝專用，如今將即位的皇長子朱由校已經十六歲了，又不用哺乳，李選侍住在乾清宮，保不定將來會有「武氏之禍」。這是用武則天來比喻李選侍，一則不希望出現後宮專權的情形，二是擔心朱由校墜入當初唐高宗納父親后妃武則天的事情中。這樣的話，的確是敢言！在外廷大臣的嚴詞逼迫和宮中太監王安的恐嚇之下，李選侍最後決定移宮。九月初五日，她抱着皇八女，徒步從乾清宮走向宮妃養老處——仁壽殿噦鸞宮。

朱常洛即位一月而逝，此時他的父親朱翊鈞的棺槨尚未下葬。正如他自己曾經擔心的一樣，他的陵墓營建得怎麼樣呢？營建皇陵是一項很大的工程。在倉促之間，如何安葬兩位皇帝？一般情況下，皇帝都是自己給自己早就修好了陵墓的，朱常洛卻沒有這樣的機會。大臣們將他安葬在當初景帝為自己修的陵墓裡。景帝自己建好陵墓，卻被重新奪回皇位的英宗下令葬於北京西郊金山。因此，天壽山的明陵中就有一個現成的陵址。經過短暫的修繕後，「景泰窪」在天啟元年（1621）九月初一日迎來了即位僅一月即逝世的光宗，改名慶陵。

朱常洛個人小檔案

姓名：朱常洛

屬相：馬

享年：三十九歲

年號：泰昌

廟號：光宗

父親：朱翊鈞

初婚：二十一歲

子女：七子，九女

最得意：子女眾多

最痛心：母親失明

最擅長：隱忍

出生：萬曆十年（1582）八月十一日

卒年：泰昌元年（1620）

在位：一月

諡號：貞皇帝

陵寢：慶陵

母親：王恭妃

配偶：郭皇后

繼位人：朱由校

最失意：太子之位不穩

最不幸：登基一月而亡

相關閱讀書目推薦

（1）王天有主編：《明朝十六帝・光宗貞皇帝朱常洛》，紫禁城出版社，
1999 年

（2）樊樹志：《晚明史》，復旦大學出版社，2003 年

（3）徐凱：《泰昌帝天啟帝》，吉林文史出版社，1996 年

熹宗朱由校

天啟元年（1621）—七年（1627）

　　要在不到兩個月的時間完成從皇長孫到皇帝的角色轉換，對於一個十六歲的少年，尤其是一個沒有受過什麼教育、幾乎是文盲的懵懂少年來說，實在有點勉為其難。泰昌元年（1620）九月初一日，少年朱由校就面臨這樣的角色轉換。萬曆年間，朱由校的父親朱常洛不為神宗所喜，這個皇孫自然也常在神宗的視野以外。直到神宗臨死，他才被冊立為皇太孫，有了出閣讀書的機會。沒想到他的父親登基才一個月就撒手西去，連冊立他為皇太子都沒來得及，更別提讀書的事情了。這一年，朱由校已經十六歲，看上去已經是一個少年了，但文化水平還比不上如今八九歲的小學生。他像一個木偶般被養母李選侍和一幫大臣搶來搶去，最後在五天之後變成了一個泱泱大國的君主。他名義上統治了這個國家整整七年，但是實際上只是他信任的一個太監在掌控着政治權力。他甚至不知道如何去保護他的女人和孩子——還好，他總算有效地保護了他的妻子和弟弟。在他統治期間，宦官專權達到了極限。整整七年中，他的心智似乎一直沒有成熟，對於世界的認識始終膚淺。他喜歡在宮中做他喜歡做的事情，比如說做木工，或者鬥蟋蟀。據說，在建造房屋與木工、油漆工藝方面，熹宗朱

由校的水平很高,「巧匠不能及」。他將他的所有心智,都放在自己的玩樂中去了。也正因此,魏忠賢才有可能在天啟一朝專權。魏忠賢的專權,其實不過是代皇帝專權。每次熹宗玩興正酣的時候,王體乾和魏忠賢就會從旁傳奏緊急公文,最後博得熹宗一句話:「你們用心去行吧,我已知道了。」實際上,除玩樂之外,他不關心別人,更不關心朝政與大臣的死活。在他的人生中,也許只有四個人很重要,即太監魏忠賢、乳母客氏、皇后張嫣和信王朱由檢。

太監魏忠賢

一個文盲高踞於皇帝的寶座上,而另外一個文盲則當上了皇帝的秉筆太監,替皇帝擬寫朱批。無論看起來是多麼荒唐可笑,這卻是明代天啟元

年(1621)至七年這七年間明代朝政的一個事實。也許,對於文盲的熹宗來說,沒有讀過書的魏忠賢比那些迂腐的大臣們,更值得信任,值得欣賞。相對前代的宦官專權者王振、劉瑾、馮保等人來說,魏忠賢毫無文化修養,而且品德全無可稱之處。熹宗對於魏忠賢的眷愛,只能表明這個王朝已沒落到一個可悲的地步——非但皇帝全無文化修養,且不具備對文化的最基本的欣賞力。對於以經術治國的明王朝來說,統治者的素質決定了天啟一朝可能是最黑暗的一個階段。

缺乏教育和辨別能力,自然是最高統治者熹宗寵信魏忠賢的一個原因;但是從魏忠賢方

白石「大明皇帝之寶」

面來說，他又是憑藉什麼而取得皇帝的寵信
呢？還有，儘管魏忠賢是皇帝寵信的太監，
可他又是怎樣實現專權的呢？

　　魏忠賢受寵於熹宗，原因有三：一是他
在熹宗很小的時候就開始侍奉熹宗；二是熹
宗乳母客氏的幫忙；三是他的性格極其狡
詐，善於阿諛奉承。關於第一點，相信每一
個人都可以理解。例如，光宗即位，就用當
初在慈慶宮中服侍他的太監王安出任司禮監
掌印太監。魏忠賢在萬曆十七年 (1589) 入宮
為太監，隸屬當時的司禮監掌東廠太監孫
暹。據說，皇孫朱由校出生以後，魏忠賢
「謹事之，導之宴遊，甚得皇太孫歡心」。朱
由校很小的時候，魏忠賢就很討他喜歡。而

白石「大明天子之寶」

且，通過太監魏朝的介紹，魏忠賢成為朱由校生母孝和王太后宮中專門主
管膳事的太監。後來，朱由校成為太子後，魏忠賢通過朱由校乳母客氏的
幫助，正式成為東宮典膳，也就變成未來皇帝朱由校身邊最親近的太監
了。從萬曆十七年入宮到泰昌元年 (1620)，整整三十一年，魏忠賢才有
機會成為皇帝身邊的紅人。這充分說明，明代太監的競爭和升遷，可能比
外廷的文官更艱難。魏忠賢能爬上這樣的位置，正是因為他較一般太監更
聰明，更有遠見。在當時，連在朱由校父親宮中辦事的太監都因為不看好
朱常洛的未來，經常藉故離開。魏忠賢卻費盡心思要成為朱由校生母王氏
宮中的辦事太監，就說明魏忠賢的確很有遠見。魏忠賢是一個賭徒，他將
他所有的賭注都壓在看來離皇位還非常遙遠的朱由校身上。不料，光宗暴
斃，將毫無準備的朱由校推上前台，為早有準備的魏忠賢提供了機會。在

東林黨人魏大忠的絕命書

朱由校正式登基之前，幾乎所有與朱由校有關的人物，都是魏忠賢刻意結納的對象，如朱由校的乳母客氏，養母李選侍，太監王安、魏朝。所以，朱由校即位以後，魏忠賢就一躍而成為宮裡太監中的第二號人物——司禮監秉筆太監兼掌東廠太監，地位僅次於先皇朱常洛的近侍王安。

據朱長祚《玉鏡新譚》記載，魏忠賢本名李進忠，原是河北肅寧縣一市井無賴，娶過妻子，有一個女兒，後因為吃喝嫖賭蕩盡了家財，才自宮做了太監。魏忠賢「形質豐偉，言辭佞利」，能挽強弓，射奇中，有膽氣，家無餘財而敢一擲千金，又喜歡彈棋、蹴踘，嬉遊於青樓翠袖之間。這些早年的經歷，成為後來侍奉皇帝的優越條件。對於朱由校這個沒什麼知識的頑童來說，魏忠賢的英俊、膽識以及豐富的社會閱歷，必定會有很強的吸引力。而且，無論魏忠賢後來如何地專權，但對熹宗本人，他卻是忠心耿耿。這其實也是明代太監專權的一個特徵。明代的太監，無論如何專權，對於皇帝本人，卻總是無條件地服從。相比較漢、唐時代的宦官動輒殺死皇帝，這種專權充其量也只能說是濫用了皇帝的授權而已。對於熹宗，魏忠賢「服勞善事，小心翼翼」，這也是熹宗為什麼要在天啟二年（1622）給他賜名「忠賢」的原因。一些史料中說，魏忠賢得寵於熹宗的原因，還在於魏忠賢善於房中之術，所以經常能與客氏一起導熹宗淫樂。這種事情，在明代太監中實在平常。一個當初喜歡依紅偎綠的太監，做熹宗

性方面的導師，應當是有足夠的資本了。更何況對於絕大多數都好色的明代皇帝來說，傳授房中術也是「忠心」的表現。因此，魏忠賢受寵於熹宗，並非偶然，魏忠賢的個人素質恰是貪玩的熹宗所欣賞的；而魏忠賢小心翼翼的服侍，以及對於朱由校身邊親密之人的結納，更使他能在天啟朝成為一個大國的實際主宰者。終熹宗一生，他對魏忠賢的眷愛始終不替。他的詔旨中，經常會出現「朕與廠臣」如何如何的文字，一點也不忌諱將魏忠賢與自己相提並論。然而，一個目不識丁的太監，是如何專權的呢？魏忠賢的專權，其實必須在內依靠一些親信的太監，在外依靠一些無恥的文臣。天啟初年，不識一字的魏忠賢為了能讀懂奏疏，就用李永貞「入備贊畫」。整個天啟一朝，在宮中，魏忠賢最信任的宦官是王體乾。此外，李朝欽、王朝輔、孫進等三十餘人，都是魏忠賢的死黨。王體乾繼王安為掌印太監，名義上位居魏忠賢之上，事實上對魏忠賢惟命是從。在外廷，魏忠賢培植了一幫無恥文臣。最先成為魏忠賢急先鋒的是給事中霍維華，正是他在魏忠賢的唆使下，上章彈劾司禮監掌印太監王安，最終使王安死於非命。後來，外廷的文臣，多半成為魏忠賢的走狗，例如崔呈秀、魏廣微等人。魏忠賢勢力最盛的時候，外廷有「五虎」、「五彪」、「十狗」、「十孩兒」、「四十孫」，占據着政府重要的部門，「自內閣、六部至四方總督、巡撫，遍置死黨」，形成所謂的「閹黨」。後來崇禎

魏忠賢生祠遺址

熹宗朱由校

271

二年（1629）所定的逆黨名單中，共計內外廷各類官員三百一十五人。可以想見，當一個如此龐大的官僚集團集中在魏忠賢的周圍，而皇帝本人卻不理朝政，魏忠賢要誤導皇帝、矇騙皇帝，從而達到自己專權的目的，簡直是太簡單了。據說，每次魏忠賢想要懲處某位官員的時候，就拿着奏疏等皇帝忙於做自己的木工活時去彙報，熹宗總是頭也不抬，說：「你們用心去行，我已知道了！」天啟六年，在浙江巡撫潘汝楨的提議下，在全國竟然掀起了為魏忠賢建生祠的高潮。更有甚者，無恥的生員陸萬齡竟然提議讓魏忠賢配祀孔子，說魏忠賢除東林黨，就像孔子殺少正卯一樣有功於世道。魏忠賢的專權，儘管是由於個人得到皇帝的寵愛與授權，但是沒有龐大的閹黨集團的支持，天啟年間的宦禍，不可能演變得如此之烈！

乳母客氏

魏忠賢閹黨集團中，首逆除魏忠賢外，另一位便是熹宗的乳母客氏。魏忠賢的流毒，主要肆虐於外廷，正直的士大夫多受其殘害。客氏的險惡，主要集中於後宮，不依附於她的宦官及后妃多受其害。客氏之所以能夠專寵於宮中，首先是因為其熹宗乳母的身分。熹宗即位之初，生母王氏已然去世。前面談過，熹宗的父親朱常洛在正妃死後沒有再立妃子，即位後也沒有冊封皇后，熹宗也就沒有嫡母。宮中地位較高的是兩位李選侍，即東李和西李。客氏以乳母受寵於熹宗，在宮中的氣焰遠高於兩位選侍。

客氏名巴巴，本是定興縣侯巴兒（侯二）之妻，生子侯國興。她在十八歲的時候被選入宮中，充當皇太孫朱由校的乳母。客氏美貌妖豔，在宮中本就不能安分。魏忠賢先前侍奉過的太監魏朝，就曾與客氏「對食」。原來，宮中值班太監不能在宮內做飯，每到吃飯時間，只能吃自帶的冷餐，而宮女則可以起火，於是太監們便託相熟的宮女代為溫飯，久而久

之，宮女與太監結為相好，稱作「對食」，又作「菜戶」，與外間夫婦無異。明初，這種現象還是偷偷摸摸的。到了萬曆以後，則是公開的了。如果有宮女久而無伴，甚至還會遭到其他宮女的嗤笑。客氏先後對食的「菜戶」，有魏朝、魏忠賢。魏朝與魏忠賢為了得到客氏，還起過爭執，最後由朱由校裁決將客氏配給魏忠賢。據一些筆記史料記載，客氏的私生活並不僅限於魏朝與魏忠賢。她甚至可能與朱由校有染，所謂「邀上淫寵」。年紀輕輕的朱由校，對於三十幾歲、美貌妖豔的客氏的誘惑，定然是無法把持。熹宗即位後不到十天，就封客氏為奉聖夫人。此後，客氏與皇帝出雙入對，形影不離。天啟元年二月，皇帝大婚，娶了張皇后。客氏自然必須迴避了。熹宗為此對客氏優容有加。若非客氏是已婚入宮，恐怕又是一個成化時代的「萬貴妃」。客氏作為一個乳母所受到的隆遇，是前所未有的。每逢生日，朱由校一定會親自去祝賀。她每一次出行，排場都不亞於皇帝。出宮入宮，必定是清塵除道，香煙繚繞，「老祖太太千歲」的呼聲震天。

客氏為惡宮中的第一步，就是除去光宗朱常洛原來的親信宦官、司禮監秉筆太監王安。王安是明代少有的為士大夫所稱道的宦官之一。他為人剛直，從萬曆二十年（1592）就服侍朱常洛、朱由校父子。尤其在移宮一事上，他聯合外廷的楊漣、劉一燝等大臣擁朱由校登基，使朱由校擺脫了「西李」的控制。熹宗登基後，也很感激王安，言無不納。魏忠賢也投靠在他門下。然而，王安此人，「剛直而疏」，心思不夠縝密，又常常患病。因此，他與熹宗的接觸逐漸變少，而魏忠賢藉客氏之力日益親近熹宗，大有取而代之之勢。天啟元年（1621）五月，朱由校任命王安為司禮監掌印太監。按照慣例，王安自然要推辭一番。這時候，客氏勸熹宗乾脆批准了王安的辭呈。然後，魏忠賢嗾使給事中霍維華彈劾王安，再利用秉筆太監的身分矯旨將王安發配到南海子去做淨軍——宦官軍隊。從魏忠賢

273

本人來說，王安於他有恩，不忍加害。但是，客氏的一句話堅定了魏忠賢除去王安的決心。客氏說：「爾我孰若西李，而欲遺患也！」意思是說，你我跟李選侍比怎麼樣，她都被王安逼得移宮僻居，我們怎麼可以留下後患呢？客氏身為婦人，卻無婦人之仁，做事非常狠毒。其實，王安有恩於熹宗，如若不死，隨時都有可能翻身。客氏和魏忠賢於是派當初李選侍宮中的太監劉朝去掌管南海子。劉朝本就與王安有仇，讓劉朝掌管南海子淨軍，是欲置王安於死地。劉朝到任後，不讓王安飲食。王安就取籬落中的「蘆菔」為食。蘆菔又名蘿葡，其根莖可食用。就這樣，王安堅持了三天沒死。劉朝實在有點不耐煩了，「撲殺之」，為客氏和魏忠賢除了心頭大患。

客氏深知，自己在宮中的地位是沒有合法性的。大婚後的熹宗，曾經一度因為御史劉蘭等人的請求，將客氏遣出皇宮。但是事隔不久，熹宗就重新召回了客氏。熹宗對臣下們說：「朕思客氏朝夕勤侍朕躬，未離左右，自出宮去，午膳至晚通未進用。暮夜至曉臆泣，痛心不止，安歇勿寧，朕頭暈恍惚。以後還着時常進內奉侍，寬慰朕懷。」既然皇帝因為客氏的離去，而厭食、失眠、頭暈，大臣們又怎能繼續反對。終天啟一朝，客氏始終自由出入宮廷。但是，客氏明白，自己的地位只不過因熹宗的寵愛而獲得；一旦熹宗死去，自己的地位也就一落千丈。因此，選擇誰接替熹宗死後的皇位，就非常重要了。據說，客氏與魏忠賢處心積慮地想廢除張皇后，然後以魏忠賢侄子魏良卿的女兒為后。幸好熹宗對張皇后頗有夫婦之情，此計未能成功。客氏更害怕皇帝的妃子產下皇子，母以子貴，而使自己失寵，便不斷施展陰謀。朱由校生下了不少的皇子，但無一能夠長成。熹宗總共有三個孩子。長子慈然，謚懷沖太子，《明史》稱「不詳其所生母」。在《內起居注》頗詳實的明代，這實在令人奇怪。次子慈焴，慧妃范氏所生，未滿一歲即夭折。三子慈炅，容妃任氏所生，未滿一歲亦

夭折。一些學者認為，這都有可能是魏忠賢和客氏下的毒手。更有甚者，不少的皇子其實是在胎中已遭客氏暗算，例如裕妃張氏之孕。裕妃張氏因為無意中得罪了客氏和魏忠賢，客氏、魏忠賢就假傳聖旨，將裕妃幽禁於別宮，逐去宮女，斷絕飲食。當時裕妃已懷有身孕，卻被活活餓死宮中。宮中的其他妃子，從此對客氏非常恐懼。例如曾生育皇二子的慧妃范氏，擔心自己會落得和裕氏同樣的下場，就在平時預藏食物，後來果然被客氏幽禁半月之久，靠着私藏的食物活了下來。

　　魏忠賢與客氏兩人，一方面處心積慮地除去宮中一切可能對他們不利的因素，一方面向熹宗進獻自己的養女，冀圖能生得一男半女。然而，人算不如天算，他們的如意算盤始終沒有撥轉。所以，熹宗的去世，對於客氏的打擊是非常沉重的。信王朱由檢入宮即位後，客氏就再沒有居留宮廷的理由了。九月初三日離宮的那一天，客氏早早地起牀。五更時分，身着哀服，入熹宗靈堂，取熹宗幼時的胎髮、痘痂及指甲等物焚化，痛哭而去。兩個多月以後，即天啟七年（1627）十一月十七日，客氏被從私宅中帶出，押解到宮中專門處罰宮女的地方浣衣局，嚴刑審訊。審訊的結果令人詫異：當時宮中有八位宮女懷孕，客氏承認這八名宮女都是自己從外面帶進去的婢女，是想學呂不韋的榜樣，覬覦皇位。結合魏忠賢曾在熹宗死前說已有兩名宮女懷孕，宮女懷孕這件事也許真是客氏和魏忠賢精心安排的。客氏在浣衣局被活活笞死。

皇后張嫣

　　天啟元年二月三日，即位不久的熹宗大婚，納祥符縣張國紀女為中宮，並在四月正式冊立，即後來的懿安皇后。張氏名嫣，小字寶珠，性情頗為嚴正。在明代後期混亂的局勢中，張皇后卻始終清醒。例如，在天啟朝，她非常討厭魏忠賢與客氏，對於魏忠賢的野心也深有提防；在崇禎一

朝，她受到思宗的尊敬和禮遇，而對於朝中的大臣如周延儒等人的欺上罔下行為非常厭惡。在百姓中，張皇后有着極好的聲望。因此，當李自成的農民軍攻進北京城後，入宮的李岩第一個想到要保護的人便是張后。據說，李岩入宮，令宮女扶張后上座，行九拜之禮，令人護衛。當天晚上，張皇后自縊而死。從這一點來說，皇后張嫣的性情「嚴正」，確是事實。明亡之後，有一個自稱張皇后的女子向清朝投降。對此，清代學者朱彝尊曾作過一番辨別，說：「魏忠賢養女任氏，送給熹宗，被立為貴妃。農民軍攻進北京後，流轉民間，詐稱熹宗皇后。被送往官府，光祿寺每月供養。人們所以都說熹宗張皇后失節。沉冤莫雪，故附白之。」從《明史》的記載看，張皇后確實是在大順農民軍進城之後自縊而死，年三十八歲。

張皇后入宮時，年十五歲，體態頎秀，相貌豐整。入宮之後，她十分厭惡客氏。一次召客氏於宮中，欲繩之以法。此事使客氏和魏忠賢非常害怕，總想藉機報復。魏忠賢先是指使手下散布謠言，說皇后張嫣是盜犯孫二的女兒，而不是張國紀的女兒；孫二因為犯有死刑，就將女兒託付給生員張國紀，而張國紀將這段隱情不據實反映，犯有欺君之罪。順天府丞劉志選彈劾張后的父親張國紀。御史梁夢環也乘機興風作浪。幸好，熹宗惟一理智的地方，似乎就是尚存有一份夫婦之情，不致於因完全沒有根據的流言而懲辦張皇后，相反他果斷地下旨譴責劉志選，從而使閹黨不敢妄動。從張皇后那邊看，魏忠賢就像是秦代的趙高，是一個陰險的閹宦。有一次，熹宗去見皇后，見桌上有一本書，便問：「什麼書呢？」張皇后說：「《趙高傳》。」明代內宮后妃，所必讀之書是明太祖命儒臣編定的《女誡》，其要義即禁止後宮干政，《趙高傳》之類的史書並不是宮中后妃所必讀或應當讀的。張后此舉，自然大有深義。熹宗的反應卻是「嘿然」，不吭聲。熹宗想是意識到魏忠賢、客氏與張皇后的對立。他不願懲辦魏忠賢和客氏，也不希望魏忠賢傷害張皇后。但是，魏忠賢得知此事

後，大怒。第二天，熹宗在便殿搜出幾個人帶着兵刃。此事自然非同小可，熹宗本人也大驚，命令將這幾個人交給東廠審訊。於是，司禮監秉筆兼掌東廠太監魏忠賢便藉機誣告張國紀，說張國紀想弒君，然後立信王朱由檢為皇帝。這一陰謀一旦得逞，則張國紀、張皇后、信王朱由檢將無一倖免，而魏忠賢就一舉除掉了所有對手。當魏忠賢把這件事和他的親信王體乾商議的時候，王體乾提醒魏忠賢：「主上凡事憒憒，獨於夫婦、兄弟間不薄，一不慎，吾輩無遺類矣。」魏忠賢聽後也心中暗驚，遂將那幾個人處死，化解了此事。後來，張皇后在信王朱由檢即位一事上，起了很大的作用。熹宗臨死前不久，對張皇后説，魏忠賢告訴我説後宮有二人懷孕了，以後生男就立為皇帝。張皇后表示反對，認為應當早立信王。信王想推辭，皇后自屏風後走出，説：「皇叔義不容辭，且事情緊急，恐怕發生變故。」信王才願意繼承皇位。熹宗對於張皇后，始終愛惜。他臨死之時，將張皇后託付給弟弟信王朱由檢，命曰：「中宮配朕七年，常正言匡諫，獲益頗多。今後年少寡居，良可憐憫，善事中宮。」此後，思宗對張皇后確亦非常敬重。有一次，思宗的皇后周氏對思宗説周延儒人品如何不行，思宗心中不滿後宮議論朝政，問周氏怎麼知道，周氏以張皇后對，思宗遂無言。

不過，在遍布魏忠賢和客氏爪牙的後宮中，張皇后還是遭到過客、魏二人的暗算。天啟三年（1623），張皇后有孕。魏忠賢和客氏密令宮女在為皇后捻腰的時候下重手。一個年方十八歲的皇后，哪裡明白這些道理。宮女們按魏、客的吩咐，「捶之過猛，竟損元子」。這一事，後來成為楊漣彈劾魏忠賢的第十條罪狀。其實，作為皇后，雖然寬容待人，而且正直敢言，但是無法糾正宮中的歪風邪氣，不能不説是一種缺憾。清代學者查繼佐在《罪惟錄》中説，張皇后敢於在當時陳《趙高傳》於几案，就説明她的「不慊」的勇氣，然而「即以慊風諸妃，萬不能實諸妃妊，他日稱皇

太后也，惜也。」談遷也説，儘管張皇后謙而不妒，使妃子們都能接觸到皇帝，但是卻不能保全諸妃的生育，以致自己也無法在天啟以後做皇太后，真是可歎。這樣的批評，應當説是苛求了。在當時的情形下，張皇后能保全自己，已經是她不膽怯的最好結果了。

信王朱由檢

天啟五年（1625）八月，熹宗在客氏、魏忠賢的陪同下到西苑遊樂，在橋北淺水處大船上飲酒。然後，又與王體乾、魏忠賢及兩名親信小太監去深水處泛小舟蕩漾，卻被一陣狂風颳翻了船，差點被淹死。經過這次驚嚇，熹宗的身體每況愈下。天啟七年夏，病情加劇。八月十一日，召見異母弟信王朱由檢，招呼弟弟説：「來，吾弟當為堯舜。」次日，召見內閣大臣黃立極，説：「昨召見信王，朕心甚悅，體覺稍安。」體覺稍安，只是因為安排了後事，所以放心了許多。十天後，熹宗駕崩。信王朱由檢，即後來的明代最後一個皇帝思宗。

朱由檢比熹宗朱由校小五歲，受過比朱由校更好的教育。這是因為，朱由檢在天啟二年（1622）被他的哥哥朱由校封為信王。十三歲的信王，年齡也剛好到了接受教育的時候，由進士出身的翰林院官員們悉心調教。等他十八歲的時候，朱由校又替他完婚，聘周奎之女為王妃。從這些事情來看，朱由校本人雖然貪玩，但是對於一個長兄應該做的事情，卻一點也沒有耽誤。所以，朱由檢的文化修養比他的哥哥朱由校要高得多。朱由檢善書法、詩文，也善於彈琴。朱彝尊説朱由檢的書法「龍騰虎躍」，氣韻非凡。其次，朱由檢少年時期的生活環境要安逸得多。熹宗朱由校因為是皇長孫、皇太子，一直被後宮中的投機分子如李選侍（西李）、魏忠賢等人居為奇貨，導引壞了。而朱由檢雖然也是從小失去生母，但一直在另一

位李選侍（東李）的撫養下，比較健康地成長。東李人品極端正，受其影響，朱由檢從小就養成了獨立奮鬥的剛毅性格和良好的生活習慣。在當時，熹宗朱由校無子無女，孑然一身，而兄弟七人也只剩下五弟一人，朱由檢已經是朱由校惟一的繼承人了。在朝臣們心中，期盼信王朱由檢繼位的願望也早就有了。一些在野的大臣們閒聊的時候，都主張勸信王早日出閣講學。出閣講學，一般是皇太子的禮節。當然，這樣的奏疏，是誰都不敢上奏的，因為這無異於詛咒熹宗早死無後。而在信王朱由檢那裡，卻是一種韜光養晦的氣象。信王朱由檢基本上託病不願上朝，以避免遭到魏忠賢的猜忌。

天啟七年（1627）八月十二日，熹宗讓信王入繼大統的決心已定，他留給信王的囑咐是兩點：一，善事中宮；二，重用忠賢。也許，熹宗壓根就想不到，侍奉他小心謹慎的魏忠賢並不會同樣如此侍候信王朱由檢。熹宗彌留的最後幾天，魏忠賢一直苦思良策以應對將來可能發生的事情。他想居攝，但是內閣大學士施鳳來卻說：「居攝遠不可考，且學他不得。」他想搞宮廷政變，但是兵部尚書崔呈秀卻說：「恐外有義兵。」在明代的政治環境中，異姓稱帝的可能性根本就不存在。所以，熹宗死的第二天，魏忠賢無可奈何之下，向外公布了張皇后的懿

德陵

旨：「召信王入繼大統。」此後的數月中，在魏忠賢與新即位的朱由檢之間，將進行一場殊死的較量。清除前朝的寵臣，似乎是明代政治發展的一種規律，在崇禎一朝也同樣會發生作用。

天啟七年八月二十二日熹宗的去世，標誌着明代一個黑暗時代的結束。清代學者談遷在其《國榷》中說，天啟一朝，與正德一朝極相似。熹宗「好獵樂內，嫉諫悅佞，無一不同」。以此看來，天啟一朝，魏忠賢誠然罪過極大，大臣更顯無恥，然而作為最高統治者的熹宗更難辭其咎，不能不為這一時代的黑暗承擔責任。

朱由校小檔案

姓名：朱由校	**出生**：萬曆三十三年（1605）十一月
屬相：蛇	**卒年**：天啟七年（1627）
享年：二十三歲	**在位**：七年
年號：天啟	**諡號**：悊皇帝
廟號：熹宗	**陵寢**：德陵
父親：朱常洛	**母親**：王選侍
初婚：十六歲	**配偶**：張皇后
子女：三子，二女	**繼位人**：朱由檢
最得意：製造出非常機巧的水戲玩具	**最失意**：兒子早夭
最痛心：乳母客氏一度被逐出宮廷	**最不幸**：溺水染病而亡
最擅長：土木工程	

相關閱讀書目推薦

（1）王天有主編：《明朝十六帝・熹宗悊皇帝朱由校》，紫禁城出版社，1999 年

（2）林金樹、高壽仙：《天啟皇帝大傳》，遼寧教育出版社，1993 年

（3）徐凱：《泰昌帝天啟帝》，吉林文史出版社，1996 年

思宗朱由檢

崇禎元年（1628）—十七年（1644）

　　思宗可能是明代皇帝中性格最為複雜的一個。正如一位學者所言，在思宗身上，機智和愚蠢，膽略與剛愎，高招與昏招，兼而有之。當然，複雜性格的背後，是複雜的政治形勢。農民起事、後金軍隊入侵、災荒、大臣之間的黨同伐異，都是讓思宗頭痛的難題。處理這樣的難題，成功或者失誤都屬於正常。在史學界，有一種所謂「17世紀危機」的理論，即認為17世紀中葉全球氣候變冷，導致處於溫帶的中國北方莊稼生長和收穫期明顯縮短，並進而引發饑荒和瘟疫，以及長江中下游稻米高產區因過度追求貨幣的增值而導致糧食匱乏，動搖了明王朝的社會與經濟基礎結構。清兵的入關與清朝的建立，才引導中國從危機中走出來。這樣的理論，似乎也可以為思宗這個亡國之君開脫。孟森說：「思宗而在萬曆以前，非亡國之君；在天啟之後，則必亡而已矣！」思宗死的時候，也是這樣自解的。此後，歷史學家對於思宗普遍抱有同情，以為崇禎帝的一生實是「不是亡國之君的亡國悲劇」。然而，人才何代無之？要在知人善任罷了。崇禎一朝卻「有君而無臣」。思宗既有心為治，卻不識用人之道，以致釀成亡國悲劇，未必無過。而且，孟森也說思宗「苛察自用，無知人之明」、「不知

恤民」。因此，一方面，一個勤政、自律、立志有為的皇帝無奈成為亡國之君，固然使人同情；而另一方面，思宗用人之拙、疑心之重、馭下之嚴，卻正是加速明王朝覆亡的催化劑。

自信：除魏忠賢

「神明自運」四字，是明末清初松江（今上海市）名士夏允彝對思宗除去太監魏忠賢一事的評價。稍後的歷史學家如談遷等人，對於思宗在除魏忠賢一事上所表現出來的穩重、魄力，都歎賞不已。的確，在天啟末年和崇禎初年，思宗的政治才能曾曇花一現般絢麗奪目。他在接替長兄朱由校的皇位之後，很快進入角色，並順利排除一切影響他皇位和執政的因素。在思宗一生中，幹得最漂亮的一件事，無疑就是在不動聲色中除去權傾朝野的魏忠賢。天啟七年（1627）八月二十四日，天啟皇帝死後的第三天，朱由檢正式即皇帝位，定次年改元崇禎。當時，魏忠賢以司禮監秉筆太監提督東廠。魏忠賢的親信田爾耕為錦衣衛提督；崔呈秀為兵部尚書。朝廷內外自內閣、六部乃至四方總督、巡撫，遍布魏忠賢的死黨。魏忠賢不敢公然加害思宗，只是懾於明代皇權的權威而不敢輕舉妄動，但是暗中毒害還是有可能的。所以，思宗在八月二十三日入宮當天，一夜未眠，取來巡視宦官身上的佩劍以防身，又牢記皇嫂張皇后的告誡，不吃宮中的食物，只吃袖中私藏的麥餅。整個皇宮，都處在一種非

崇禎皇帝的御押

常恐怖和壓抑的
氣氛中。登基之
後的思宗，深知
要除去魏忠賢，
必須先穩固自己
的地位並保證自
己的安全。他一

崇禎皇帝手書「九思」

面像他的哥哥朱由校一樣，優待魏忠賢和客氏，一面將信王府中的侍奉宦官和宮女逐漸帶到宮中，以保證自己的安全。

魏忠賢對於思宗，則始終無法揣透其心意。他不知道新上任的皇帝，到底將如何對待他。他的策略，就是送一些美女給思宗。思宗在明代皇帝中有一個特點，就是不怎麼好色。在當時戰戰兢兢的心態下，思宗自然對美色更無興趣了。據說，思宗怕引起魏忠賢的擔心，將魏忠賢送來的四名絕色女子全部留下，但卻仔細地將她們都搜了身。結果，四人的裙帶頂端都繫着一顆細小的藥丸，宮中稱為「迷魂香」，實際上是一種能自然揮發的春藥。思宗命人將藥丸毀去。魏忠賢千方百計地想導引思宗做一個荒淫的皇帝，一計不成，另生一計。他派一個小太監坐在宮中的複壁內，手中持「迷魂香」，使室中自然氤氳着一種奇異的幽香，以達到催情的效果。這一招，同樣被思宗識破，並大發感歎：「皇考、皇兄皆為此誤矣！」既然美色無法打動思宗，魏忠賢乾脆採用更赤裸的試探方式。這時，一些無恥的臣工仍然不停地上疏為魏忠賢大唱頌歌，思宗讀這些奏疏的時候，總是「且閱且笑」。魏忠賢於是在九月二十五日向皇帝上了一道《久抱建祠之愧疏》，向皇帝請求停止為他建造生祠的活動。思宗的批覆不溫不火：「以後各處生祠，其欲舉未行者，概行停止。」這樣一次順水推舟之舉，便抑止了朝野上下對於魏忠賢的進一步崇拜，而又不致引起魏忠賢的惱

怒。相反，思宗還不斷地嘉獎魏忠賢、王體乾、崔呈秀等人。自然，思宗心中明白，這一切早晚都會討回來的。他在靜靜地等候時機，一邊暗暗地削弱魏忠賢的影響力。政治鬥爭是非常微妙的。也許，當時朝廷中的大臣們，都在尋思保全自己的良策，有投機的，有不動聲色的，有戇直冒死直諫的。因此，最後倒魏的時機竟然首先是由魏忠賢的黨羽發動的。天啟七年（1627）十月十三日，御史楊維垣上疏彈劾崔呈秀，卻美化「廠臣」魏忠賢——「呈秀毫無益於廠臣，而且若為廠臣累。蓋廠臣公而呈秀私，廠臣不愛錢而呈秀貪，廠臣尚知為國為民，而呈秀惟知恃權納賄」。這擺明了是丟車保帥之策。思宗自然知道時任兵部尚書的崔呈秀在閹黨中的分量。崔呈秀在魏忠賢門下號稱「五虎」之一，是魏忠賢的得力幹將。而且，由於是魏忠賢的親信，崔呈秀的兒子崔鐸雖然目不識丁卻還能中進士。逐去崔呈秀等於斷了魏忠賢一臂。在靜候了七天後，思宗決定免除崔呈秀的兵部尚書一職，令他回鄉守制。此舉，等於是掀開了倒魏的大幕。敏銳的官員們覺察到政治局勢的動向，於是揭發和彈劾魏忠賢的奏疏接二連三地出現。十月二十二日，工部主事陸澄源彈劾魏忠賢；十月二十四日，兵部主事錢元愨彈劾魏忠賢；十月二十五日，刑部員外郎

思宗手迹

史躬盛彈劾魏忠賢。直到二十六日，思宗一直不動聲色，任由臣工們攻擊魏忠賢的高潮一波蓋過一波，中間還得無動於衷地面對魏忠賢的哭訴。十月二十六日，海鹽縣貢生錢嘉徵上疏攻擊魏忠賢十大罪狀：一，並帝；二，蔑后；三，弄兵；四，無二祖列宗；五，克削藩封；六，無聖；七，濫爵；八，掩邊攻；九，傷民財；十，褻名器。應當說，錢嘉徵此疏並不是空洞的議論，十條罪名大都可以坐實。於是，思宗開始行動，召魏忠賢，命令太監當着魏忠賢的面宣讀了錢嘉徵的奏疏。魏忠賢「震恐傷魄」，立即去找他的賭友——原信王府太監徐應元，討教對策。徐應元勸魏忠賢辭去爵位，也許可以保富貴。次日，魏忠賢請求引疾辭爵，得到思宗允許。十一月初一日，思宗斥責徐應元，並將魏忠賢貶往中都鳳陽祖陵司香。魏忠賢過慣了有權有勢的生活，出京時竟帶着衛兵一千人、四十餘輛大車浩浩蕩蕩地向南去了。一個戴罪的宦官還敢如此跋扈，無疑進一步刺激了思宗敏感的神經。思宗接着下了一道諭旨，命錦衣衛旗校將魏忠賢緝拿回京。十一月初六日，在阜城縣（今河北阜城）南關的旅舍中，親兵散盡的魏忠賢孤零零地呆在旅館裡，聽着旁邊房間裡一位書生的《桂枝兒》小曲。只聽得「勢去時衰，零落如飄草……似這般荒涼也，真個不如死」，魏忠賢在旅館中繞房疾走，自縊而亡。樹倒猢猻散，清算魏忠賢餘黨的行動也很快就着手進行了。在思宗的一再嚴厲督責下，崇禎二年（1629）三月十九日，所謂閹黨逆案終於定讞。

思宗能除去魏忠賢，固然說明了明代皇權的至高無上地位，再有權勢的宦官，也只能借助皇權為惡，卻很難動皇權分毫。但思宗在除去魏忠賢過程中所表現出來的膽略，還是令人欽佩。緊接着欽定逆案，無疑更進一步肅清了魏忠賢的政治影響。這些，都體現了思宗的遠見卓識。然而，思宗以一己之力除魏忠賢一事，顯然讓他對於自己的政治才能產生了過高的估計。此後十餘年的統治中，他事事獨斷，事事親為，過度迷信自己的能

力。他的自信，慢慢地變成了自負，變成了剛愎自用。一方面他成為明代最勤政的皇帝之一，另一方面，他的事事親為卻沒有收到很好的效果。正如他自己所說，他雖然不是亡國之君，但事事乃亡國之象。

多疑：殺袁崇煥

　　思宗的多疑，在明代歷史中也是有名的。在他即位不久，就曾經有一個名叫陝嗣宗的御史上疏指出思宗的性格中有「五不自知」，其中一條即「日涉於猜疑而不自知」。在處理袁崇煥問題上，思宗從極度信任逐漸轉為極度生疑。

　　袁崇煥，字元素，號自如，祖籍廣東東莞縣，落籍於廣西藤縣。因是南方人，思宗私下裡稱他為「蠻子」。明代兩廣並不是文化發達的地域，當地出身的官員往往另有一種氣質。像出身於廣東瓊州府（今海南省）的海瑞，也曾經是一代名臣。袁崇煥的才能，體現在軍事方面。即使在他被殺之前的一段時間，思宗仍以為「守遼非蠻子不可」。可以說，他是明末最善於與後金軍隊作戰的明軍將領。他本是一名文臣，萬曆四十七年（1619）的進士，卻在天啟六年（1626）做上了肩負東北防務重任的遼東巡撫。這充分說明了他的軍事才能。曾經向思宗推薦過袁崇煥的官員呂純如，對袁崇煥就有「不怕死，不愛錢」的評價。「文官不愛錢，武官不怕死」，就足以開出一個太平盛世來。明代的邊將中，不貪財的極少。像萬曆年間著名的邊將譚綸、戚繼光，都非常善於斂財。明代的許多次兵變，多半是因為邊將貪財

袁崇煥像

和克扣軍餉造成的。袁崇煥「不愛錢，不怕死」，決定了他必然能夠贏得士兵們的擁戴。袁崇煥的軍隊在明末也就成為最能作戰的軍隊。

從萬曆四十七年的薩爾滸之戰後，在明軍與後金軍隊的力量對比中，後金軍隊明顯占據優勢。幸好寧遠一戰，袁崇煥用新式武器紅衣大炮勝了一次，暫時使遼東戰局在天啟六年出現轉機。但是，袁崇煥很快被魏忠賢罷免。思宗即位，在處理完魏忠賢一事之後，便全力應付遼東戰局。天啟七年（1627）十一月重新召還袁崇煥。次年元月，即任命袁崇煥督師薊遼，兼督登萊天津軍務，等於是將遼東的防務全部委託給他。然而僅僅三年過後，崇禎三年（1630）三月十六日下午，袁崇煥便在京城的西市被凌遲處死，然後傳首邊關示眾。這可說是思宗統治期間最大的冤案。歷史學家們對袁崇煥之冤死，有過許多解釋，例如袁崇煥「五年平遼」的誇誇其談、擅殺毛文龍、黨爭的後遺症、皇太極的反間計，這些恐怕都是致袁崇煥於死地的重要原因。但是，殺袁崇煥的決定，畢竟是由思宗親自作出，而且立即派刑部侍郎涂國鼎前去執行，更可怕的是實行非常殘忍的凌遲之刑。對比三年前的平台召見、君臣面晤、賜尚方寶劍，實是天壤之別。其間變化，固不能沒有思宗的心理因素。所謂外因通過內因起作用，若不是思宗素來多疑，皇太極的反間計也未必能成功。關於皇太極的反間計，閻崇年先生在其《正說清朝十二帝》中曾經細述過，無非是效仿《三國演義》中周瑜利用蔣幹盜書的模式，讓俘來的宦官楊某偷聽得「袁經略有密約」的對談，再縱楊某逃跑。楊某進城向思宗一彙報，袁崇煥便麻煩了。況且，此事又發生在後金軍隊逼近京城之時。

袁崇煥在崇禎元年（1628）七月接受皇帝召對時，誇下「五年平遼」的海口。這不但讓皇帝欣喜，更讓在旁的大臣們驚訝。因為在當時明朝與後金的對抗中，明軍能在遼東抑住後金軍隊的進攻，已屬不易。「五年而遼東外患可平，全遼可復」的豪言壯語，無異夢囈。袁崇煥這麼說，據他

自己講，不過是為了「聊慰上意」，暫時寬慰寬慰思宗而已。但思宗是一個急於求功、遇事刻苛的主子，到時可是要循名責實的。平心而論，袁崇煥在遼東寧遠、錦州一線的防衞布置得很好。所以，最終

遼寧興城祖氏牌坊，此二牌坊係崇禎皇帝為表彰祖大壽、祖大樂的軍功而建

後金軍隊選擇進攻的路線是繞過寧遠、錦州一線，從薊門南下，進逼京師。崇禎二年十月下旬，後金軍隊十萬到達遵化城下，距京師不過二三百里。十一月初一日，京師戒嚴。袁崇煥立即命山海關總兵趙率教增援，自己也於十一月初五日率兵入關。按照當時總督京城防衞的大學士孫承宗的意見，明軍應當拒敵於順義、薊州、三河一線，而不應退守通州、昌平。而袁崇煥先是沒有設法阻截後金軍隊，接着又退守京城。十一月十六日，袁崇煥的大軍到達京師廣渠門外。此舉無異於縱敵深入，京城內外的官民也因此更受騷擾。一時間，謠言四起，說袁崇煥與後金有密約在先，是故意引後金軍隊入關的。這也是後來袁崇煥被處死時遺體被民眾「搶食」的原因。皇太極及其謀臣范文程策動除去袁崇煥的反間計，也許正是受當時謠言的啟發。思宗對於袁崇煥的容忍與信任，伴隨着宦官楊某的入告，肯定也蕩然無存了。十一月二十日，滿桂在德勝門，袁崇煥在廣渠門，同時

與後金軍隊開戰。滿桂退守德勝門之甕城，而袁崇煥身先士卒，將皇太極逼退。二十三日，袁崇煥入城晉見皇帝，請求像滿桂一樣，可以讓士兵入城休整，遭到思宗斷然拒絕。思宗真不愧是一個猜忌之主，一方面對袁崇煥有戒備之心，一方面卻在召見時脫下貂皮大衣為袁崇煥披上，用溫情脈脈的面紗來掩遮自己的猜忌之心。可憐的是，袁崇煥卻絲毫沒有覺察。二十七日，袁崇煥擊退了皇太極的軍隊，京師周邊局勢趨於平靜。

崇禎二年十二月初一日，思宗在平台召見袁崇煥、祖大壽、滿桂三人，着錦衣衞拿下袁崇煥。祖大壽是袁崇煥部將，遂節制遼兵，率部東返，離開戰場。後來還是靠着獄中袁崇煥的親筆書信，才將祖大壽及守遼軍隊召還，並收復永平、遵化一帶。袁氏被下獄後，一些別有用心的人想利用他來整倒內閣輔臣錢龍錫，說錢龍錫與袁崇煥兩人早就密議與後金議和。議和，這對於剛愎自用的思宗來說，在當時是不可容忍的。此論一出，袁崇煥算是死定了。崇禎三年八月十六日，崇禎帝命將袁崇煥凌遲處死，妻妾兄弟流放到福建。《明史・袁崇煥傳》說：「崇煥無子，家亦無餘資，天下冤之。」袁崇煥一死，遼東的戰局更無人可以收拾。同時，崇禎三年農民起事聲勢明顯壯大，明王朝更陷入內憂外患的雙重困境之中。但是，思宗似乎從來就不會從失誤中吸取教訓。在此之後，他還曾密令孫傳庭在崇禎十

袁崇煥墓

五年（1642）殺了李自成的同鄉賀人龍。農民軍聞訊，酌酒相慶：「賀瘋子死，取關中如拾芥矣！」思宗的多疑、擅殺，無異於自毀長城。

躁刻：馭下太嚴

一個人的悲劇，常是他的性格的悲劇。孟子說過，帝者與師處，王者與友處，亡國與役處。就是說，一個亡國的君主總是將他的臣民視為奴役。思宗恰恰是這麼一個人。雖說在明代君主高度專權的政治環境中，皇帝是不可能以「師、友」的態度來對待臣民的，但思宗對於大臣的態度，其嚴峻和刻薄也超出想像。作為一個自律甚嚴、急於求成的皇帝，他總是希望在最短的時間內改變長期以來政府的陋習。陝嗣宗批評思宗的「五不自知」奏疏中說：「今皇上於二三大臣間，呼之而前，惟恐不速，長跪逾時，備加譴訶，甚者剛遭指摘，便責以受賄。敬大臣之心何在？臣恐日習於尊倨而不自知！」又說思宗「日趨於紛苛而不自知」。應當說，陝嗣宗的批評是非常深刻的。一個過分求求的皇帝之下，是很難出現敢於擔當的大臣的。所以，無為而治的明代皇帝如孝宗、穆宗統治的時代，倒是名臣輩出。後代歷史學家常感歎崇禎朝「有君而無臣」，其實，思宗時常過分地苛責大臣，大臣們動則得咎，哪裡敢有什麼動作呢？故崇禎一朝，真正能夠辦事、願意辦事的大臣不多；且崇禎一朝，被殺的大臣也頗多。頻繁地更換大臣和濫殺大臣，是崇禎朝的特點之一。

崇禎一朝十七年，設內閣大學士如弈棋一般，輪換了五十人，變換之快，令人咋舌。其中任期較長的兩人，是溫體仁和周延儒。而兩人在《明史》中都列名於奸臣傳中。

溫體仁，字長卿，祖籍烏程，後落籍歸安，為人「外曲謹而中猛鷙，機深刺骨」，是一個城府極深之人。崇禎元年（1628），他通過攻擊錢謙

益在主持會試中有舞弊嫌疑而得到思宗的賞識。次年,有御史任贊化攻擊溫體仁娶娼受賄,反而被思宗以為黨羽錢謙益而罷免。思宗有鑑於萬曆、天啟朝的黨爭,對於大臣結黨最為反感。他對溫體仁的欣賞,是因為溫體仁「孤立」、「無黨」。崇禎三年六月,溫體仁入閣為大學士。周延儒,字玉繩,宜興人,早溫體仁一年入閣。溫體仁與周延儒在內閣中互不相讓,相互傾軋。崇禎六年六月,周延儒被溫體仁逐出京城,溫體仁把持了內閣,於是民間遂有民謠說「內閣翻成妓館,烏歸王巴箋片,總是遭瘟」。暗指當時內閣中的三位大臣:溫體仁、王應熊和吳宗達。溫,烏程籍,歸安人;王,巴縣人;吳,因無所作為,人稱「箋片」。一時間,這首民謠在京城街頭成為笑談。堂堂內閣大學士被人如此譏笑,可見其人品之劣。然而,就是這樣的溫體仁,卻執政八年,直到崇禎十年才被罷免。之後,周延儒復入閣。崇禎十六年(1643),周延儒又被勒令自盡。在周延儒之前,內閣大學士薛國觀也被思宗處死。十七年間,被殺的大學士有兩人,被譴戍的大學士也有兩人,即錢龍錫、劉鴻訓。作為皇帝最親信的大臣,內閣大學士輕易落到這樣的下場,實在令大臣們寒心。孟森說:「自有閣輔以來,戮死者惟一夏言。崇禎間則再見,豈復有敬大臣之意?」

在六部尚書中,刑部尚書換了十七人;然而,十

思宗立孝陵「禁約」碑

七人中，薛貞被處死，韓繼思、鄭三俊、劉之鳳、李覺斯、徐石麒等先後下獄，獄中瘐死二人，大部分人都不得善終。兵部尚書中，王洽因崇禎二年清兵入關而下獄瘐死，陳新甲因洩漏議和之事而被處死。在地方督撫中，總督被誅者七人：鄭崇儉、袁崇煥、劉策、楊一鵬、熊文燦、范志完、趙光抃；巡撫被戮者十一人：薊鎮王應豸、山西耿如杞、宣府李養沖、登萊孫元化、大同張翼明、順天陳祖苞、保定張其平、山東顏繼祖、四川邵捷春、永平馬成名、順天潘永圖，另外還有河南巡撫李仙鳳被逮自殺。這些大臣，都是應對遼東戰事和平息農民起事的將領，他們動輒遭罪被殺，也就很容易説明崇禎朝軍事上的大潰敗了。

對於一般的言官，思宗也非常嚴峻。崇禎元年十一月，戶科給事中韓一良上疏言官場貪污之風甚盛。一般這樣的奏疏只是就事論事，並不明指誰人貪污，誰人受賄。思宗卻一面表彰韓一良的忠心和敢言，一面非要韓一良指名道姓回奏。韓一良知道一旦指名道姓，就是得罪人的事情，所以只説是「風聞」。思宗大怒：「難道一人不知，遽有此疏？限五日內指名來。」按思宗的意思，既然言官忠心為國，就要敢於破除情面。韓一良只好找一些已經有議論的官員來搪塞。但是，思宗再對韓一良疏中「臣兩月內辭卻書帕已五百金」糾纏不休，要韓一良説出五百兩銀子是哪些人送的。韓一良再不肯説，被革職為民。僅僅數月之間，從表彰到革職，這就是還算敢言的韓一良從思宗處得到的對待。在晚明社會中，官場中的弊端自然不少，相互間送書帕（書儀）是極正常的事。思宗希望一舉之間將這種風氣杜絕，卻又着意在懲罰官員，官員們自然只會互相袒護，不敢説真話了。崇禎二年關於工部招商中收取回扣一事的處理，也充分體現了思宗急於求治的急躁心理。這一年閏四月，工部尚書張鳳翔上疏指出工部招商收取回扣的弊政。內閣大學士韓爌、李標、錢龍錫都説：「此從來陋規，望皇上寬處，後邊人敢説。」思宗仍將巡視工部庫房的工科給事中王都、

傳崇禎皇帝自縊處

陝西道御史高賚明革職嚴辦,等於是讓一兩個臣工為多年來的積弊承擔責任。這也反映思宗隨意處理臣工的行事風格,而這樣的行為,最終導致了大小臣工對於朝政中的一切事情噤口不言。

皇帝督責越嚴,臣下越不敢擔當;皇帝焦勞越勤,臣下就越偷安怠慢。晚明著名的學者劉宗周就在批評思宗的奏疏中這樣說:「求治之心操之過急,不免釀為功利;功利之不已,轉為刑名;刑名之不已,流為猜忌;猜忌之不已,積為壅蔽。」崇禎朝的政局,正是如此發展的,而思宗最終也只落得眾叛親離。崇禎十七年(1644)三月十九日,思宗於煤山上吊時,身邊僅有司禮監太監王承恩陪伴。

思宗自殺以後,他的子女散歸民間,下落不明,從而引起人們的各種猜測。

長公主、皇太子與朱三太子

思宗的子女不幸生在了末代帝王之家,這就注定了他們的悲劇命運。皇太子先後出現過兩個;朱三太子先後出現過多次。不過,他們的下場無一例外都很悲慘,都被處死。相比較而言,思宗的女兒的下落倒還比較清楚。這是因為,思宗在決意自縊之前,為了不讓自己的女兒受辱,曾先後

對自己的兩個女兒下毒手。即使僥倖生還，也決無法遁逸。

　　武俠小說常偽託的長平公主，實際上死於順治三年（1646）。思宗總共有六女，其中四女早逝。崇禎十七年（1644），思宗還有兩個女兒，即長平公主和昭仁公主。崇禎帝自殺前，入壽寧宮，長平公主牽衣而哭。崇禎帝說：「汝何故生我家？」揮劍砍去，斷長平公主左臂，公主昏死過去。接著，思宗入昭仁宮，砍殺昭仁公主。長平公主昏死後，被人抬到周皇后的父親周奎家中，五天後竟然甦醒過來。順治二年（1645），長平公主上書清世祖，請求准予出家。清世祖不同意，命將長平公主許配給當初思宗為她選定的駙馬周顯，並賜給土田、府邸、金錢、車馬。但長平公主經歷家破國亡之痛，鬱鬱寡歡，次年逝世。

《崇禎皇帝自縊圖》（17世紀法國繪畫）

　　思宗共有七個兒子。其中，周皇后生子三人，即太子慈烺、懷隱王慈烜（皇二子）、定王慈炯（皇三子）；田貴妃生子四人，即永王慈炤（皇四子）、悼靈王慈煥（皇五子）、悼懷王（皇六子）、皇七子。崇禎十七年（1644），太子十六歲，皇三子定王慈炯十四歲，皇四子慈炤應當也有十餘歲。除了這三個兒子外，其他的兒子都已早逝。與對待女兒的方式不同，思宗在死前命皇太子、皇三子、皇四子分別藏匿於公卿貴戚家

李自成像

中。太子來不及去成國公府，便隱匿於民間，定王和永王一齊去了周皇后的父親周奎家。三月十九日，李自成進城，命令搜尋太子與定王、永王。二十日清晨，嘉定侯周奎將定王、永王交出。太子據說亦被李自成的軍隊搜獲。太子與闖王李自成之間還有一段對話。太子挺立不屈，談吐自如，問李自成：「何不殺我？」闖王說：「汝無罪，我豈妄殺！」太子說：「既然這樣，聽我一句話：一，不可驚我祖宗陵寢；二，速葬我父皇母后；三，不可殺我百姓。」四月十三日，李自成東征吳三桂時，定王、永王隨軍前往。據說，太子當時也在軍中。據《明史》記載，李自成曾封太子為宋王。此後，太子、定王、永王的下落都不清楚，或說曾被吳三桂奪去，或說定王在城南遇害。崇禎十七年（1644）十一月，北京出現皇太子；順治二年（1645）南京的南明小朝廷中亦出現皇太子。無疑，兩位皇太子中必有一假。

先說北京出現的皇太子。崇禎十七年十一月的北京城，已經牢固地掌握在清朝的手中。此時，一個貌似太子的男子在一位太監的陪同下出現在嘉定侯周奎府中，自稱皇太子。他與在周奎府中的長平公主見面後，兩人抱頭痛哭。單看這一節，想來太子應該是真的，否則以長平公主之心如死灰，何以會與一個男子抱頭痛哭？而且，長平公主與太子都是周皇后所生，乃是一母同胞的姐弟，怎麼可能認錯呢？周奎舉家向太子行君臣之

禮，並問太子：「你一直藏在哪裡？」太子回答說：「城陷之日，我單獨藏匿在東廠門外。一日夜出，潛至東華門，投身於一個豆腐店裡。店小二心知我是避難的人，給我穿上舊衣服，讓我在灶前燒火，又害怕我暴露，五天之後將我送到崇文門外的尼姑庵中，在那裡假裝貧困無依的孤兒住了半個月。常侍（太監）來尼姑庵，發現了我，又把我帶回家，藏在密室裡。聽說公主還在，所以就來相見了。」說完，與公主哭別而去。幾天之後，太子又來，公主告誡他：「慎毋再至矣。」也許公主明白，三月份周奎既然能把皇三子定王和皇四子永王交給李自成，這次也許會再出賣太子給清朝。果然，十一月十九日太子再來，周奎留宿太子。二十二日，他要求太子自稱姓劉，是一個假太子。太子說：「悔不從公主之言，今已晚矣。」當晚，周奎令家人將太子逐出門外。太子出門後，被巡邏的清兵以「犯夜」罪逮捕，交給刑部審理，斷為假冒太子。主審的刑部主事錢鳳覽找來原司禮監太監王德化、原錦衣衛十名侍衛太子的錦衣衛辨認，都說是真太子。侍衛們還下跪說：「此真太子，願毋傷。」於是錢鳳覽上書朝廷，指責某些明朝的官員以真太子為假太子。周奎等人竟然還說：「即以真為假，亦為國家除害。」這位昔日的國丈，似乎已完全將自己的角色轉換成一個新的「大清國」臣民了。最後，攝政王多爾袞出面，宣布將太子押於監獄，後來被處決於獄中。凡爭言太子為真的臣工都被處罰，錢鳳覽處以絞刑。

這件事情詳細地記載於《甲申傳信錄》，與《明史》中李自成封太子為宋王的情節有所出入。而且，清人所編的《明史》中也未提及這個在北京出現的太子，而只提及南明小朝廷中出現的皇太子事件。《明史》是不是故意迴避這一次事件呢？孟森就認為北京出現的太子是真的，而南明小朝廷出現的太子是假的，但百姓痛恨弘光政權朱由崧，所以寧願相信是真太子。那麼，南京出現的皇太子事件是怎麼樣的呢？

　　順治二年（1645）三月一日，太監李繼周奉弘光皇帝朱由崧之御札，將盛傳正流落於蘇州、杭州的皇太子接到南京。據說，太子本不願去南京，行前曾問李繼周：「迎我進京，讓皇帝與我做否？」李繼周說：「此事奴婢不知。」皇太子入南京後，被安排在興善寺暫住。弘光帝派兩名太監去見太子，辯認真偽。兩人一見太子，就抱頭慟哭，脫下衣服給太子穿。弘光帝得知之後，大怒，說：「真假未辯，何得便爾。」接着便處死了兩名太監，並殺了李繼周滅口。原總督京營太監盧九德也來探視，正視良久，不敢表態。太子呵斥道：「盧九德，汝何不叩首？」盧九德下意識地跪下叩首，說：「奴婢無禮。」太子說：「你才隔多長時候，肥胖至此，可見在南京受用！」盧九德只敢叩頭：「小爺保重。」盧九德向弘光帝的報告是：「有些相像，卻認不真。」皇太子在南京的消息傳出去之後，引發了弘光朝的政治危機。處於長江中游的左良玉，以護太子的名義進逼南京；在江北的黃得功、劉良佐等總兵也上疏要求善視太子。但是，弘光帝深知，如果太子是真，自己撿來的皇位可能就不保了。因此，在他的布置下，辯認工作慢慢地朝着「假太子」的方向轉移。尤其是曾經充任太子講官的王鐸，更是一口咬定太子是假。最後，審訊的結果是：假太子真名叫王之明。接下來的審訊過程頗有意思。三月初八，一審問官指太子為王之明，太子說：「我南來，從不曾說自己是太子，你等不認罷了，何必更名改姓？李繼周持皇伯諭帖來召我，非我自來者。」三月十五日，都察院左都御史李沾提審。李沾大喊王之明，太子不應。李沾怒道：「為何不應？」太子說：「何不喊『明之王』？」李沾大怒，吩咐用刑，太子高呼皇天上帝。當時，南京士民都說弘光朝廷欲絕先帝血脈。因此，到最後弘光政權雖然不承認太子的真實性，卻也不敢加害太子。五月十日，清軍大舉南下，弘光帝逃到太平府。南京市民衝入監獄，毆打王鐸，放出太子，並擁太子登上皇位。可惜五天之後，清軍即進入南京城。當時，清軍

的統帥多鐸問：「太子何在？」投降的弘光朝大臣們說：「太子是假的，真名叫王之明。」多鐸笑道：「逃難之人，自然改姓易名，若說姓朱，早就被你們殺了。」一名降臣說：「太子原也不承認自己叫王之明，是馬士英安排下的。」多鐸笑道：「奸臣！奸臣！」五月二十五日，多鐸設宴招待剛擒獲的弘光帝，並將他的位置安排在皇太子之下。皇太

思陵

子對弘光帝說：「皇伯手札召我來，反不認，又改姓名，極刑加我，豈奸臣所為，皇伯或不知？」弘光帝支支吾吾，不敢出聲。幾個月以後，多鐸將太子和弘光帝都帶往北京，隨後都被清廷處死。

皇太子案剛結束，清初又出現了朱三太子案。順治八年（1651），有冒稱崇禎第三子名朱慈煥者；康熙十二年（1673），有名楊起隆者冒稱朱三太子；康熙四十六年（1707），又有化名王士元者，自稱為朱三太子朱慈煥，後被淩遲處死；康熙六十年（1721），朱一貴之子自稱朱三太子，聚眾造反。因此，朱三太子案先後出現四次。但是，朱三太子到底是不是指思宗的第三子？思宗的第三子名朱慈炯，即定王。按照皇位繼承的順序來說，皇太子既已被殺，則年齡最大的皇三子朱慈炯是最合法的明朝皇位繼承人，這也就是「朱三太子」名字吸引人之處。還有一點，朱三太子案

中兩次指朱三太子為「朱慈煥」，而不是真正的皇三子「朱慈炯」，原因何在？朱慈煥是思宗的第五子，生五歲即病死。據《明史》記載，朱慈煥死前曾對思宗說：「九蓮菩薩說：『皇上待外戚太薄，將讓他的兒子都死掉。』」九蓮菩薩即神宗的生母李太后。思宗覺得此事奇怪，便封朱慈煥為「玄機慈應真君」。朱三太子案中頻頻以朱慈煥為號召，大概是因為此類活動多依託於民間宗教，朱慈煥「玄機慈應真君」的身分更具蠱惑力，應當與真正的皇子沒有什麼關係。

朱由檢個人小檔案

姓名：朱由檢	**出生**：萬曆三十八年（1610）十二月
屬相：犬	**卒年**：崇禎十七年（1644）
享年：三十五歲	**在位**：十七年
年號：崇禎	**謚號**：莊烈愍皇帝
廟號：思宗，後改毅宗、懷宗	**陵寢**：思陵
父親：朱常洛	**母親**：劉賢妃
初婚：十八歲	**配偶**：周皇后
子女：七子，六女	**繼位人**：無
最得意：除魏忠賢	**最失意**：面對內憂外患，無法應對
最痛心：亡國自殺	**最不幸**：幼年喪母；手刃親女
最擅長：猜忌	

相關閱讀書目推薦

（1）王天有主編：《明朝十六帝·毅宗烈皇帝》，紫禁城出版社，1999年

（2）樊樹志：《崇禎傳》，人民出版社，1997年

（3）張德信、譚天星：《崇禎皇帝大傳》，遼寧教育出版社，1993年

附錄：

明代帝王世系

（1368－1644）

太祖朱元璋　洪武元年（1368）　——　三十一年（1398）

惠帝朱允炆　建文元年（1399）　——　四年（1402）

成　祖朱棣　永樂元年（1403）　——　二十二年（1424）

仁宗朱高熾　洪熙元年（1425）

宣宗朱瞻基　宣德元年（1426）　——　十年（1435）

英宗朱祁鎮　正統元年（1436）　——　十四年（1449）

代宗朱祁鈺　景泰元年（1450）　——　七年（1456）

英宗朱祁鎮　天順元年（1457）　——　八年（1464）

憲宗朱見深　成化元年（1465）　——　二十三年（1487）

孝宗朱祐樘　弘治元年（1488）　——　十八年（1505）

武宗朱厚照　正德元年（1506）　——　十六年（1521）

世宗朱厚熜　嘉靖元年（1522）　——　四十五年（1566）

穆宗朱載垕　隆慶元年（1567）　——　六年（1572）

神宗朱翊鈞　萬曆元年（1573）　——　四十八年（1620）

光宗朱常洛　泰昌元年（1620）

熹宗朱由校　天啟元年（1621）　——　七年（1627）

思宗朱由檢　崇禎元年（1628）　——　十七年（1644）

正說明朝十六帝

2005 年 5 月初版　　　　　　　　　　　定價：新台幣 350 元
有著作權・翻印必究
Printed in Taiwan.

著　者　陳　時　龍
　　　　許　文　繼
審　訂　王　天　有
發 行 人　林　載　爵

出 版 者　　聯 經 出 版 事 業 股 份 有 限 公 司
台 北 市 忠 孝 東 路 四 段 5　5　5　　　號
台北發行所地址：台北縣汐止市大同路一段 3 6 7 號
　　　　電話：（0 2 ）2 6 4 1 8 6 6 1
台北忠孝門市地址：台北市忠孝東路四段 561 號 1-2 樓
　　　　電話：（0 2 ）2 7 6 8 3 7 0 8
台北新生門市地址：台北市新生南路三段 9 4　號
　　　　電話：（0 2 ）2 3 6 2 0 3 0 8
台 中 門 市 地 址：台 中 市 健 行 路 3　2　1　　號
台 中 分 公 司 電 話：（0 4 ）2 2 3 1 2 0 2 3
高 雄 門 市 地 址：高 雄 市 成 功 一 路 3 6 3　　號
　　　　電話：（0 7 ）2 4 1 2 8 0 2
郵 政 劃 撥 帳 戶 第 0 1 0 0 5 5 9 - 3　號
郵 撥 電 話：2 6 4 1 8 6 6 2
印　刷　者　　香　港　地　區　印　製

行政院新聞局出版事業登記證局版台業字第 0130 號

本書如有缺頁，破損，倒裝請寄回發行所更換。　　ISBN 957-08-2863-3（平裝）
聯經網址 http://www.linkingbooks.com.tw
　信箱 e-mail:linking@ udngroup.com

本書中文繁體字台灣版由北京中華書局授權出版

國家圖書館出版品預行編目資料

正說明朝十六帝／陳時龍、許文繼著.
初版. 台北市：聯經，2005年（民94）
302面；15.3×21公分.

ISBN 957-08-2863-3（平裝）

1.皇帝-中國-明（1368-1644）
2.中國-歷史-明（1368-1644）

626   94007590